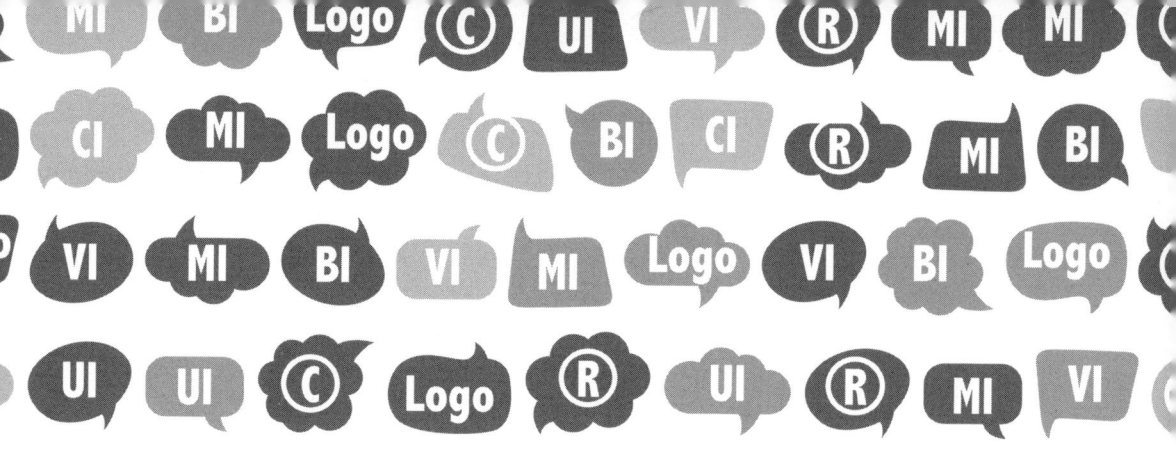

Enterprise Trademark Management Guide

企业商标实务指南

第二版

主 编 于 莽　　执行主编 王大越

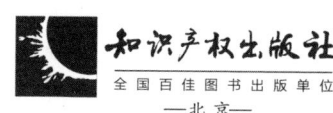

知识产权出版社
全国百佳图书出版单位
—北京—

图书在版编目（CIP）数据

企业商标实务指南 / 于莽主编 . —2 版 . —北京：知识产权出版社，2023.5
ISBN 978-7-5130-8729-2

Ⅰ.①企… Ⅱ.①于… Ⅲ.①企业管理—商标管理—指南 Ⅳ.① F760.5-62

中国国家版本馆 CIP 数据核字（2023）第 061992 号

责任编辑：张　冰　　　　　　　　　责任校对：王　岩
封面设计：杰意飞扬·张　悦　　　　责任印制：刘译文

企业商标实务指南　第二版

主　编　于　莽　　执行主编　王大越

出版发行：知识产权出版社 有限责任公司	网　　址：http://www.ipph.cn
社　　址：北京市海淀区气象路 50 号院	邮　　编：100081
责编电话：010-82000860 转 8024	责编邮箱：740666854@qq.com
发行电话：010-82000860 转 8101/8102	发行传真：010-82000893/82005070/82000270
印　　刷：三河市国英印务有限公司	经　　销：新华书店、各大网上书店及相关专业书店
开　　本：787mm×1092mm 1/16	印　　张：17.25
版　　次：2023 年 5 月第 2 版	印　　次：2023 年 5 月第 1 次印刷
字　　数：290 千字	定　　价：69.00 元
ISBN 978-7-5130-8729-2	

出版权专有　侵权必究
如有印装质量问题，本社负责调换。

编委会

主　　编　于 莽
执行主编　王大越
副 主 编　董 宇　吴 桐
撰 稿 人　张 亚　李景玉　秦源婉
　　　　　封啸天　赵金芳　黄子懿

第二版自序

2017年,为响应《国务院关于新形势下加快知识产权强国建设的若干意见》(国发〔2015〕71号)关于提升企业知识产权创造、运用、保护、管理能力的要求,中国移动通信集团有限公司(简称"中国移动")联合北京集慧智佳知识产权管理咨询股份有限公司(简称"集慧智佳")推出了《企业商标实务指南》一书,旨在为成长型、成熟型企业了解商标管理的实质内容和关键问题提供引导和支撑。

品牌是高质量发展的重要象征,加强品牌建设是满足人民美好生活需要的重要途径。为统筹推进知识产权强国建设,全面提升知识产权创造、运用、保护、管理和服务水平,充分发挥知识产权制度在社会主义现代化建设中的重要作用,2021年,中共中央、国务院印发《知识产权强国建设纲要(2021—2035年)》。该文件指出,要推进商标品牌建设,加强驰名商标保护,发展传承好传统品牌和老字号,大力培育具有国际影响力的知名商标品牌。2023年3月,根据国务院关于提请审议国务院机构改革方案的议案,将国家知识产权局由国家市场监督管理总局管理的国家局调整为国务院直属机构。商标、专利等领域执法职责继续由市场监管综合执法队伍承担,相关执法工作接受国家知识产权局专业指导。

对于企业而言,商标是重要的无形资产,亦是开展品牌法律保护的重要载体。加强商标权司法保护,促进知名品牌培育和商品服务贸易发展,提升企业竞争力,推动品牌强国建设已成为我国商标保护的重要发展目标。

第一版《企业商标实务指南》共有十章,内容涵盖了商标管理的十个领域,即商标与品牌、商标规划、商标注册、商标使用、证据管理、驰名商标、商标管理、商标运营、商标保护和资源管理,基本覆盖了企业商标管理工作的各方面。由于该版出版距今已有数年,在此期间我国的商标相关法律法规、商标审查实践案例以及结合新时代的商标管理思路均有了新变化、新动向、新思路。鉴于此，为了让《企业商标实务指南》在企业商标管理过程中持续发挥参考作用，原书的更新与修订势在必行。

中国移动作为全球网络规模最大、客户数量最多、盈利能力和品牌价值领先、市值排名前列的世界级电信运营商，连续22年入选《财富》世界500强企业，2022年列全球第57位。通过切实担当品牌强国责任，努力打造网信事业大国重器、铸就中央企业卓著品牌，中国移动荣获2019年首届"中国品牌强国盛典"十大"榜样品牌"，入选2022年第二届"中国品牌强国盛典"十大"国之重器"品牌；连续17年入选明略行和《金融时报》发布的"BRANDZ™100全球最强势品牌"排名，列全球第88位。通过有效实施国家知识产权战略，中国移动先后被国家知识产权局认定为"全国知识产权试点单位"和"国家知识产权示范创建单位"，被原国家工商行政管理总局评为首批"国家商标战略实施示范企业"。

集慧智佳成立于2013年，核心成员在知识产权领域从业近二十年，开创了全新的知识产权咨询模式，颠覆了传统行业后置、流程化的服务，将知识产权与企业经营深度结合，在辅助研发、运用多重科技信息、研究竞争策略、排除经营风险、投资与并购等方面为企业提供客观、深度的有力支撑。

本次修订将企业多年商标管理工作的实践和思考进行总结，力争做到阐述理论，更重实务，不囿于基础理论的讲解，更关注解决企业在实务层面遇到的实际困难和问题。在具体修改内容上，在规范要求及政策方面，增加近年来国家颁布的与商标相关的法律法规及政策要求；在企业实操方面，增加新型商标注册申请方式和审查内容等；在企业商标管理方面，增加企业海外商标布局策略、企业内部商标分级管理思路、企业商标运营新模式等。同时，对部分新增内容匹配说明案例，对第一版《企业商标实务指南》中的部分案例进行适应性调整。

希望本书分享的经验和建议能为广大企业商标管理实务工作者带来一些新思路，贡献些许微薄之力。

最后，感谢为本书编撰贡献智慧的赵雷、李春亚、杜艳霞。限于编者水平和篇幅，本书仍有一些不足之处，谨请各位同行及读者批评指正。我们愿以此书抛砖引玉，共同推进企业商标管理工作走向深入。

编者
2023年2月

第一版序一

2016年是"十三五"开局之年,是创新之年,也是推动中国产品向品牌转变的关键之年。创新作为五大理念中首先被提出的理念,对企业加快创新步伐,早日实现中国产品向中国品牌的转变,提出了新的、更高的要求。对企业来讲,创新不仅仅是科技创新,也是理念创新、管理创新,更是品牌创新。企业作为市场主体,在市场竞争中要想获得并保持竞争优势,就必须高度重视知识产权,特别是商标品牌这一知识产权。

商标品牌之所以对企业如此重要,原因就在于在全球一体化、市场国际化的大背景下,市场经济也进入品牌经济的时代,市场竞争主要是品牌的竞争。企业的商标品牌意识、商标管理能力、商标保护能力、商标品牌的运用能力和水平,在某种程度上决定着企业的市场竞争能力,也决定着企业未来的发展方向。但是从现有企业的实践来看,有相当一部分企业在商标品牌的注册、管理、保护、运用等方面,存在这样或那样的问题,甚至有不少企业为此吃了大亏,付出了高昂的代价。

面对品牌经济和品牌的竞争,企业该如何应对挑战?《企业商标实务指南》一书为企业提供了一整套可供借鉴的方法和路径。本书由知名的大型国有企业和优秀知识产权咨询机构共同组织撰写,既有大型国有企业在多年实践中摸索出的成功管理经验,也有知识产权咨询机构在服务众多企业的过程中总结的利弊得失,在两个不同角度的交叉中融合,为企业做好商标管理提供了解决思路。商标的知识皆由实务而生,又归于实务的操作。本书以浅显生动的语言、翔实典型的案例将企业商标管理中的事务一一道来,与其他企业共享宝贵经验。

本书全面展示了企业在商标管理中遇到的十个基本问题,涵盖了商标创造、运用、管理、保护等多个方面，既包含商标管理实务中的传统内容，如商标注册、商标使用、商标保护、驰名商标等，也包含近些年企业关注度逐渐增加的新内容，如商标与品牌、商标管理、商标运营等；既涉及与企业商标管理息息相关但企业常常不够重视的问题，如商标规划、商标的资源管理等，也讨论了对企业商标管理至关重要但又不知从何下手的关键性问题，如商标证据管理。

商标的制度管理和证据管理是本书的亮点之一，这是其他商标管理实务类书籍很少提及的内容。商标的制度管理强调的是通过制度的建构实现商标管理的体系化和科学化，解决商标管理无章可循、责任不明、效率不高的问题，这是企业的商标管理从被动管理到主动管理的一个重要的评判条件；商标的证据管理是令很多企业困惑或困扰的问题，尤其是遭遇过商标侵权案件且颇受证据之苦的企业对商标证据管理的需求更加迫切。本书的证据管理是以实务中商标审查和司法审判的标准为依据，提出了商标证据管理的有效性和制度化，一方面保证商标使用产生的证据都是有效证据，另一方面保证产生的证据材料可以完整地留存下来，以备企业未来遭遇商标案件时之需。

商标品牌是企业市场竞争的重要抓手，也是企业做大做强的根基。中国企业要打造全球知名商标品牌，就必须认认真真、扎扎实实地从制度管理入手，做好商标品牌的注册、管理、保护、运用等各个环节的精细化管理。企业的商标管理是企业商标品牌战略的基础工作。真诚希望更多的中国企业能从本书中得到启发和借鉴，提升企业商标品牌管理水平，在实现中国产品向中国品牌转变中明确方法、路径和方向，在打造全球知名品牌中争取先机，赢得主动！

中华商标协会秘书长

第一版序二

《中共中央 国务院关于完善产权保护制度依法保护产权的意见》的新闻刷遍了朋友圈,国家对产权保护的这一顶层设计令业界瞩目。其实,从2008年起,《国家知识产权战略纲要》《深入实施国家知识产权战略行动计划(2014—2020年)》《国务院关于新形势下加快知识产权强国建设的若干意见》《国家创新驱动发展战略纲要》等一系列重大文件的发布,都表明知识产权越来越重要,尤其是在各级政府部门的推动下,保护知识产权更广泛地被行业、企业、个人所感知、认同和践行。

知识产权从业者都清楚在知识产权的范畴中,专利、商业秘密与技术创新息息相关,版权与文化产业密不可分,商标与品牌唇齿相依,都是市场竞争的利器。但在有些人眼中,它们的分量却并不相同,举个有趣的例子,"IP"是Intellectual Property的缩写,也即"知识产权"之意。但多年来在很多场合,有些人误认为"IP"仅指的是"专利";在文化圈,这两年"IP"也成为热词,小说、游戏、娱乐节目等被改编成影视剧,如火如荼,这里的"IP"指的却主要是版权。但是"商标"却从来没有如此殊荣。不但无此"殊荣",还常常被认为"简单""没有技术含量""注册了就不用管了"……这确实是对商标的一个认识误区。这种认识如果发生在企业的身上,可能会对企业发展产生很大的消极影响。

许多中国企业对实施品牌战略颇有兴趣,殊不知,品牌战略的实施,需建立在法律保护的基础之上,品牌战略的核心就是商标战略。商标战略的内涵之深和外延之广,往往超出企业的想象。商标战略不但涉及如何进行注册申请的海内外商标布局、行政和司法救济等多管齐下的商标维权,以及如何造就承载着企业商誉的驰名商标等举措,还包括有效规制商标使用行为的商标证据规则、令商标管理高效有序的商标管理制度、使无形资产变"有形"的商标运营等丰富内容。这些内容,有的看起来简单,而在实务中却可能处处有需要关注的细节;有的确实困难,让企业常常不知如何操作。

　　企业的误解或困惑,催生了创作这本书的激情。这本书的编者们在知识产权行业从业多年,经历过商标管理工作的多个环节,将企业商标管理概括为十个主要内容,既兼顾了基础知识的普及,也对企业关注的热点、重点、难点问题尽其所能地做出了自己的回答,力求做到内容翔实,言语生动,示例贴切。尽管未必能够完全达到最初的期望,但是这种努力尝试是值得肯定的。

　　愿编者们的诚意之作可以为企业的商标管理工作带来一些启发,提供一些帮助,愿他们的智慧与努力在更多方面发挥作用。

中国社会科学院法学研究所研究员

李顺德

第一版自序

随着国家大力实施知识产权战略,以及知识产权在市场竞争中的作用日益凸显,行业主管部门和企业运营主体的知识产权战略布局和权利保护意识日益增强。

国务院出台的《国务院关于新形势下加快知识产权强国建设的若干意见》(国发〔2015〕71号)中进一步明确了全方位巩固知识产权大国地位,为建成中国特色、世界水平的知识产权强国奠定坚实基础的主要目标。

与此同时,企业自身也越发认识到知识产权管理的重要性。越来越多的企业的知识产权管理意识正在觉醒,知识产权管理需求逐渐明确。以科技创新型企业为例,很多企业的知识产权管理工作已经形成良好的模式,并产生积极的效果。

商标管理作为企业知识产权管理的重要组成部分,因其与品牌管理的直接联系而在企业生产运营中发挥着重要作用。商标管理工作给企业带来的经济效益有时不好量化,但是轻视商标保护却会直接给企业带来惨痛的教训。苹果公司的"IPAD"商标之争、"加多宝"和"王老吉"从商标到广告语的系列博弈、"中国好声音"的被迫更名……无数商标案例生动且深刻地说明了商标管理对于企业的重要性。

为了方便企业尤其是成长型、成熟型企业了解商标管理的实质内容和关键问题,中国移动联合集慧智佳推出本书,从实务角度探讨企业商标管理的重点问题。

中国移动连续入选美国《财富》杂志的世界500强,最新排名列第55位;被美国《商业周刊》评为"全球最具创新力企业50强"。中国移动有效实施国家知识产权战略，先后被国家知识产权局认定为"全国知识产权试点单位"和"国家知识产权示范创建单位"；被国家工商总局评为首批"国家商标战略实施示范企业"；分别获得世界知识产权组织和国家工商行政管理总局联合颁发的"中国商标金奖"、世界知识产权组织和国家版权局联合颁发的"版权金奖（中国）"。

集慧智佳拥有超过百人的专业咨询团队，公司成立十余年以来，专注于知识产权咨询服务，是全国知识产权咨询业内首家成功登陆"新三板"的咨询公司。

本书共有十章，内容涉及了商标管理的十大基本问题，即商标与品牌、商标规划、商标注册、商标使用、证据管理、驰名商标、商标管理、商标运营、商标保护和资源管理。我们将企业多年商标管理工作的实践和思考进行总结，力争做到：

- 阐述理论，更重实务。不囿于基础理论的讲解，更关注解决企业在实务层面遇到的实际困难和问题。
- 结合案例，深入浅出。以深入浅出的生动语言结合具体案例，将企业商标管理中的问题进行剖析，努力化繁为简，便于企业理解和实施。
- 提供样本，具体指引。在管理实操中，提供了部分示例样本，企业可以参考和借鉴，以提高具体工作的效能。

希望我们在本书中分享的经验和建议能为广大企业商标管理实务工作者带来一些思路，贡献些许微薄之力。

最后，感谢为本书写序的王培章秘书长和李顺德教授，感谢为本书编写贡献智慧的李春亚、李晴、顾圭琳和陈英杰。限于编者水平和篇幅，本书仍有一些不足之处。在内容上，十个章节未必能够囊括商标管理的全部内容，对于部分企业仍有未能论及之处；在深度上，因本书更偏重商标管理的普适性、基础性问题，所以论述深度有限。以上种种，谨请各位同行及读者批评指正。我们愿以此书抛砖引玉，共同推进企业商标管理工作走向深入。

目　　录

第一章　唇齿相依——商标与品牌

商标是什么？ 2

不是一回事？ 4

　　理清彼此 5
　　各有所长 5

唇与齿的别样人生 7

　　万千宠爱 7
　　怀才不遇 8

品牌建设中的商标之道 10

　　商标注册之道——引领品牌创建 10
　　商标使用之道——强化品牌形象 18
　　商标保护之道——维护品牌声誉 19
　　海外布局之道——延伸品牌影响力 20

第二章　未雨绸缪——商标规划

虚以求实 24

　　不接地气？ 24
　　其实不简单 25

| 放矢之的 26

　　布局之"的" 26
　　运用之"的" 33
　　管理之"的" 34
　　保护之"的" 35

第三章　名正言顺——商标注册

| 量兵相地 40

　　商标命名有套路 40
　　商标设计找技巧 43

| 立足本国 48

　　有米才能炊 48
　　行前先探雷 52
　　知路好出发 55

| 放眼世界 59

　　暗箭难防 59
　　跑马圈地 61

第四章　运用自如——商标使用

| 纸上谈兵 74

　　看见内涵 74
　　满足外在 77
　　重视功用 79

| 真枪实弹 81

　　如虎添翼 81
　　坚如磐石 86
　　丈尺衡量 89

第五章　凿凿有据——证据管理

形象素描 94
你了解证据吗？ 94
你了解商标使用行为吗？ 96

望闻问切 99
微，但可关大局 99
打虎还需亲兄弟 100
韩信用兵之道 100
兵在多，更在精 102

去除症结 104
主动管理，判断前置 104
明晰管理的人和事 105
让工作流动起来 112

去伪存真 113
证据管不管用，就看"四要素" 113
"四要素"不足，证据链补齐 120

第六章　金字招牌——驰名商标

一探究竟 124
舶来品的本土化 124
摘掉神秘面纱 125

历史沿革 128
外面的世界 128
自己的脚步 131

一定之规 133

  四项"游戏规则" 133
  两条"通关路径" 135
  五个"基本装备" 139

秉要执本 146

  显著性 146
  相关公众 148

第七章　有章可循——商标管理

建章立制 153

  总则 153
  商标管理组织 154
  商标确权 158
  商标使用 161
  商标保护 164
  商标运营 167
  商标分级 168

精雕细琢 170

  强化使用 171
  持续积累 173
  顺势而变 175
  积极维权 177
  荣誉认定 177
  闲置商标 177

第八章　从无到有——商标运营

从"无"到"有" 180

  法律属性之外的资产属性 180
  滞后企业需求的运营现状 181

变"闲"为宝 182

商标转让的基本情况 183
重点关注 184

双赢时代 187

商标许可的基本情况 189
重点关注 191

"质"在"币"得 192

商标质押的基本情况 194
重点关注 197
商标资产证券化 198

第九章 百艺防身——商标保护

侵权源起 202

商标与商标的冲突 202
其他权利与商标的冲突 202

维权之本 204

证据收集范围 204
证据收集方法 207

警告威慑 208

最低成本的"威吓" 208
操作指引 209

行政制裁 214

打击迅速的行政之"手" 214
行政查处的特点 214
操作指引 216
注意事项 216

贸易钳制 217
- 扼住贸易的"咽喉" 217
- 海关保护执法流程 220
- 注意事项 221

司法惩戒 221
- 正义的司法之"剑" 221
- 操作指引 222
- 注意事项 224

第十章　运筹帷幄——资源管理

巧借东风 228
- 外部资源 228
- 服务机构选聘 230
- 服务机构管理 235

知人善任 235
- 人力资源 235
- 改进建议 236

多钱善贾 236
- 财政资源 236
- 既存问题 237

首利其器 238
- 工具资源 238
- 管理软件 239

附录一　2017—2022年与商标有关的主要法律及政策性文件 241

附录二　商标管理制度的参考示例 247

附录三　商标代理机构服务评估考核评分表 255

2016年11月17日,因商标纠纷,两家稻香村公司对簿公堂。北京稻香村食品有限责任公司(简称"北稻")将苏州稻香村食品有限公司(简称"苏稻",稻香村集团前身)旗下三个公司,即稻香村食品集团有限公司、苏州稻香村食品有限公司、北京苏稻食品工业有限公司,以侵害商标权纠纷和不正当竞争为由起诉至法院。据称,此次"稻香村"商标再燃战火,源起于北京一位消费者"错买"苏州稻香村糕点。其实,两家稻香村公司的商标恩怨已经持续多年。消费者可能会有点糊涂,到底哪个是正牌老字号呢?其实两家"稻香村"都是有历史传承的老字号,都是真厂家,而且都经营得不错。截至2018年7月,"北稻"拥有196家连锁店,在各大超市系统开设销售专柜400多家。"苏稻"除了深耕南方市场,近几年快速拓展北方市场,成立了稻香村集团,下属14家分公司,在北京、苏州、江苏、山东等地建有6个大型的食品加工中心,在多地联合建有原料基地,还成立了产学研合作平台等。可以说,"北稻"和"苏稻"都在自己的地域内传承和发扬了历史文化,提升了老字号的品牌价值。

但各自偏安一隅相安无事的格局伴随着市场的变化逐渐被打破,即便已经在各自的地域打造出自己的品牌,市场的压力仍使得"北稻"和"苏稻"急切地希望用商标的"合法身份"来遏制对方,这才爆发了双方旷日持久的商标之争。我们从此案不难看出,商标与品牌并不是一回事儿。

第一章

唇齿相依——商标与品牌

商标是什么？

想象一下，当你走进琳琅满目的大型超市，每一件崭新的商品包装上似乎都会有以下这些元素：一个可能由字母、图形、文字组合而成的标识、一个企业的名称、一句令人印象深刻的宣传语，这些信息仿佛在代表商家向消费者传递一个信号，希望消费者记住商家的名称，使消费者容易地识别其与其他同种类商品商家的不同。上述信息中可能包括商品的商标、企业的商业标识、企业商号和商品广告宣传语，在区分商品来源的作用上，上述信息似乎区别不大，但从法律意义上而言，以上信息对应的是不同的法律概念。在这些标识中，大多数商品包装上都会印有产品的商标。商标是什么？商标和上述其他标识有何不同？

我国对于"商标"的记载可追溯到北宋时期（公元960年—1127年），相传山东济南的刘家功夫针铺在自家店铺门前印刻了一只白兔，这只"白兔"使刘家与其他制针铺相比有了区别，尽管这只"白兔"具备了商标的识别功能，但严格来说，和"商标"还不完全一样。"商标"在《现代汉语词典》（第7版）中的释义是指"企业用来使自己的产品或服务与其他企业的产品或服务相区别的具有明显特征的标志。包括工业、商业或服务业商标等。商标经注册后受法律保护"。

现行《中华人民共和国商标法》[①]（简称"《商标法》"）第八条规定"任何能够将自然人、法人或者其他组织的商品与他人的商品区别开的标志，包括文字、图形、字母、数字、三维标志、颜色组合和声音等，以及上述要素的组合，均可以作为商标申请注册。"这体现了可进行注册申请的商标的本质特征及构成要素。《商标法》第三条中规定"经商标局核准注册的商标为注册商标……商标注册人享有商标专用权，受法律保护……"可见现行《商标法》赋予了商标专用权人在注册的商品或服务上独占支配该商标的权利，同时也向他人宣告不得妨碍或侵犯权利人对该商标享有的独占权利，即未经商标权利人的许可，他人

[①] 我国现行《商标法》指2019年11月1日起施行的第四次修正版本。

不得在相同或类似的商品或服务上使用该商标。若他人在相同或类似的商品或服务上提出了相同或类似的商标申请，也会因权利人在先注册的商标被驳回，侵犯权利人商标专用权的，还将承担相应的法律责任。

生活中常见的商标多是以一种或几种可视化标识的形态附着于商品上，其最基本的功能是区分商品来源，不同的商标代表同种商品或服务来源于不同的生产商或服务提供商。消费者在挑选商品时，凭借对商标的熟悉和信赖程度做出的购买决定往往是出于对商品生产商或服务提供商的肯定。

除去我国法律规定必须使用注册商标的商品（如香烟、农药），我国现行法律对于企业在商品或服务中注册及使用商标的行为并未进行强制性规定。仅在2022年第一季度，我国各省、自治区、直辖市商标注册申请量就有1844641件①。伴随着我国经济的不断繁荣和发展，商标对于企业的价值日益多元化。

对于企业来说，如果能在自家产品上使用一件朗朗上口、寓意美好的商标，这无疑是对产品进行的一次广告宣传。一件好的商标有利于促使消费者在琳琅满目的同种商品中做出购买决定，帮助企业增加商品销量，扩大市场占有率，增加企业的收益。

随着互联网平台经济的发展，越来越多的企业将电商平台作为销售商品的主战场。为保护消费者和电商平台的权益，一些电商平台在"商户服务协议"中明确将"提供售卖商品的商标申请或注册证明文件"作为企业入驻平台的一项审查标准。没有商标，对于企业来说或许意味着失去了电商销售的入场券。

此外，注册商标对于企业来说也是一项无形资产，通过许可、转让等运营方式，能够为企业带来超额利润。

2021年4月，乐视网信息技术（北京）股份有限公司的580项商标经公开竞价，在某网拍平台的拍卖成交价为1603万元。2021年，宁波达尔机械科技有限公司从宁波市市场监督管理局商标质押窗口领到了商标专用权质权登记证，通过本次商标权质押，企业成功获得6000万元的授信额度②。

---

① 国家知识产权局商标局. 2022年一季度全国省市县商标主要统计数据［EB/OL］.（2022-04-06）［2022-12-15］. http://sbj.cnipa.gov.cn/sbj/sbsj/202204/t20220406_21828.html.

② 一个商标换来6000万元 我区完成首例商标质押融资［EB/OL］.（2021-08-04）［2022-12-15］. http://www.zh.gov.cn/art/2021/8/4/art_1229033317_58959255.html.

湖北省知识产权局发布的《2021年湖北省商标品牌发展报告》中显示，2021年湖北省全省商标质押项目39件，质押总金额达9.37亿元。可见商标专用权质押是商标权利人运用商标进行融资、盘活无形资产的一种重要手段，能够直接为企业带来收益。

目前，我国对商标申请采取自愿注册原则，除特殊商品外，不强行要求进行商标注册申请，因此现实情形中存在部分企业使用未注册商标的情况。现行《商标法》明确表示为"保护商标专用权"而制定，且明示"商标注册人享有商标专用权，受法律保护"，由此可见，现行《商标法》保护的对象是注册商标，使用未注册商标可能在以下方面存在隐患。

第一，未注册商标的使用人不享有商标的专用权，不能援引现行《商标法》中保护注册商标权利人的内容进行维权。对于该件商标不享有专用权，这也就意味着其他企业同样可以在同一种商品上使用相同或近似的商标。

第二，若企业做大做强，其商品或服务开始具有一定的影响力和知名度，已使用但未注册的商标极有可能遭到他人的抢注，市场上也可能会出现很多仿冒的商品，企业将会走上艰难的维权之路，甚至还会严重影响企业的商誉与经营。

第三，使用未注册商标可能会侵犯他人商标的商标专用权，随着我国商标申请注册量的逐年上升，注册商标的数量持续增长，企业使用未注册商标侵权的概率也会越来越高，一旦侵权行为成立，企业为该商标投入的金钱、精力可能都要付诸东流，还可能会受到行政处罚或是卷入诉讼之中。

不是一回事？

在企业的管理实务中，商标和品牌是特别容易被混用的两个概念。确实，两者在某些语境和场合下可能表达了相同的意义。但如果严谨一点去评断，大家其实都知道商标和品牌并不是一回事，"稻香村"的案例正说明了这一点。

理清彼此

品牌是一个集合概念、市场概念，它不但包括品牌的名称（法律的呈现形式，即商标），还包括人们对商品或服务的总的印象以及认知、评价的总和。理论界对于品牌在一般意义上的定义是：品牌是一种名称、术语、标记、符号或图案，或是它们的相互组合，用以识别企业提供给某个或某群消费者的商品或服务，并使之与竞争对手的商品或服务相区别。品牌是一种识别标志、一种价值理念，是代表企业品质优异的核心体现。品牌概念中往往蕴含着独具个性的品牌文化，如海尔"真诚到永远"的价值观、万宝路的男子汉形象等，正是这些独特的品牌个性，构成了品牌持久的市场魅力。但是品牌终究是"无形"的，而商标正是品牌可以实体化呈现的载体。

商标是一个法律概念，它是用于区分商品或服务来源的标志，须经过注册获得商标专用权才能受到法律保护。商标更强调标志本身的可保护性，其作用主要体现在法律框架之内。

因此，商标是品牌的法律表现形式，品牌相较于商标具有更为丰富的内涵。

各有所长

商标的功能

- 识别商品或服务来源的功能。这是商标的基本和首要功能，商标就是基于区分商品或服务来源的需求才得以产生的，因此，我们可以通过商标判断商品或服务来源于哪个生产者或提供者。
- 保证商品品质的功能。消费者通过商标来辨别商品或服务，对其质量做出鉴别，鉴别后在记忆系统里为商标质量打上一个"标签"。这种"标签"会持续性地引导消费者的购买行为，因而这种鉴别关系到生产经营者的切身利益。因此，商标的使用促使生产经营者注重质量，保持质量的稳定。
- 广告宣传的功能。在现今的市场营销中，企业往往通过商标推介商品或者服务，以醒目的形式凸显商标，吸引消费者的注意力，当消费者根据商标来选择商品或服务时，商标的作用就显而易见了，商标俨然成为企业的无声广告。

品牌的功能

- 产生品牌溢价，为企业创造更大的经济效益。如今卖方市场逐渐转化成买方市场，消费者占据主导地位，拥有更多的主动权，这就对商品或服务的提供者提出了更高的要求。尤其在商品或服务日渐趋同、差异化日益缩小的情况下，能否满足消费者精神层面的需求越来越成为决定商品或服务价格的重要因素。例如，对于质量相差不多的两件商品，消费者更愿意选择品牌知名度高的商品，甚至愿意支付更高的价格，这就是品牌的力量，这在无形中大大增加了企业的销售收入。

- 有利于业务扩张，促进业务增长。强势品牌可以突破空间的障碍进入新的市场，也可以通过品牌延伸，开拓其他领域的业务。德国西门子品牌的核心价值在于"提供优秀的技术"，而不仅仅是"提供优秀的电话"，其品牌延伸也成功地由电话机扩展到移动电话、照明产品以及开关等家用电器。西门子延伸后的商品继续支持或者强化了原有品牌的核心价值而不是与之相悖。[1]

- 培养忠诚客户，稳固企业形象。随着信息化时代的到来，市场开放程度也越来越高，可供选择的商品或服务范围也呈现出爆炸式增长趋势，面对琳琅满目的商品，人们选择的难度加大。若想吸引消费者消费，最好的方式就是培养客户对于品牌的忠诚度。通过商品或服务的优异品质建立良好的用户体验，使消费者对该品牌产生信赖进而引发持续的消费行为，这比引导一个新顾客消费要容易得多。统计数据显示，企业吸引一个新顾客的成本比留住一个老顾客的成本要高出4~6倍，顾客流失率每减少2%，就相当于降低10%的成本[2]，这无疑会对企业经济效益的增长产生极大的利好影响。并且，在培养忠诚客户的同时，通过品牌传达出来的企业文化和企业形象会逐渐在消费者心中固化下来并趋于稳定。

---

[1] 郭修申.企业商标战略[M].北京：人民出版社，2006：11.
[2] Friderick F Reichheld, W E Sasser. "Zero defection: quality comes service", Harvard Business Review, Aug, 1990: 105-111.

唇与齿的别样人生

虽然商标与品牌有明显的区别，但两者的联系却非常紧密。可以说，商标和品牌常常是同时共存的，两者的关系更类似于唇齿的相依相伴。一旦商标与品牌各自为政，就可能会出现唇亡齿寒的局面。对一个自然人而言，唇齿的重要性可能不分伯仲，但是对企业而言，商标与品牌的境遇却是天壤之别。

品牌一直是企业最关注的管理内容之一，为了做大做强品牌，企业不遗余力。但与之相比，企业对商标的关注热度骤降，常常被企业归入"不赚钱只花钱"的管理内容，普遍能够被认可的价值就是"商标还是要注册的"，但这也是沾了品牌的光，仍旧是出于保护品牌而为之。但若要企业真的花心思在商标事务上，企业的作为可能比较有限。虽然品牌与商标唇齿相依，但两者在企业内的境遇却截然不同。

万千宠爱

企业向来以火一般的热情挥舞着品牌的大旗，多年来品牌的热度只增不减。

那么，品牌到底是什么？品牌是牌子、商标还是商品？营销学术界的大师菲利普·科特勒等这样理解品牌："品牌是一种名称、术语、标记、符号或图案，或是它们的相互组合，用以识别某个消费者或某群消费者的产品或服务，并使之与竞争对手的产品或服务相区别。"[①]如果仅从"符号"的角度来看，品牌与商标几乎可以画上等号。但显然，名称、标志等元素只是品牌的外衣，品牌真正的价值在于它打动消费者的能力。

市场上的商品纷繁多样、琳琅满目，如何使消费者择其一而不择其他，品牌就是最直接的风向标。在当今的经济环境下，认牌购物已经成为

---

① 菲利普·科特勒，凯文·莱恩·凯勒.营销管理（第十二版）[M].梅清豪，译.上海：上海人民出版社，2006：142.

消费者的购物习惯，人们往往可以快速说出某一商品体系下的某个牌子，但对于这个商品的产地、生产厂家全称等信息并不十分清楚，这就是品牌的力量。建立品牌并维持消费者对于品牌的忠诚度是激烈的市场竞争形势下的必然选择。

品牌有利于消费者快速识别商品或服务。企业通过品牌化建设，使品牌内涵深入人心，消费者凭借感知商品或服务独有的品牌内涵，能够在纷繁多样的商品或服务中快速找到符合自己心理需求的商品或服务。

品牌有利于企业增加销售利润。在企业的商品或服务使消费者产生品牌依赖感并建立品牌忠诚度后，会促进消费者的重复购买行为，甚至会使消费者愿意支付高于同类商品或服务很多的价格去购买，因此，品牌成为企业销售利润的重要推动力。

品牌集万千宠爱于一身，一贯春风得意，但想要得意得毫无顾虑，终究离不开商标。这是因为，品牌负责商业，负责勇往直前占领市场，但是它并不具备自我防御、自我保护的能力。而商标负责法律，负责建立防御工事，只有将品牌注册成商标，企业才有可能攻守兼备，所向披靡。即便商标这样重要，仍然摆脱不了"怀才不遇"的命运。

怀才不遇

说商标在企业中的境遇是"怀才不遇"，其实是想说商标并没有得到公正的对待，大多数企业都没有将商标物尽其用，最大限度地激发其价值。好比一个门客，主公虽然愿意任用，但却认为门客只能办些须臾小事，自然得不到重视。

《国家知识产权战略纲要》颁布以来，越来越多的企业关注知识产权，商标注册的观念已深入人心，即便是个体工商户都知道要注册商标。2020年，我国商标注册申请量达934.75万件，同比增长19.27%，2021年我国商标注册申请量达945.05万件，再创历史新高，已连续两年突破900万件，可见我国商标申请量持续快速上涨的态势仍然延续。

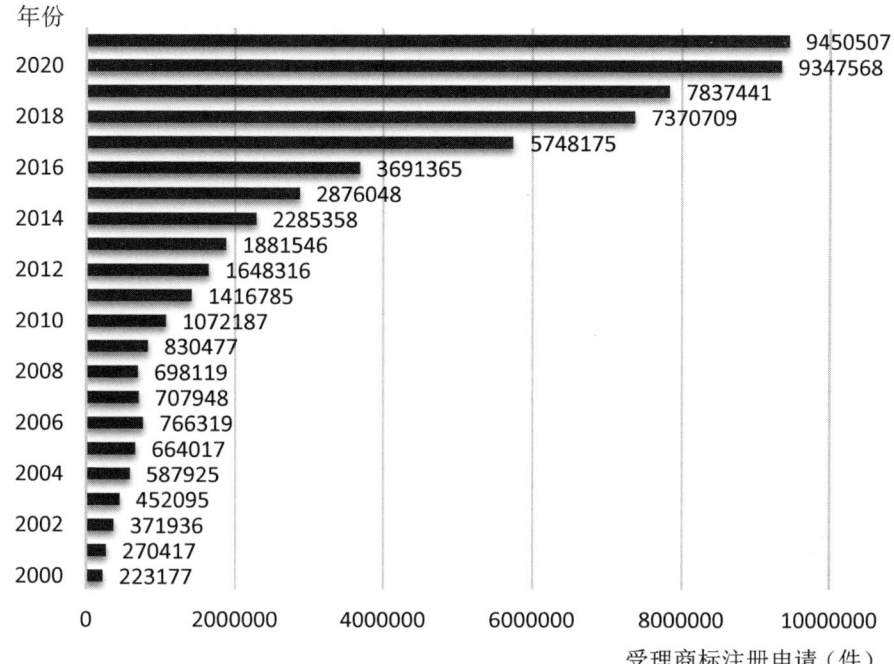

近年来国家知识产权局商标局受理商标注册申请情况

资料来源:"国家知识产权局"官网,知识产权公开统计数据查询指引,"5-1 1979年–2020年商标申请、注册及有效注册状况统计表";《2021知识产权统计年报》。

除获得商标专用权的热情随着商标意识的提升水涨船高外,有些企业已经能够自如地运用商标权打击侵权假冒行为,积极培育商标获得政府的奖励资助,甚至作为质押物从银行获得贷款盘活商标资产。但即便如此,我国企业整体的商标意识还处于初级水平,企业为商标管理配置的人力、财力资源还非常有限,商标管理的内容也不够全面,企业的整体重视程度不高。与品牌的待遇相比,两者真是不可同日而语。

其实商标对于品牌建设的作用举足轻重。

品牌建设中的商标之道

商标注册之道——引领品牌创建

合法性

创建企业,首要的工作就是设计一个好品牌。在设计品牌时,企业常常要考虑其字形是否优美、名称是否朗朗上口、寓意是否积极美好、气质是否符合公司文化等,但却常常忽略一点,这个品牌是否具有可注册性,即是否符合法律的相关规定。如果一个品牌设计完成,却不能注册成为商标,无法获得商标专用权的保护,那这个品牌就时刻处于风险之中。

因此,在品牌的设计、选择方面,应当首先考虑合法性,要符合现行《商标法》对于商标构成要素的规定。例如,2013年修正后的《商标法》将声音商标纳入法律保护范畴,但是气味商标就不属于我国商标法律保护的对象。现行《商标法》第十条、第十一条和第十二条规定了关于商标注册的禁止性条款,这些条款规定的事项是品牌设计的禁区。

现行《商标法》第十条中规定,对与中外国家、政府间国际组织、官方机构的名称、徽记、旗帜等相同或近似的标志;带有民族歧视性的标志;带有欺骗性,容易使公众对商品的质量等特点或者产地产生误认的标志;有害于社会主义道德风尚或者有其他不良影响的标志等;都禁止使用为商标,自然更不会核准注册。

现行《商标法》第十一条和第十二条是对商标显著性的要求,缺乏显著性的商标可以使用,但是不能注册,除非经过使用而获得显著性,这个问题本书后面将会详细论述。

【案例】恶意抢注"冬奥会"商标？驳回！

随着第二十四届冬季奥林匹克运动会（简称"北京冬奥会"）在北京举办，"冰墩墩""雪容融"等与北京冬奥会相关的吉祥物形象、吉祥物名称等迅速走红，成为人们热捧的对象。

与此同时，竟有一些商标申请人对北京冬奥会相关元素打起商标注册的主意，向国家知识产权局递交了商标注册申请，拟将"BINDUNDUN""雪绒融""一起向未来"等与北京冬奥会近似或相同的名称在不同类别当作商标进行注册申请。这批商标即便与北京冬奥会相关词汇或图形并不是完全一致，但其相似程度足以使公众联想到北京冬奥会这一盛大的活动，甚至对商品或服务来源是否与北京冬奥会有直接关系产生疑问和误解。这些申请人在明知北京冬奥会具有重大社会影响的情况下，仍申请部分与北京冬奥会"形似"的商标，不但面临申请被驳回的后果，申请信息还可能被公开公布。

2022年3月，国家知识产权局专门在"知识产权局网站"发布通告，特别强调将对恶意抢注2022北京冬奥会冬残奥会吉祥物、口号、运动员姓名、场馆名称等商标注册申请予以打击。依据现行《商标法》第十条第一款第七项、第八项以及第三十条之规定，对第62478160号"一起向未来"、第62612144号"BINDUNDUN"、第62515920号"雪绒融"等1270件商标注册申请予以驳回，并公布了驳回名单。

现行《商标法》第十条主要规定了不得作为商标使用的标志类型，其中第一款第七项和第八项分别规定"带有欺骗性，容易使公众对商品的质量等特点或者产地产生误认的"和"有害于社会主义道德风尚或者有其他不良影响的"标志不得作为商标使用。现行《商标法》第三十条是对同种商品或类似商品上已有在先相同或近似的商标申请予以驳回的规定。

【案例】"WOWO"遭遇"泰囧"

上海人汤耀华2005年赴成都成立四川哦哦超市连锁管理有限公司（简称"哦哦公司"），创立24小时营业的便利店"WOWO"品牌。2005年10月，"WOWO"与七色条组合而成的商业标志正式启用，2009年4月，该标志通过商标注册程序确权为注册商标（第4982344号商标）。后来，哦哦公司又注册了第5785094号商标。

第4982344号商标　　　　　　第5785094号商标

创始人汤耀华称，"WOWO"取意于"雄鸡唱晓"，寓意该品牌为百姓提供24小时服务的宗旨以及锐意进取的雄心；选取橘、蓝、白三种色条作为商业标志，则遵从24小时便利店这一行业的惯例，因其视觉传播效果最好，在全球范围内，这一业态中的大多数企业都以色条作为商业标志和店面装潢的核心。从传播的角度来说，这绝对是一个好的品牌设计。

哦哦公司也不辱使命，经过多年的发展，成为在成都地区具有一定影响力的连锁企业。随着企业的发展，"WOWO"商标本身的影响力也逐步显现，逐步成为被成都地区广大人民熟知的品牌之一，其商业价值也急速累积，2009年"WOWO"的品牌商标估值已经达到1亿元。

然而，正当汤耀华踌躇满志之时，却突遭一场"撤销风波"。

原来，2012年1月5日，泰国驻华使馆商务处向四川省成都市工商行政管理局商标分局发函称："'WOWO'连锁经营店标志两侧使用的颜色、颜色的排列顺序以及外观样式同泰国的国旗一模一样"，"要求地方企业取消此图案样式的使用，尊重泰国国家对于本国国旗的使用特权"。基于泰国方面的要求，2012年3月27日，国家工商行政管理总局商标局①（简称"商标局"）向"WOWO"

---

① 依据2019年2月14日国家知识产权局发布的第295号《国家知识产权局公告》，原国家工商行政管理总局商标局、商标评审委员会、商标审查协作中心整合为国家知识产权局商标局。本书其他处出现同样情形不再重复说明。

便利店发出关于拟撤销涉及其两件注册商标的通知,理由是该两件商标违反了《商标法》第十条第二款不得作为商标使用的规定。

遭遇"泰囧"的哦哦公司开始了艰难的维权之路。国家工商行政管理总局商标评审委员会①(简称"商评委")的撤销复审裁定维持了商标局的决定、北京市第一中级人民法院的一审诉讼维持了商评委的裁定。哦哦公司一路败诉。此时,"WOWO"商标的市场估值已经达到了3亿元,并且,哦哦公司通过商标质押从银行进行了贷款。如果商标一旦被撤销,面临的问题非常棘手,仅仅是更换店招就可能面临着3000多万元的损失,更不用说商誉等其他对企业造成的不利影响。

幸好最终峰回路转。北京市高级人民法院做出终审判决,认定在中国相关公众通常难以将复审商标标志与泰国国旗联系在一起并产生混淆误认的情况下,复审商标标志与泰国国旗未构成相同或者近似的标志,撤销了一审法院的判决和商评委的裁定。"WOWO"商标最终维持注册。

虽然最终的结果令企业避免了巨大损失,但这有惊无险的案件也为企业敲响了警钟:企业在创建设计品牌时,一定要谨慎选择构成要素,避开不符合《商标法》规定的内容,以免给自己的品牌带来风险。

显著性

商标最基本的功能就是区分商品或服务的来源,商标的这种可识别性就是商标的显著性,一个标志只有具备了显著性,才能使消费者区分此商品与彼商品、此服务与彼服务。现行《商标法》第十一条和第十二条是对商标显著性的具体要求。

(1)不能小看的"显著性"

● 商标的显著性是商标发挥其功能的基石。商标最重要、最基础的功能是区分功能,使消费者能够通过商标知道商品或服务的来源。商标通常不能与其他商标相同或近似,同时也不能直接描述商品或服务的产地、原

---

① 依据2019年2月14日国家知识产权局发布的第295号《国家知识产权局公告》,原国家工商行政管理总局商标局、商标评审委员会、商标审查协作中心整合为国家知识产权局商标局。本书其他处出现同样情形不再重复说明。

料、质量等特性。"商标之显著性乃为商标表彰自己商品以与他人商品相甄别之固有属性"。①

- 商标通过显著性将商家与消费者连接起来。商标将生产者的商品信息带给消费者，使其购买特定的商品，同时也将消费者的偏好反馈给生产者。②在此过程中，商标的显著性向消费者传递着商品的质量和品质。
- 商标的显著性关系到商标权能否获得，同时在商标的权利保护过程中起着非常重要的作用。具有显著性的标志才能被认定为商标，标志持有人才能获得商标权，进而商标才能受到法律的保护。

（2）显著性与商标权的"得"

现行《商标法》第九条规定："申请注册的商标，应当有显著特征，便于识别，并不得与他人在先取得的合法权利相冲突……"可见，显著性是一个标志获得商标权的前提，因为只有具备显著性的商标才能发挥其应有的识别功能。

但是在现实的市场活动中，也存在着很多不具有显著性的标志。根据现行《商标法》第十一条的规定，缺乏显著特征的商标是不能作为商标注册的，除非该标志经过使用取得显著特征，并便于识别。这也解释了为什么我们在市场上会看到一些明明属于直接表述或描述的商标也能获准注册。

这类标志在产生之初缺乏固有显著性，是通过标志所有者的大量使用行为，使得这一标志逐渐被相关公众接受、熟知，能够起到区分商品或服务来源的作用，从而获得了显著性。像"两面针""田七"等，其实都是中草药的一种，用在"牙膏"上直接表述了商品的主要原料，缺乏固有的显著性。但这些商标后来都成功获得核准注册，就是因为经过长期广泛使用使得"两面针""田七"在牙膏商品上获得了显著性，能够区分商品来源。

---

① 曾陈明汝.商标法原理[M].北京：中国人民大学出版社，2003：31.
② 黄晖.驰名商标和著名商标的法律保护[M].北京：法律出版社，2001：36.

【案例】"沪深300指数"的逆袭

"沪深300指数"是由中证指数有限公司编制、沪深证券交易所于2005年4月8日联合发布的，用于反映沪深300指数编制目标和运行状况，并能够作为投资业绩的评价标准，为指数化投资和指数衍生产品创新提供基础条件。中证指数有限公司于2006年、2016年在第36类金融服务类别上分别申请了第5765272号、第13914974号"沪深300指数"商标，经商标局和商评委审查，均被驳回，认为该商标描述了服务的内容，不具有显著性。

沪深300指数

中证指数有限公司针对第13914974号"沪深300指数"商标的驳回复审结果提起行政诉讼，北京知识产权法院经审理认为：首先，从使用主体来看，中证指数有限公司独家编制和发布"沪深300指数"，其他第三方机构未经中证指数有限公司授权，不得使用该指数，诉争商标在客观上具有唯一、稳定的指向性；其次，从相关公众的认知来看，经过中证指数有限公司对"沪深300指数"的销售许可及推广，相关公众已将"沪深300指数"与中证指数有限公司提供的以"沪深300指数"为基础的一系列金融服务紧密联系。"沪深300指数"经过使用获得了显著性，可以获准注册，撤销了商评委所作"沪深300指数"商标不予核准注册的被诉决定。"沪深300指数"完美逆袭。

（3）显著性与商标权的"失"

缺乏显著性的商标通过长期使用可以获得显著性，从相反的角度来说，商标的显著性也可能在商标使用的过程中逐渐退化甚至完全消失，主要有以下几种情况：

- 商标权利人在商标使用过程中因疏于管理或利用不当导致显著性退化。
- 某特定商品的商标成为此类商品的通用名称。这是由于这类商品尚无固定的商品通用名称，或消费者对这类商品名称还不熟悉，该特定商标逐渐沦为商品的通用名称，丧失了显著性，失去了标志商品出处的功能。[1]例如阿司匹林、氟利昂已经丧失了商标的显著性，分别沦为了乙酰水杨酸和制冷剂的通用名称。

---

[1] 李伟.商标纠纷新型典型案例与专题指导[M].北京：中国法制出版社，2009：93.

【案例】"敌杀死"差点"自杀"

在艾格福（天津）有限公司（简称"艾格福公司"）诉四川省富顺县生物化工厂（简称"富顺生化厂"）的商标侵权纠纷案中①，艾格福公司为第533131号"敌杀死"商标的一般许可使用人，富顺生化厂擅自印制"敌杀死"标签，生产"敌杀死"农药进行销售，艾格福公司请求法院判令富顺生化厂停止侵权并赔偿750万元。被告富顺生化厂称，在原农业部组织编写的《新编农药手册》中，溴氰菊酯为中文通用名，其他名称为敌杀死。因原告自身疏于管理的行为，"敌杀死"已实际成为农药的通用名称，淡化了其显著性，因此被告以产品名称方式使用，不构成对注册商标的侵害。

一审法院认为，在有效期内的注册商标，若因所有人疏于管理而使该商标的显著性消失，该商标将因缺乏显著性而应被撤销。虽然商标专用权人对某些专业出版物将商品名称与其商品混用的情况疏于管理，但在国家商标局未宣布对其撤销前，仍应受法律保护。虽然最终此案在二审以调解的方式结案，但一审法官在此案中的相关见解仍值得我们思考。作为淡化的侵权行为，若被权利人长期忽视，其导致的后果可能是商标权利人权利的丧失。②

【案例】"彩铃"竟然是商标？

说到"彩铃"，大家都很熟悉。这是"个性化多彩回铃音业务"（Coloring Ring Back Tone）的简称，它是一项由被叫客户为呼叫自己移动电话的其他主叫客户设定特殊音效（音乐、歌曲、故事情节、人物对话）回铃音的业务。这项业务最初是由

---

① 四川省高级人民法院（2001）川经中字第17号调解书。
② 赖波军.驰名商标的显著性丧失及法律保护[J].科技与法律，2004（1）：78.

中国移动通信集团公司（简称"中国移动"）推出的。

也许大家都不知道，在"彩铃"刚产生时，并不是作为业务名称，其实是中国移动打算注册申请的商标。2003年，中国移动就提出"彩铃"的注册申请，因为当时的商标审查周期比较长，到2006年才对该商标进行实质审查。但此时，彩铃业务已经成为各大运营商运作成熟的业务类型，已沦为行业通用名称。因此，中国移动的"彩铃"商标申请被予以驳回，"彩铃"永远成了公共资源。

【案例】"吉普"的沦陷

20世纪80年代，越野文化的奠基者"Jeep"的知名度极高，其中文译名"吉普"一度成为越野车的代名词。吉普的商标权利人也积极采取措施，商标局也向相关部门告知"吉普"作为注册商标应予保护，我国公安部门改变了在长安街上的指示牌，把"吉普"改成了"越野车"。

但有的媒体仍在2013年某一社会新闻的标题中使用"吉普车"字眼。实际上，新闻事件中涉及的越野车并非来自"Jeep"品牌，可见相关公众将"吉普"认知为越野车通用名称的观念已根深蒂固。

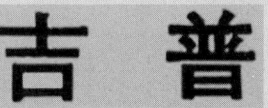

2012年，克莱斯勒公司使用了"不是所有的吉普都叫Jeep"的广告语。当然，从传播的角度讲，这是一句优秀的广告语，它意欲表达"Jeep"在越野车、运动型多用途汽车（SUV）领域的专业性和强大的功能性，广告语中的"吉普"二字其实是指代越野车。但从商标的角度讲，这种说法几乎是自认了"吉普"作为越野车通用名称的事实。这种做法无疑会加速商标显著性的退化甚至丧失。商标的显著性退化或沦为同类商品的通用名称而丧失显著性，会使得商标的基本功能被削弱，商标的功能丧失了实现的基础，法律对其保护的强度也会变弱甚至完全不再加以保护。

- 某商品知名度较高甚至在同行业中处于垄断地位，相关公众极易将该商品的商标作为同类商品的通用名称。

提前布局

我国对于商标注册采取"申请在先"原则，即如果不同的商标申请人要在相同或类似商品上注册相同或近似商标，优先核准申请在先的商标，即"先到先得"。这就要求企业"市场未动，商标先行"。很多企业常常在商品或服务上市前才提交商标申请，错失了注册的最好时机。而此时品牌也已推向市场，如果更换品牌，前期的投入无异于化作乌有，但若不更换，品牌无法注册成商标，权利将无法得到保护，企业将陷入两难境地。

商标使用之道——强化品牌形象

企业对注册商标或未注册商标的使用应该符合现行《商标法》的规定，这是有效维护和强化品牌形象的保障。

- 在使用注册商标时，最好标注注册标记"®"。虽然是否使用注册标记是商标权利人的权利，但是使用注册标记，可以向公众昭示该标志作为商标的属性，他人应给予足够的注意和合理的避让，防止商标被他人任意使用淡化为通用名称。

- 注册商标的专用权以核准注册的商标和核定使用的商品或服务为限，不可以自行改变注册商标样式或者超出核定的商品或服务范围使用商标。企业在使用注册商标时，最好设计一套统一的Ⅵ（Visual Identity，视觉识别）标准，包括企业商标的标准颜色、中英文字体等，使企业各部门在宣传推广的过程中不至于出现商标使用混乱不一的尴尬情况；同时，一致的商标使用形式可以不断强化该品牌在消费者心目中的形象，避免混淆和误认，逐渐建立起品牌认知度。因此，不但企业内部相关部门要规范使用商标，企业对被许可方使用商标的行为也要进行规范、监督和定期检查，保证商标合规使用，维护企业的品牌形象。

值得一提的是，有效地利用商标许可使用策略可以提高品牌的影响力和渗透力。商标许可是指商标权利人通过与被许可人签订使用许可合同，允许被许可人在一定条件下使用其注册商标，被许可人获得商标使用权。

如果商标使用许可策略运用得当，不但可以增加企业的无形资产价值，获得可观的经济效益，还可以提高品牌的知名度，增强市场竞争力。此外，通过商标许可，企业可以较容易地冲破贸易壁垒，顺利实现市场渗透，扩大市场占有率，进一步增强市场开拓能力。

商标保护之道——维护品牌声誉

商标是品牌的核心与载体，商标保护是品牌竞争的重要组成部分，只有对商标权进行有力的保护，才能维护好品牌信誉，保障并实现品牌价值。由于现代社会商品和服务品类繁多，侵权方式也花样百出，使得企业的商标保护越来越需要主动出击。商标权利人应积极运用法律手段，维护自身合法权益。

- 积极行使提出商标异议申请的权利。根据现行《商标法》第三十三条的规定，对初步审定公告的商标，自公告之日起三个月内，在先权利人、利害关系人可依据现行《商标法》相关条款向商标局提出异议。公告期满无异议的，予以核准注册，发给商标注册证，并予公告。商标异议程序的设置将商标注册过程置于在先权利人和利害关系人的监督之下，对防止和减少权利冲突、避免商标混淆、防止恶意抢注等发挥了重要作用，也是给予注册在先的商标权利人一次保护自身利益的机会，因此企业要定期进行商标监测，积极行使提出商标异议申请的权利。

- 积极行使提出商标无效宣告申请的权利。根据现行《商标法》第四十五条的规定，已经注册的商标，如违反法律规定的相关条款，自商标注册之日起五年内，在先权利人或者利害关系人可以请求商评委宣告该注册商标无效。对恶意注册的，驰名商标所有人不受五年的时间限制。

- 企业要及时关注商标局发布的注册公告，对与自己商标相同或近似的商标积极行使撤销权。

- 积极行使提出商标诉讼的权利。企业可以通过诉讼程序，追究侵权当事人的民事责任和刑事责任。现行《商标法》规定对侵犯注册商标专用权的行为，引起纠纷的，由当事人协商解决，不愿协商或协商不成的，商标注册人或利害关系人可以向人民法院起诉，也可以请求负责商标执法的部门处理。对于侵犯注册商标专用权的行为，负责商标执法的部门有权依法查处，涉嫌犯罪的，应当及时移送司法机关处理。企业采用司法保护的手段维权，往往能够取得较好的效果。

就一般的商标权而言，因立足于防止混淆，其受保护的商品范围仅仅是关联商品，强调了当事人之间的竞争关系。驰名商标相对于一般商标可获得跨类保护，突破了当事人之间的竞争关系。规定驰名商标保护范围的核心条款为现行《商标法》第十三条。根据驰名商标是否在中国注册的不同情况，其受保护的范围也截然不同，对于未在中国注册的驰名商标，仅在相同或者类似商品上适用；对于已在中国注册的驰名商标，则扩大到不相同或不相类似的商品或服务上。可见，已注册的驰名商标获得法律保护的强度远大于普通的注册商标。企业的品牌战略是以创立驰名商标为核心的，无论是从品牌建设的角度还是从商标保护的角度，企业都应该意识到驰名商标的特殊价值，在品牌建设的过程中有意识地培育驰名商标。

海外布局之道——延伸品牌影响力

当前，经济全球化发展已成为不可阻挡的巨大潮流，企业要想走向国际市场、延伸品牌影响力，在选择注册商标方面，就不能仅局限于国内，而应该具有国际战略眼光。以往我国很多企业的知名商标被国外主体抢注，在很大程度上也是由于忽视了商标的海外布局，这可能给企业造成难以想象的经济损失。

【案例】海信之殇

海信集团与博世-西门子公司的商标之争是中国本土企业进入国际市场最早遭遇的一场没有硝烟的战争。

海信集团是中国本土大型电子信息产业集团，在国内电子行业有较强的竞争力。1992年，海信集团创设了"海信 HISENSE"商业标志，并在我国提出注册申请，1993年12月14日获得注册，同年正式作为商标和商号使用。随后，经过几年的广泛使用和宣传，"海信HISENSE"商标已在国内具有较高的知名度和美誉度，1995年1月5日被商标局认定为驰名商标。

在已占领大部分国内市场的同时，海信开始拓展海外市场。1999年，海信进入欧洲市场时受到了阻碍。博世-西门子公司是两大白色家电品牌生产商德国博世与西门子在1999年组建的新公司，博世和西门子是该公司的两大主要品牌，但是该公司还在家电产品上注册了大量的其他商标，其中就包括海信集团的"HiSense"商标。博世-西门子公司对"HiSense"商标的注册从德国开始，又通过欧盟和马德里国际注册拓展到除西欧以外的40个国家和地区。在商标纠纷解决之前，2004年海信集团被迫在欧洲启用了新商标"HSENSE"。2004年年底，博世-西门子公司在德国起诉海信集团商标侵权（因为海信集团在欧洲参展时使用了博世-西门子公司的商标），双方协商不成，海信应诉并向德国商标局提出撤销博世-西门子公司"HiSense"商标的要求。

最终，2003年双方以和解方式化解了这场商标纠纷。

HiSense

由此可见，企业在进行商标海外布局时要注意以下事项：

● 制定企业商标海外注册规划。根据自身商品和经营状况，有针对性地选择拟申请商标注册的国家或地区。业务所涉及的国家、竞争对手所在国都是需要重点部署商标保护体系的目标国。同时，适当构筑防御商标网，对于有知名度的商标应仔细研究避免以相同或近似的标志进行注册。重视国内外市场层面及商标使用方面的监测，进行市场调查以改进规划策略。考虑到现代商业环境中互联网对于企业跨境经营的重要意义以及域名与商标的相辅关系，域名布局也需同步跟进。

● 启动海外商标注册前开展必要的调查与准备工作。在商标设计时要提前调查这些国家或地区的情况，考察这些国家或地区的商标法律制度和文化，在申请注册前最好进行商标查询，防止与在先权利发生法律冲突，缩短国际注册的时间并降低成本。在商标选择方面，不能违背当地的风俗习惯，否则很难取得理想的市场效果。

- 保障注册的及时性。国际上的商标确权主要有两种形式,即使用在先和注册在先。企业在进行商标国际注册时应注意制度上的区别,在使用在先的国家注册商标,如美国、印度等,可考虑尽快将商品或服务投入市场,并注意保存使用证据,以免遭他人抢注;而在注册在先的国家注册商标,如德国、法国等,应当先提交国际商标注册申请,再投入广告宣传。

美巢集团股份公司（简称"美巢集团"）是专业生产、销售高品质绿色环保家装建材产品的著名企业，产品主要包括墙面涂料、防水涂料、胶粘剂、预拌砂浆、建筑黏合剂系列，在行业中享有很高的知名度。除了高质量的产品和服务，美巢集团领先于其他辅料企业的重大法宝，就是早在20多年前美巢集团就充分意识到了品牌的力量，进行了周详的商标布局。

1996年，不要说建材行业，我国绝大部分企业的品牌意识都尚未觉醒。但是美巢集团的创始人张经甫先生已经拉开了美巢集团占领优势商标资源的序幕，将寓意美好的企业字号及主标志"美巢""易呱平""墙尼""墙锢""坊水固""占木宝""占瓷宝""一勾德""迪特平""温阁舒""华彩力"等纷纷注册成商标。这些商标通过换字的方法，避开了直接表述的禁区，但是却把产品的特性暗示得十分准确。

这些商标不但注册早、寓意好，而且预先覆盖了美巢集团的业务领域。例如，"华彩"商标在注册之后的一段时间内并未使用。这是因为美巢集团最初主推的产品是预拌砂浆和建筑黏合剂系列，待这两个系列的产品在国内销量实现领先之后，美巢集团开始研发生产涂料，而"华彩"正是美巢集团为涂料系列准备的商标。这种周密的规划使得美巢集团的商标与企业经营匹配得天衣无缝，企业发展的步伐从容不迫。

第二章

未雨绸缪——商标规划

虚以求实

不接地气？

古语说"三思而后行""磨刀不误砍柴工",这些都是强调行事之前要做好充分的准备,这种准备可能是思想上的,如设计工作的方法步骤、可能出现的变化或困难及预期达到的效果等;也可能是物质上的,包括工具、人力、资金、技术等。这些内容其实都包含在规划之中。

企业的整体战略规划、年度工作规划等已经非常常见,但是大多数企业对商标规划却十分陌生。在现实中,主动制定明确、科学、可行的商标规划的企业很少见。大多数企业是跟随企业发展的进程,适时地推进相应的商标工作。这种做法的优势在于灵活随机,更适合初创企业、小微企业。一旦企业发展走上正轨,没有相应的商标规划,则可能导致商标管理的目标不明、流程不畅、处理延误、风险失控等问题。例如,某生产型企业在产品上市前未完成商标注册,新产品上市在即才准备提交商标注册申请。新产品上市之后消费者反响良好,但最终商标却并未核准。若更换商标成本巨大,但是继续使用未注册商标,风险高悬,企业进退维谷,这就是由商标布局的规划不力导致的。

有人可能会认为,规划是非常空泛、概括的,不接地气,对于企业的实际工作意义不大。这当然与规划的特性有关。虽然设计一个框架式、布局式、未来性的事务肯定有其"虚"的一面,但这种"虚"其实对应的含义是概括、变化,而不是虚假、无用。只要规划做得客观、合理,它完全能够达到"虚以求实""虚中有实"的效果。

规划之"实"在于以下三点:

● 保证企业的商标工作有条不紊,避免因零散化、随机化管理导致商标工作出现遗漏、滞后甚至酿成风险,从而影响企业的实际经营。

● 高效合理地调配资源,根据企业的需求和现状部署每个阶段的商标工作,使每个阶段的资源配置都实现效益最大化。

- 积极管控风险，明晰每个阶段可能出现的风险，就能及时准备解决方案化解风险。

其实不简单

商标规划绝不是说几个原则、立几个目标就能轻易制定的，好的商标规划需要充分考虑企业的整体战略、现状、需求、资源等因素才能最终形成。

匹配于战略

商标工作是服务于企业的经营发展的，应与企业的发展阶段、经营现状和发展战略具有同一性。依据企业生命周期理论，可将企业所处的阶段分为发展期、成长期、成熟期和衰退期四个主要阶段，企业在每个阶段的特征不同，需要重点关注的问题也不同，对于商标的规划也不尽相同。例如，对于处于发展期的初创企业而言，商标规划需要重点考虑的问题是"有标可用"，因此，对于拟申请注册商标"可注册性"的判断就显得尤为重要。经营现状包括企业的规模大小、行业属性、经济实力、产品结构、国内外市场占有率等诸多内容，商标规划的制定要充分考虑这些因素。例如，一个初创型的小微企业和一个经营成熟的大中型企业，它们的商标规划考虑的重点和可提供的资源自然不可相提并论。企业的发展战略决定了企业的整体走向，商标规划应顺势而为。如果企业在制定发展战略时，有"走出去"的意图，那么商标规划中就应做好商标海外布局的相关工作。

服务于市场

法律的背后是商业。商标规划的终极目的就是要帮助企业在市场占据有利地位甚至主导地位，所以商标规划必须与市场活动紧密相连。商标作为品牌的法律载体，是企业参与市场竞争的重要武器。一个注册商标可能是企业产品上市的前提条件；一个优势商标可能会引起消费者的关注进而迅速打开市场；一个知名商标可能会引导消费者的购买意图进而增加商品的市场占有率；一个驰名商标还可能跨类保护自己的品牌，打击市场中恶意攀附"搭便车"的行为，进而避免企业形象和商品信誉的受损。上述涉及的新商标的选择和设计、商标的推广和使用、驰名商标认定等问题都是商标规划中要重点解决的。

稳中有变

商标规划确定以后,企业就应按照商标规划的内容和步骤逐步推进,因此商标规划应是稳定的,朝令夕改会打乱商标工作的节奏。但是稳定并不意味着固化。内部环境和外部环境都有可能发生变化,商标规划也需要一定的动态调节能力,做出符合企业最大利益的调整。因此,商标规划要满足稳定性和灵活性兼顾的要求。

放矢之的

如果把商标规划比喻成射箭,有四个箭靶是重点射击对象。这就是商标规划的"放矢之的"。

布局之"的"

商标布局的时间

商标布局是一个前置性问题,但在商标实务中,很多企业的操作都是滞后的,我们身边不乏这样的事例。

A企业在创业初期,精力关注在如何研发核心产品并迅速占领市场,待公司运营进入正轨之后才想起要注册商标。在申请注册时才发现,商标本身的显著性不足很难使该商标直接获得核准。换标与否,成为企业纠结的难题。

B企业研发新产品花了一年多时间,但在新产品推向市场时才想起注册商标,经过审查商标被驳回了。原因是已有在先权利存在,但在先商标的注册时间与B企业的商标注册时间只差两个月。如果在研发阶段就能将商标进行注册,B企业或许可以避免该事件的发生。

之所以发生这些事情,是因为企业负责产品或市场的管理者对商标的审查期限问题不了解。现行《商标法》规定,申请注册的商标审查期限为自商标局收到商标注册申请文件之日起九个月。审查通过的,予以初步审定公告,公告期为三个月。近年来,在商标审查实践中,我国通过精简程序、优化流程、充实审查力量、加强信息化建设等多种手段，持续压缩商标审查周期，"十三五"期间，商标注册平均审查周期从九个月压缩至四个月。即便如此，一个商标从申请到顺利拿到注册证的期限在八个月至十二个月，如果中间还有下发补正、异议等流程，拿到商标注册证的时间会更长，而这仅是申请我国国内商标需要的时间。

当企业需要申请海外商标时，更加需要未雨绸缪，提前在主要销售市场和近五年的潜在市场进行布局。各国商标法律和政策不同，完成一件商标的国际注册至少在十二个月以上。如果企业对商品进入国际市场销售有预计的时间表，就需按照这个时间提前完成商标的国际注册。

因此，如果企业打算使用一个注册商标，最好的方式是在企业创立之初或是在产品研发阶段、产品预计上市时间的前一年就申请注册，拿到注册证之后再使用；退而求其次，也要在产品上市之前，充分排除注册风险之后注册商标；风险最大的，就是在产品上市之后再进行商标申请注册，因为产品进入市场，投入了大量的成本，如果不能核准，企业将非常被动；更为严重的情况是商标被他人抢注，处理起来更为复杂。

【案例】创博亚太诉商评委异议复审商标纠纷案

创博亚太科技（山东）有限公司（简称"创博亚太公司"）于2010年11月12日向商标局提出"微信"的注册申请，2011年8月27日，"微信"商标经商标局初步审定公告，指定使用服务为第38类信息传送、电话业务、电话通信、移动电话通信等。

涉案商标　　　　腾讯公司实际使用的商标

在法定异议期内，张某对被异议商标提出异议。2013年3月19日，商标局做出裁定，对被异议商标不予核准注册。创博亚太公司不服该裁定，于2013年4月7日向商评委申请复审。2014年10月22日，商评委做出第67139号裁定：被异议商标不予核准注册。此后，创博亚太公司向北京知识产权法院提起行政诉讼。

北京知识产权法院认为，第三人张某提交的证据显示，"微信"即时通信服务应用程序由腾讯公司于2011年1月21日首次推出，此后，"微信"注册用户急速攀升，至2014年11月用户已超8亿。"微信"在信息传送等服务市场上已经具有很高的知名度和影响力，广大消费者对"微信"所指代的信息传送等服务的性质、内容和来源已经形成明确的认知。在这种市场实际情况下，如果核准被异议商标注册，不仅会使广大消费者对"微信"所指代的信息传送等服务的性质、内容和来源产生错误认知，也会对已经形成的稳定的市场秩序造成消极影响。鉴于此，选择保护不特定多数公众的现实利益具有更大的合理性。最终，北京知识产权法院维持了商评委的裁定。创博亚太公司向北京市高级人民法院提起上诉，虽然更改了适用的法律条款，但北京市高级人民法院维持了一审判决。

本案中，虽然腾讯科技（深圳）有限公司（简称"腾讯公司"）是案外人，但腾讯公司2011年时在第38类注册的"微信"商标被驳回，正是创博亚太先申请注册的"微信"商标与之形成冲突。两家企业对商标的选择可谓是"英雄所见略同"。抛开案件的法律问题不论，仅就商标布局的时间而言，腾讯公司便错失良机。创博亚太是2010年11月12日提出"微信"商标注册申请的，但早在2010年10月，腾讯公司已经筹划启动了微信软件的研发。如果在软件开始研发时腾讯公司便进行了"微信"的商标注册，便不至于置自己的商标久久不能确权的尴尬境地。

商标布局的地域

商标具有地域性，企业想在哪个国家或地区使用商标，就要在相应的国家或地区进行注册，才能获得商标专用权的保护。我国企业在中国境内（除港澳台地区）进行商标注册被核准的，即在全国（除港澳台地区）范围内享有商标专用权。如果企业的商品要销往除中国大陆地区以外的国家或地区（含港澳台），则需在该国家或地区（含港澳台）另行申请注册商标。

企业在除中国大陆地区以外的国家或地区（含港澳台）申请注册商标涉及的布局问题，与企业的海外经营策略有关。"海信""狗不理"等品牌都遭遇过海外抢注事件，就是企业在海外商标布局上出了问题。

不仅如此，考虑到各国对于商标注册的规定与我国法律规定相比可能存在差异。因此，具有商标国际注册申请需求的企业应结合产品出口规划及国内商标布局情况综合考虑海外商标布局工作，着重考虑以下几方面。

（1）新型商标

商标类型选择问题是企业首先需要考虑的问题，即选择什么样的标志作为商标进行国际注册申请。在我国，企业可以选择的商标要素包括文字、图形、字母、数字、三维标志、颜色组合和声音，以及上述要素的组合，但并不是所有国家对于商标要素的规定都与我国相同。其他国家的商标类型可能包括颜色商标、广告语、电影标题和图书标题、动作商标或多媒体商标、位置商标、手势商标、嗅觉商标、味觉商标、纹理商标、触觉商标等。

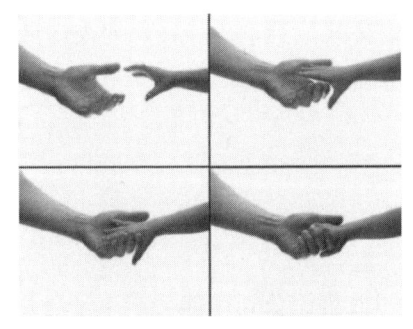

欧盟第3429909号动作商标
（物体与视觉的可感知组合构成）
注册类别：第9类、第28类、第38类、第41类

比荷卢经济联盟第874489号位置商标
注册类别：第25类

此外，企业还可以考虑的商标类型包括防御商标和系列商标。防御商标和系列商标在我国的保护规则与普通的注册商标并无不同，但有些国家和地区对于上述两种商标通过法律明文规定予以保护。

"口香糖的气味。"

美国第2560618号嗅觉商标
注册类别：第4类金属加工工业用油基金属切削液和油基金属切磨液

（2）商标语言选择

在除中国大陆地区以外的国家或地区（含港澳台）选择以文字或英文字母作为商标提交申请的企业需要注意所选商标的语言问题。英语作为世界通用语言和绝大多数国家的官方语言，由英文字母组成的商标自然具有世界通用性强、传播力广的特点。而对于选择中文商标的企业而言，需要注意，有些国家认为"以纯中文组成的商标缺乏显著性，不应直接被核准注册"，比如越南、埃及。

（3）特殊禁忌

选择商标用于国际注册的企业还应提前了解所选国家或地区关于商标注册申请的特殊禁忌。例如在英国，任何包含代表皇室成员的标志及皇室皇冠等的标志不允许作为商标或商标的一部分进行注册[①]，因为这些标志可能导致消费者相信在此类标志下销售的商品或服务获得皇室赞助或授权。

（4）其他特殊规定

有些国家将申请前的"查询"工作作为一项强制要求，即企业提起商标注册申请前必须针对拟注册申请的商标完成查询工作，比如委内瑞拉。

国内商标和国际注册商标一致的企业还应注意国内商标状态是否可能影响到海外商标申请注册的结果。

商标布局的内容

（1）布局主体

随着企业经营规模的扩大，总公司或集团公司可能会产生子公司、关联公司、控股公司等。为了业务需要，这些公司常以各自的名义注册商标，但因为业务的关联度较高，这些公司申请注册的商标之间常常含有相同的组成要素，甚至彼此之间构成相同商标或近似商标。这种情况导致的直接结果就是各相关主体之间成为权利冲突人，使商标不能注册。从管理的角度看，公司的商标资产散落在子公司、关联公司、控股公司，对于集团公司而言，可能产生商标资产情况不明晰的问题，不利于集团公司对商标的整体统筹管理和风险管控。

多主体的商标布局如何处理，要依情况而定。针对以上各个主体之间业务关联度较高的情况，建议由集团统一管理商标，然后再许可给子公司、关联公司、控股公司使用。如果各个主体之间业务相对独立，如房地产、金融、互联网等业务属性区别显著，则可以由各公司独立管理商标资

[①] Intellectual Property Office: "*Manual of trade marks practice*", 5.12 Section 4.

产。商标布局的主体问题建议在商标规划阶段即进行明确的界定，便于后续工作顺利开展。

（2）申请范围

商标布局中的申请范围就是申请类别的确定。目前商标注册的分类标准是由《商标注册用商品和服务国际分类尼斯协定》建立的"尼斯分类"，我国基于尼斯分类形成《类似商品和服务区分表》。根据《类似商品和服务区分表》，商品和服务共分为45个类别，第1类至第34类为商品类商标，第35类至第45类为服务类商标。企业在选择申请类别的时候，必须覆盖主要的业务范围，并尽量覆盖将来可能拓展的业务范围。

在除中国大陆地区以外的国家或地区（含港澳台）进行商标注册申请时，特别是选择通过单一国家方式提交注册申请前，应注意该国对于商标分类是否存在特殊规定。例如，在巴哈马、赞比亚和苏里南是不保护服务商标的；又如，伊拉克与一般国家不同，采用本国分类表，其商标分类表中只有42个类别。

除了业务相关，为了保证品牌的纯净度，有些企业考虑选择注册防御商标和联合商标。防御商标是指在不相同或不相类似的商品上注册相同商标，联合商标是指在相同或类似商品上注册近似商标。例如，"东方雨虹"主要使用在防水建材商品上，主要类别是第17类，如果将"东方雨虹"注册在化工商品上（第1类），第1类的"东方雨虹"就是第17类"东方雨虹"的防御商标；如果将"东方雪虹"注册在第17类上，这个商标就是第17类"东方雨虹"的联合商标。

防御商标和联合商标的作用都是防止他人相同或近似商标与企业商标的共存，避免削弱企业自己的商标与消费者之间建立的对应联系。但是，现行《商标法》中并没有关于防御商标和联合商标的法律规定，如果企业成功注册防御商标和联合商标，其本质上还是一件注册商标，当第三方单位或个人对该商标提起"连续三年不使用撤销申请"（简称"撤三"）时，企业需提供实际使用该商标的证据，如未能按要求提供，企业可能会陷入被动境地，即便是已经注册成功的防御商标和联合商标也不能免遭被撤销的结果。

商标布局中关于申请范围的选择，不是要确定申请类别的明细，而是要确立关于申请范围的处理原则，是仅覆盖主营业务即可，还是最大限度地保证商标的纯净度，抑或是选取一个居中平衡的做法。

（3）商标储备

商标是企业的一种无形资产，也是一种数量有限的资源。商标储备本质上是一种资源储备，是企业品牌建设可持续发展提出的内在要求。商标储备的目的是要为企业未来的新产品准备备用的商标资源，是一种战略性举措。

商标储备的未雨绸缪在一定程度上可以缓解企业的业务拓展或新产品上市可能产生的无标可用的窘境。但考虑到商标的社会资源属性，为防止商标申请人恶意囤积商标的行为，现行《商标法》对于企业的商标储备行为也给予了一定程度的限制。对于企业而言，未雨绸缪进行商标储备固然重要，但储备的前提应是出于对商标具有真实的使用目的。

现行《商标法》第四条明确规定"……不以使用为目的的恶意商标注册申请，应当予以驳回……"，旨在遏制商标申请人并非基于生产经营活动的需要，而提交大量商标注册申请，缺乏真实使用意图，不正当占用商标资源，扰乱商标注册秩序的行为。

我国商标管理部门在判断商标申请人是否构成"不以使用为目的的恶意商标注册申请"行为时，一般将综合考虑以下因素：申请人的基本情况，如存续时间、注册资本实缴情况，所在行业领域及经营范围的具体情况；申请人提交商标注册申请整体情况，包括申请人累计申请商标数量、类别、提交注册申请的时间跨度情况等；商标具体构成情况，是否与他人有一定知名度或显著性较强的商标相同或者近似、是否包含行政区划名称、山川名称、经典名称等公共资源，是否包括知名人物姓名、企业字号等；申请人申请商标注册过程中及取得商标注册后的行为，是否出于牟取不正当利益的目的；异议、评审程序中有证据可以证明申请人申请商标注册时缺乏真实使用意图等情况。

在现实情况中，部分企业为防止自己的核心商标在除主营业务以外类别被别人抢注，往往会将自己的核心商标进行全类别申请，或是在主营业务类别申请注册一些与自己的核心商标近似程度很高的商标作为防御。因此，并不是所有的商标储备行为都属于现行《商标法》第四条限制的情形，国家知识产权局发布的《商标审查审理指南》（2021版）中明确规定了两种不适用《商标法》第四条"不以使用为目的"的情况，第一种是符合"基于防御目的申请与其注册商标标识相同或近似的商标"的情形，第二种是"为具有现实预期的未来业务，预先适量申请商标"的情形。

运用之"的"

商标使用

商标的使用是商标工作中最为重要的内容，无论是确权、管理还是保护，都是为了商标在商业活动中充分发挥其区分产源、标示质量、传播宣传的作用，最终树立企业的自主优势品牌，在市场竞争中居于有利地位。

商标的使用是企业最频繁发生的行为，对于一些特定行业的企业而言，商标使用应符合国家特定要求，如放射性药品的外包装上必须贴有商标[1]；而农药的标签和说明书中不得使用未经注册的商标，标签中使用注册商标的应当标注在标签的四角，所占面积不得超过标签面积的九分之一[2]。从商标使用证据的要求上说（关于商标的证据问题本书后续章节会详细叙述），并不是所有的商标使用行为都是规范的。如果企业对商标案件处理、驰名商标认定等有一定的要求，那么商标使用和证据管理就都要做出相应的规划内容。

商标运营

商标运营在近些年企业商标工作中逐渐得到关注。按照传统的思路，商标作为企业的无形资产，其主要作用是法律层面的风险防御，基本上是成本投入。商标的转让和许可作为商标运营的传统内容，虽然一直存在，但主要是个体化的经营需求。但是近年来，越来越多的企业意识到商标的资产价值是可以由无形变为有形的，不但对商标转让许可业务有了更多的期待，甚至对商标质押、作价入股以及新兴的商标许可联名等方式也有积极的探索。例如，全国各地成功凭借商标质押融资的案例不断涌现，融资

---

[1]《放射性药品管理办法》（2022修订）。
[2]《农药标签和说明书管理办法》。

金额甚至过亿元；两大知名品牌进行联名的案例也时有发生。商标从"花钱"的业务逐渐显现出"赚钱"的能力，如果企业对于商标运营也有一定思考，在商标规划中可以做出相应的安排。

管理之"的"

管理体系

商标管理体系是企业商标管理工作的基础，制度和流程是商标管理体系的核心内容。有明晰的制度和流程，商标管理工作就能有据可依、有序推进。但在一些企业的商标管理中，并未将商标管理的制度和流程真正规范化。有的企业商标管理工作的开展还比较随机，不知道应该做哪些商标日常管理工作；有的企业商标管理工作仅限于商标管理部门，其他部门的配合协作效果并不理想；有的企业虽有成文制度，但是执行效果不好，仅为一纸空文……

如果企业的商标制度和流程不能匹配企业的管理需求，那么在商标规划中就应该设置关于制度流程构建或优化的内容。"工欲善其事，必先利其器"，制度用于明确规范人和事，流程用于连接人和事，最终共同实现商标管理目标。

管理主体

企业商标事务的管理者对商标管理具有举足轻重的作用。配置专人专岗管理商标当然是最为理想的状态，但在很多情况下，商标的管理者配置可能还差强人意。有的企业商标管理工作由其他部门监管，在商标管理工作上投入的时间和精力都很有限；有的企业商标管理人员并没有商标方面的专业知识，在商标管理中难免觉得吃力；还有的企业人员有限，但商标管理事务繁多，商标管理者疲于应对各种工作，管理效果却并不好。这些都是关于管理者的问题。

企业对于管理者的关注程度在很大程度上决定了商标管理的效果。商标规划中对于管理者的思考，专人专岗保证商标事务处理的专注度、知识培训保证管理决策的专业化、人才储备与补充以及保证管理团队的工作效率的提升等问题，都应该囊括其中。

商标培育

商标培育是品牌培育的题中之义，从终极目标来看，两者的含义可以等同。商标培育是商标规划中不可或缺的内容，它是一个长期的过程，可以根据企业情况分阶段进行。从市场层面来看，商标培育要求企业在商业活动中积极强调商标的使用，通过认定知名商品、著名商品等强化商标的价值；从法律层面来看，可以通过维权打假、驰名商标保护等方式巩固商标价值。但这些方式方法如何通过具体举措落到实处，是商标规划中需要明确的问题。

保护之"的"

商标维权

商标被侵权是企业商标保护工作中最常见、最棘手的问题，是在商标规划中需要未雨绸缪的重要内容。商标是企业参与市场竞争的利器，一旦他人侵害了企业的商标权益，可能给企业造成不可预知的损害。

常见的商标侵权行为主要是现行《商标法》第五十七条列示的几种情形，针对商标侵权行为的举措主要有行政投诉、司法诉讼、海关备案等方式。企业对于处理侵权行为的认知和态度直接决定了企业维权行动的举措和力度，也必然影响着维权的效果。

在实际的商业活动中，有些企业即便发现商标侵权行为，也不一定会不遗余力地打击侵权人。这有可能是受维权成本的限制，也有可能是出于维权效果的考虑，甚至有些企业因为侵权人在客观上对企业的品牌和商品起到了推广和宣传的作用，而在一定程度上放任侵权行为的存在。任何做法都可能有合理的考量，这种考量的原则应在规划中予以明确，便于落实具体的维权行为。当然，除了原则性问题，企业在每个阶段选择的维权方式、维权力度以及希望达到的维权效果，都可以在商标规划中述明。

商标反淡化

商标淡化从本质上讲是商标权利人因使用不当造成商标的显著性消退甚至丧失，导致商标沦为通用名称的一种情况。商标淡化的后果是商标权利人因注册商标专用权享有的独占权和排他权丧失效力,该商标从垄断状态进入公共领域,商标权利人不但损失了商标资产,也严重地影响了企业的品牌发展。因此,防止商标淡化也是企业商标规划中的一部分。

【案例】"优盘"商标撤销案

优盘最初是由深圳朗科科技有限公司(简称"朗科公司")发明的,并在1999年8月向国家工商行政管理总局商标局申请"优盘"商标注册,于2001年1月21日被核准注册。

但朗科公司对于该商标的使用是不当的。首先,朗科公司在其企业法人营业执照的"经营范围"一项中,始终把"优盘"列为其所经营的一项商品名称,其间虽然多次变更公司的工商登记资料,但这一项却从未改过;其次,朗科公司在其商品包装盒及促销宣传材料上多数印着"朗科优盘"或"优盘",后面并没有别的商品名称,容易使社会公众将"朗科"当作商标,而把"优盘"认读为一种新型计算机移动存储设备的商品名称。因此,"优盘"商标最终被生产同类产品的竞争者以"优盘商标已成为此类产品的通用名称"提出撤销,并得到商评委的支持。朗科公司随后向北京市第一中级人民法院对商评委提起行政诉讼,2006年2月,法院判决由商评委就"优盘"商标争议一案进行重新审理。直到2010年3月15日,商评委才再次做出裁决,继续认定"优盘"商标为商品通用名称,予以撤销注册。最终,鉴于爱国者数码科技有限公司于2011年7月11日撤回对公司注册的"优盘"商标的撤销申请,商评委2010年3月15日做出的撤销"优盘"商标的裁定作废。

虽然最后朗科公司保住了"优盘"商标,但是此案对其他企业的商标使用也有极强的警示意义。

商标规划中对商标反淡化问题的处理，与商标使用密切相关。要杜绝商标淡化现象的发生，关键在于防控商标的不当使用。不当使用一方面来自外部，例如竞争对手和媒体将企业的商标用作商品名称，久而久之，就会弱化其商标属性，使相关公众将其认知为一种商标名称，蒙牛的"酸酸乳"商标就被很多乳品企业用作商品名称，蒙牛最终还是在商标案件中通过认定"酸酸乳"为未注册的驰名商标才得以阻却其通用化的趋势；不当使用的另一方面来自内部，即企业自身对商标的不当使用，如在使用中没有积极充分地强调其"商标"属性，甚至以一种商品名称的形式进行使用，造成相关公众的误解，导致商标的显著性和识别性减弱或丧失，如"优盘"商标撤销案。乐高公司曾在地铁站广告屏幕上进行商标宣誓，称"只有乐高集团生产的积木才是乐高®积木"，一方面起到宣传产品的作用，另一方面强调"乐高"的商标属性。

基于上述两个原因，企业相应的商标规划内容应主要关注两方面：一方面是对于他人任何可能造成商标淡化的使用行为，应积极维权，不要消极放纵或置之不理；另一方面是规范自身的商标使用行为，要在各种使用情形下强调其商标属性，及时纠正和整改不规范的使用行为。

商标监测

商标监测是一项传统的商标保护内容，主要是对已初审公告的商标进行监测，一旦发现与企业商标可能形成权利冲突，可以通过异议的方式阻却公告商标的确权。但是随着时代的发展，企业对商标情报的需求逐渐增加，仅以防御的姿态关注商标监测，明显是不够的。

企业要在竞争中立于不败之地，除了要专注于自身发展，也需要关注竞争对手、行业甚至上下游产业的变化，获得竞争对手的商标情报，可以据此来推断竞争对手可能的品牌策略或业务方向，以便企业及时做出调整和应对；研究行业的商标情报，可以了解行业整体发展情况和优势的商标资源，可为企业的决策提供一定的参考依据。

全方位的商标监测在大数据时代的作用会愈加凸显，这是企业以主动姿态进行商标保护的一个重要方面，也应该成为商标规划的内容之一。

> 腾讯公司欲在"网上银行"等服务上申请注册"财付通及图"商标（简称"申请商标"），因被认为缺乏商标应有的显著性而遭遇驳回。历经商标驳回、驳回复审及两轮行政诉讼程序后，北京市高级人民法院针对"财付通及图"商标驳回复审行政纠纷一案做出终审判决，认定申请商标注册使用在网上银行、保险等服务上，并未构成仅仅直接表示服务内容、质量等特点的情形，维持了一审判决。腾讯公司历尽艰险终于将"财付通及图"商标收入囊中。
>
> 由此可见，商标注册并非如想象的那么简单，是风险与机遇并存的。现代企业进入市场拼杀的第一步，就是掌握好商标命名这项"技术活儿"。

第三章

名正言顺——商标注册

量兵相地

商标命名有套路

人与人交往中，一个响亮的名字往往会给人留下深刻的印象。同样，对于企业来说，商标是企业及其商品和服务的门面，一个好的商标无疑为企业打响了占领市场高地的头一炮。既然商标命名的重要性尽人皆知，那商标应该如何命名呢？商标的命名虽然不像起人名那样需要斟酌再三，但是商标的命名也有自己的套路，基本可以分为直白、暗示、夸饰、比附和逆反这几种策略。

直白策略

所谓直白策略，就是直接表白，单刀直入地表明自己的商标所要表达的含义。简单说，就是是什么就说什么。这种策略分为表述和描述两种方法。[1]

（1）表述法

表述法就是通过商标命名直接表达命名主体的意愿或感情。这种方式又可以分为陈述志向和吉语美辞两种表现形式。陈述志向就是命名者通过对商标的命名直接表达自己或企业的某种志向和抱负，这种志向和抱负可以是反映自己的个人旨趣和嗜好、立身处世的哲学，也可以是对某项事业或某种事物的向往和追求。[2]例如"步步高"（影碟机、电话机）表达了企业"不懈进取、步步登高"的发展目标，"北大方正"（电子出版系统）体现了企业"方方正正做人，实实在在做事"的经营理念。

吉语美辞是表述法的另外一种表现形式。任何人都希望能够讨一个吉利的口彩，趋吉避凶也都是每一个人的愿望，追求快乐幸福、渴

---

[1] 朱亚军.商标命名研究[M].上海：上海外语教育出版社，2003：49-50.
[2] 朱亚军.商标命名研究[M].上海：上海外语教育出版社，2003：50.

望美满健康更是人们的一种普遍心态。这些甜美的词语符号，在我国的商标中自然成为首选的高频词汇。有人对我国的1万件商标进行了统计，提取出了使用频率在50次以上的热点字符，在这些字符中，"华""美""乐""达"等字的使用频率均在100次以上。①

（2）描述法

描述法是指直接叙述或描写商品的特征等，以向消费者昭示商品的信息。商品的相关信息包括商品的质量、主要原料、功能、用途、数量、重量、使用方式、生产地点、创始人等。这种描述法固然可以使消费者一目了然，但是也极容易产生缺乏显著性的问题，这在现行《商标法》第十一条中有相关规定。

暗示策略

所谓暗示策略，就是围绕商标命名主题，利用比喻、象征、委婉等手段含蓄或间接地表达命名主体主观情感或提供所指商品效能信息的一种命名方法。②我国的传统之一就是含蓄的表达，暗示策略正是对这一传统的延续。以隐含商品效能或命名者主观意愿并具有一定具象性的词语命名商标，能激起消费者心中的文化积淀，从而使人产生丰富的语义联想并形成商标意象，从而认可、购买商标所附着的产品。③

此外，暗示既可以向消费者传达除了出处之外的信息（如产品质量和性能），又可以合法地规避法律和法规的制约。④现行《商标法》第十一条规定，叙述性标志原则上是不得作为商标注册的，通过暗示策略可以做到既不与法律规定相抵触，又能间接地表达商标所蕴含的产品效能信息。

夸饰策略

所谓夸饰策略，就是命名者通过商标命名，故意夸大所指商品的特点、作用、适用范围等信息内容，旨在吸引消费者购买商品。但夸饰并不同于我们在修辞手法上常说的夸张。夸张是为了表达上的需要，故意言过

---

① 商世民.商标设计与商标法律应用[M].武汉：武汉大学出版社，2007：147.
② 朱亚军.商标命名研究[M].上海：上海外语教育出版社，2003：58.
③ 朱亚军.商标命名研究[M].上海：上海外语教育出版社，2003：66.
④ 朱亚军.商标命名研究[M].上海：上海外语教育出版社，2003：66.

其实，对客观的人、事物尽力作扩大或缩小的描述，而夸饰命名则是通过夸张的方式，凸显命名符号的语义特征，旨在吸引消费者购买商品。采用夸饰命名，一方面体现了命名者在市场上称雄图强的意识，另一方面也向潜在的消费者传递了商品质量好、品位高、技压群芳的信息。①

夸饰虽好，却也不能乱用。过度地采取夸张的手法，一不小心就可能涉嫌欺诈。这里要注意避免触犯现行《商标法》第十条第一款第七项的规定，即"带有欺骗性，容易使公众对商品的质量等特点或者产地产生误认的"不得作为商标使用。

比附策略

所谓比附策略，是指"命名者以消费者所熟知的商标名称及其形象作衬托，采取类比或模仿的方式为商标命名"。②这种策略可以"将所命名的商标与知名度较高的商标迅速提升到相当的位置，有利于企业在宣传资金投入少的情况下，迅速抢占市场。命名者抓住并运用人们的联想心理机制，借势渲染自己的商标及其商品，可达到事半功倍的成效"。③

"比附"听起来像"傍名牌"？采取比附命名策略，确有"傍名牌"之嫌，实际上是打了"傍名牌"的擦边球。例如，乔丹运动鞋有仿美国著名NBA球星Jordan中文译名"乔丹"之嫌，两者为此也不惜展开了旷日持久的官司对决；又如，"小米"与"小米生活"之间的商标侵权与不正当竞争之诉最终以"小米"维权成功结案；等等。因此，比附这种命名策略无论是确权还是侵权风险都较高。

因此，意图通过打擦边球、搭便车的方式申请的商标，获得授权的难度本身就非常大，即使有可能获得授权，知名商标所有者也可以通过异议、宣告无效等方式进行对抗，随之而来的就是一系列的诉讼、打假维权行动，于企业自身来说无异于饮鸩止渴、得不偿失。

逆反策略

所谓逆反策略，就是利用人们在性质或特点上相反的事物容易发生联想的心理规律，故意使用与事实相反甚至带有一定贬义色彩的符号形式命

---

① 朱亚军.商标命名研究[M].上海：上海外语教育出版社，2003：68.
② 朱亚军.商标命名研究[M].上海：上海外语教育出版社，2003：72.
③ 朱亚军.商标命名研究[M].上海：上海外语教育出版社，2003：74.

名商标，表达一个深层的而且必须通过对照联想才能获得的命名含义。商标"逆反命名的目的在于凸显商标的差异性，强化语义联想，增强信息传递功能。商标逆反策略成功的关键是命名者要深谙影响潜在消费者的语境因素及其心理需求"。[①]

由于逆反策略采用非同一般的思维方式，并不容易为大众所接受，所以成功的案例也比较少，例如"酒鬼酒""小糊涂仙酒"和"狗不理"包子等逆反并不"彻底"的商标，因为"酒鬼"在饮酒者的语境中贬义色彩已经被淡化，"小糊涂仙"则是来源于郑板桥的"难得糊涂"，至于"狗不理"也并非"狗也不理"的意思。采用逆反策略命名还要注意避免违反现行《商标法》第十条第一款第八项的规定，即"有害于社会主义道德风尚或者有其他不良影响的"标志不得作为商标使用。简单说，商标命名不能违反公序良俗。

商标设计找技巧

避开禁区

商标设计需要结合多种因素考虑，而符合法律上的准入门槛则是获得商标授权的关键。

现行《商标法》第十条规定了不得作为商标使用的如下情形：

● 同中华人民共和国的国家名称、国旗、国徽、国歌、军旗、军徽、军歌、勋章等相同或者近似的，以及同中央国家机关的名称、标志、所在地特定地点的名称或者标志性建筑物的名称、图形相同的。

● 同外国的国家名称、国旗、国徽、军旗等相同或者近似的，但经该国政府同意的除外。

● 同政府间国际组织的名称、旗帜、徽记等相同或者近似的，但经该组织同意或者不易误导公众的除外。

● 与表明实施控制、予以保证的官方标志、检验印记相同或者近似的，但经授权的除外。

● 同"红十字""红新月"的名称、标志相同或者近似的。

---

① 朱亚军.商标命名研究[M].上海：上海外语教育出版社，2003：75-77.

- 带有民族歧视性的。
- 带有欺骗性,容易使公众对商品的质量等特点或者产地产生误认的。
- 有害于社会主义道德风尚或者有其他不良影响的。

此外,县级以上行政区划的地名或者公众知晓的外国地名,不得作为商标。但是,地名具有其他含义或者作为集体商标、证明商标组成部分的除外;已经注册的使用地名的商标继续有效。

现行《商标法》第十条第一款第八项"有害于社会主义道德风尚或者有其他不良影响的"中的社会主义道德风尚,是指我国人民共同生活及其行为的准则、规范以及在一定时期内社会上流行的良好风气和习惯;其他不良影响,是指商标的文字、图形或者其他构成要素对我国政治、经济、文化、宗教、民族等社会公共利益和公共秩序产生消极的、负面的影响。有害于社会主义道德风尚或者有其他不良影响的判定既要考虑社会背景、政治背景、历史背景、文化传统、民族风俗、宗教政策等因素,也要考虑商标的构成及其指定使用的商品和服务。

商标设计切莫盲目跟风、蹭热度,一定要了解清楚相关法律、法规及保护条例的相关规定,有效避开雷区。

【案例】"一卡通"的逆袭

说到招商银行股份有限公司(简称"招行")的"一卡通",大家都耳熟能详。有的消费者可能并不知道"一卡通"其实是一个注册商标,并且这个商标的注册可谓颇费周折。

1998年,招行在第36类金融保险服务等服务项目上向商标局提出"一卡通"商标的注册申请。商标局认为,申请商标"一卡通"用在指定服务上,直接叙述了服务的内容及特点,故依据原《商标法》①第八条第一款第六项和第十七条的规定予以驳回。

---

① 根据1993年2月22日通过的《中华人民共和国商标法》(第一次修正)。

> 招行提出驳回复审，认为"一卡通"商标具有独创性和显著性。"一卡通"是招行最先命名并使用的，"一卡通"与申请保护的服务项目并无直接描述，招行与"一卡通"之间深厚的联系已为公众所知晓，故请求核准"一卡通"商标的注册。
>
> 商评委经过合议认为，虽然申请商标"一卡通"文字对其指定使用的"金融服务、储蓄银行、信用卡"等服务项目的特点有一定的叙述性，但经过申请人长期使用与广泛的宣传，"一卡通"文字与申请人之间建立了紧密的联系，该文字已经起到了识别服务来源的作用，而且，目前尚无证据表明其他金融机构也在类似服务上使用"一卡通"文字。该商标经过使用已经取得了显著特征，并便于识别。因此，"一卡通"商标最终被核准注册。

现行《商标法》第十一条规定了不得作为商标注册的三种情形：

- 仅有本商品的通用名称、图形、型号的。
- 仅直接表示商品的质量、主要原料、功能、用途、重量、数量及其他特点的。
- 其他缺乏显著特征的。

"不得作为商标使用"和"不得作为商标注册"，乍一看还以为是一句话。二者仅有一词之差，意义却不相同。"不得作为商标使用"的标志是为法律所明令禁止的，严禁用作商标用途；而"不得作为商标注册"，是指法律上不支持该标志成为注册商标获得商标权的法律保护，但是并不禁止将其用作商标。而且，有些"不得作为商标注册"的标志一旦经过长期大量的使用获得显著特征后，法律也会给予"法外开恩"的机会，例如，"六个核桃"饮料、"田七"牙膏等。

选好要素

商标可以由文字、图形、字母、数字、三维标志、颜色组合和声音等要素单独构成，也可以由上述要素的组合构成。按照绝大多数中国企业的习惯，会选择中文标志、英文标志和图形标志（也就是企业logo）进行注册。选择中文标志无须多言，在我国境内的品牌传播上有先天的优势；英文标志是为了与国际接轨的常见选择；而图形标志更能突破地域和文化的差异，使用更为便利。企业会选择将中文标志、英文标志、图形标志中的两种或三种组合注册,也会把三种要素分别注册组合使用。从商标审查的角度,各要素商标单独注册的风险会较小,组合使用的方式也比较自由,但是费用相对组合商标略高。

在进行商标设计的过程中,字体和色彩的选择也很重要。所谓"字如其人",选择哪种字体会直接影响商标给人的第一印象,例如,黑体浑厚有力,宋体端庄大方,仿宋活泼秀丽,隶书俊秀优美,魏碑刚健夸张,综艺体饱满装饰性强,每种字体都有自己的显著特点。各种字体也带有明显的行业特征,例如,棱角分明、笔画粗重的字体,一般让人联想到矿石、钢铁、机器以及其他重工业品;由纤细的曲线或长直线构成的字体,让人联想到香水、化妆品、时装以及纤维制品等;而笔画饱满、字形圆滑的字体,自然让人联想起糖果、糕点、玩具等儿童用品和食品。[1]

因为不指定颜色的商标在实际使用中不受颜色的限制,而一旦商标指定颜色进行申请,实际使用中只能按照所注册商标图样使用,否则可能构成不规范使用的行为,所以在商标申请中选择黑白图样进行申请的情况较多。

但是从企业市场经营活动及宣传推广的角度来说,商标色彩的设计则直接关系着商标的视觉识别。因为在人们的视觉识别中,色彩属于第一视觉语言,对视觉的作用先于形象,具有影响人们心理、唤起人们感情的作用,无疑会对消费者的"购物欲念"有着直接影响。因此,如果企业商标的着色是固定的,可以指定颜色进行申请。

他山之石

在企业进行商标设计之时,除了需要考虑设计要素外,还需要综合自身的实际情况。商标是附着在具体的商品和服务之上的,商品和服务项目的差异也会对商标设计有不同的要求。此外,还需要考虑企业的规模,企业的规模越大,标志设计就越趋向于简约和稳重,用色也相对简单,形象严谨,造型简洁,给人稳固、实力、可靠的心理暗示,用来体现大公司应有的风范;规模相对较小的企业,标志配色则复杂多变,造

---

[1] 陈洪涌.企业品牌研究[M].北京:中国经济出版社,2007:151.

型丰富多元，行业特征突出，新颖的视觉效果给人难以磨灭的印象，从而吸引公众的目光。[①]

下面以四大国有银行的商标设计[②]为例来宏观了解商标设计实务，以他山之石为参考借鉴。

我国四大银行商标设计中都带有古钱币的基本元素，代表了金融业的行业特点，但在设计上各有千秋，体现了各家银行不同的背景和个性。

中国工商银行行徽整体上是一个隐性的方孔钱币，体现金融业的行业特征，行徽的中心是一个"工"字。该字经过特别变形，中间断开，加强了"工"字的特点，而且表达了深层含义，两边对称，体现银行与客户之间平等互信的依存关系。

四大银行商标

中国银行的标志总体上是古钱形状，中间的"中"字代表中国，以中文标准字体为中介，把中国风格的标准形象图形与国际认同的标准英文字体有机地组合。整个标志造型浓厚、大方、庄重，充分体现了中国银行实力雄厚、服务周到的企业个性与内涵。

中国农业银行的行徽图案由中国古钱和麦穗构成，古钱代表货币、银行，麦穗示意农业、农村产业。图案中的麦穗芒刺指向上方，外圆开口，给人以突破感，象征农村金融事业开拓前进。

中国建设银行的行徽是以古铜钱为基础的内方外圆图形，图形右上角的变化，形成重叠立体的效果，代表着"中国"与"建设"英文缩写，即两个C字母的重叠，寓意积累。图形突破了封闭的圆形，象征古老文化与现代经营观念的融会贯通。标准色为海蓝色，象征理性、包容、祥和、稳定。

---

① 徐阳，刘瑛.品牌与VI设计[M].上海：上海人民美术出版社，2006：40.
② 对各家银行标志的评析来自《企业商标全程谋略：运用、管理和保护》（杨黎明、杨敏锋著，法律出版社，2010年出版）第149-150页。

立足本国

有米才能炊

商标注册申请如同烹饪，准备好材料，才能做出一顿美食。那么，商标申请需要做哪些准备呢？

申请资格

商标申请人是指申请商标的主体，根据现行《商标法》第四条的规定，"自然人、法人或者其他组织在生产经营活动中，对其商品或者服务需要取得商标专用权的，应当向商标局申请商标注册。不以使用为目的的恶意商标注册申请，应当予以驳回。本法有关商品商标的规定，适用于服务商标"。根据《商标法》的规定，自然人、法人或者其他组织都可以申请注册商标。这里的自然人、法人、其他组织既包括中国的自然人、法人或其他组织，也包括外国的自然人、法人或其他组织。

（1）自然人

自然人与法人相对，一般指基于出生而取得民事主体资格的人。

《商标注册申请常见问题指南》中指出，国内自然人直接办理商标注册申请时应当提交以下文件：

● 按照规定填写打印的《商标注册申请书》并由申请人签字、商标图样、个体工商户营业执照复印件、身份证明文件复印件。

● 农村承包经营户可以以其承包合同签约人的名义提出商标注册申请，商品和服务范围以其自营的农副产品为限。申请时应提交以下材料：①签约人身份证；②承包合同复印件。

● 同一申请人同时办理多件商标的注册申请事宜时，只需要提供一份身份证复印件、个体工商户营业执照复印件或承包合同复印件。

（2）法人

《中华人民共和国民法典》中关于法人的定义是：法人是具有民事权

利能力和民事行为能力，依法独立享有民事权利和承担民事义务的组织。

（3）其他组织

其他组织是指不具有法人资格的，但是能够依法以自己的名义从事民事活动的组织。

国内法人或者其他组织直接办理商标注册申请时应当提交《商标注册申请书》并加盖申请人公章、商标图样、身份证明文件复印件。

国内法人或者其他组织在办理商标网上申请系统用户注册后，可以自行通过商标网上申请系统提交申请。

同一申请人同时办理多件商标的注册申请事宜时，只需要提供一份身份证明文件（如营业执照副本）复印件。

以上所指的身份证明文件是标注统一社会信用代码的身份证明文件。企业一般应提交营业执照，非企业可以提交《事业单位法人证书》《社会团体法人登记证书》《民办非企业单位登记证书》《基金会法人登记证书》《律师事务所执业许可证》等身份证明文件。

需要特别注意的是，期刊证、办学许可证、卫生许可证等不能作为申请人身份证明文件。

（4）国外申请人

外国的自然人、法人或其他组织在中国申请商标注册和办理其他商标事宜的，应当委托依法设立的商标代理机构办理。但在中国有经常居所或者营业所的外国人或外国企业，可以自行办理。

外国申请人应提交以下证明文件：申请人的身份证明文件复印件（护照或企业营业执照）、公安部门颁发的《外国人永久居留证》或有效期一年以上的《外国人居留许可》的复印件。

我国的商标法律制度允许几个申请人共同申请一件商标，在现行《商标法》第五条中规定："两个以上的自然人、法人或者其他组织可以共同向商标局申请注册同一商标，共同享有和行使该商标专用权。"而从法律条文的字面分析，一般情况下，商标可能在以下情况下出现共有：公司分立、公司联营、共同投资、财产继承以及个人合伙。[1]

---

[1] 国家工商行政管理总局商标局. 中华人民共和国商标法释义[M].北京：中国工商出版社，2003：41-44.

商品或服务项目

商标是区分商品或服务来源的一种标志,因而每一个注册商标都是依附于某项具体的商品或者服务而存在的。例如,提到"福奈特",人们会想到洗衣店;提到"五粮液",人们会想到高端白酒;提到"飘柔",人们会想到洗发水;等等。因此,在确定提交商标注册申请前,商标申请人首先要对意向商标所要注册的商品或者服务内容进行选择。

尼斯协定是一个有多国参加的国际公约,其全称是《商标注册用商品和服务国际分类尼斯协定》(简称"《国际分类》"),该协定于1957年6月15日在法国南部尼斯签订,1961年4月8日生效,我国于1994年8月9日加入尼斯联盟。

世界知识产权组织提供的《国际分类》第十一版于2017年1月1日起正式使用。之后,世界知识产权组织对该版本进行了六次调整,形成《国际分类》第十二版(2023文本),并于2023年1月1日起正式使用。中国作为尼斯联盟成员国,以此为基础,国家知识产权局商标局对2017年制定的《类似商品和服务区分表》作了六次相应调整,形成《类似商品和服务区分表——基于尼斯分类第十二版(2023文本)》(简称"《区分表》")。《区分表》由45个分类组成(34类商品和11类服务)。商标分类不是固定不变的,随着社会经济发展,新型商品和服务不断涌现,由此,《区分表》的变化也可谓是与时俱进。

ChatGPT(聊天生成型预训练变换模型,Chat Generative Pre-trained Transformer)开启了人工智能2.0时代,对于企业而言,新一轮的人工智能创新热潮悄然而至。近年来,随着人工智能技术、区块链技术、人机交互等技术的发展,企业也逐渐开始探索新技术在不同应用场景中的新机会。为满足企业对于新商品或新服务的商标申请需求,《区分表》中也对应增加部分商品和服务。以人工智能技术为例,《区分表》在第9类纳入"科学研究用具有人工智能的人形机器人090778""准备饮料用具有人工智能的类人机器人090916""智能戒指(数据处理)C090141""智能眼镜(数据处理)C090139""智能音箱090849",在第12类纳入"无人驾驶汽车120279",在第42类纳入"人工智能领域的技术咨询"。

在装备制造业领域,《区分表》中也有进一步更新,例如在第7类中涉及半导体装备的商品中纳入"半导体制造机070607""半导体晶片处理设备""制造用半导体曝光设备070608"。

随着互联网的发展，短视频自媒体平台兴起，自媒体内容制作与流量变现成为大消费领域的新规则，《区分表》在这方面也做了更新和调整，例如，在第35类中纳入"通过有影响者推销商品350179"和"通过有影响者进行市场营销350180"。

注册商标最重要的一个环节就是选择注册商标的类别和商品或服务，这将决定商标注册后的保护范围，同时可能影响到注册核准的概率。根据我国现行《商标法》的相关规定，注册商标专用权以核准注册的商品或服务为限，所以企业在选择注册商标的类别和具体项目时，需要再三斟酌，认真对待，为企业在市场经营中打好基础。

申请材料

商标申请需要准备的材料包括商标注册申请书、商标图样，以个人名义申请需要提交身份证复印件、个体工商户营业执照复印件；以法人或其他组织名义申请则需要提交主体资格证明文件的复印件。此外，如果是委托商标代理机构代为提交商标申请的，还需要提供商标代理委托书。关于所提交材料的具体要求在《中华人民共和国商标法实施条例》（简称"《商标法实施条例》"）第十三条中有相关规定：

- 申请商标注册，应当按照公布的商品和服务分类表填报。每一件商标注册申请应当向商标局提交《商标注册申请书》1份、商标图样1份；以颜色组合或者着色图样申请商标注册的，应当提交着色图样，并提交黑白稿1份；不指定颜色的，应当提交黑白图样。

- 商标图样应当清晰，便于粘贴，用光洁耐用的纸张印制或者用照片代替，长和宽应当不大于10厘米，不小于5厘米。

- 以三维标志申请商标注册的，应当在申请书中予以声明，说明商标的使用方式，并提交能够确定三维形状的图样，提交的商标图样应当至少包含三面视图。

- 以颜色组合申请商标注册的，应当在申请书中予以声明，说明商标的使用方式。

- 以声音标志申请商标注册的，应当在申请书中予以声明，提交符合要求的声音样本，对申请注册的声音商标进行描述，说明商标的使用方式。对声音商标进行描述，应当以五线谱或者简谱对申请用作商标的声

该声音商标是中国国际广播电台广播节目的开始曲,全长 40 秒,共 18 小节,四分之二拍慢板节奏,G 大调和 C 大调交替转换。前四小节为整段声音商标前奏部分,曲调为 G 大调;中间 11 小节为整段声音商标主题部分,曲调为 C 大调,其中第十二、十三小节播音员报出"中国国际广播电台"的呼号后音乐延续两小节,主题部分结束;最后三小节钢片琴再次奏响主题音乐,转调回 G 大调,该声音商标结束。

我国第一件声音商标——"中国国际广播电台广播节目开始曲"

音加以描述并附加文字说明;无法以五线谱或者简谱描述的,应当以文字加以描述;商标描述与声音样本应当一致。

● 申请注册集体商标、证明商标的,应当在申请书中予以声明,并提交主体资格证明文件和使用管理规则。

● 商标为外文或者包含外文的,应当说明含义。

行前先探雷

申请人在向商标局递交商标注册申请之前,还有一项十分必要的工作就是商标的相同、近似查询。现行《商标法》中明确规定申请注册的商标不得与他人在先注册的商标相同或近似,查询可以有效地避免因在先权利冲突导致商标不能注册的情况。简单讲,查询就是要探查在商标注册之路上的"地雷"。如果确实有"地雷"存在,要么积极"扫雷",要么避开雷区再辟新径。

一般来说,商标查询检索主要有以下几种途径:

● 申请人可以登录国家知识产权局商标局的官方网站"中国商标网"自行查询。

● 申请人可以委托知识产权代理机构的专业人员进行查询。

● 申请人可以借助一些专门的查询软件,如白兔商标查询软件等进行检索。

但是,查询是为了最大限度地排除风险,却不能完全规避风险。

首先,商标在提交注册申请后,一般存在 6 个月左右的盲查期。商标局在收到新商标申请后,需要对其进行形式审查和实质审查。形式审查的内容包括申请人是否具有申请注册商标的主体资格;申请书填写是否符合规定，商标图样是否符合规定，指定的商品或者服务的类别是否正确，名称是否规范具体；我国香港特别行政区、澳门特别行政区及台湾地区申请人是否委托了依法设立的商标代理机构办理；外国申请人是否委托了依法设立的商标代理机构办理；委托商标代理机构的，其委托书填写是否符合规定；应交送的证明文件是否完备；经进一步审查合格的，商标局发放《商标注册申请缴费通知书》，申请人缴费后予以受理。商标局将向申请人发送《商标注册申请受理通知书》。

申请人在商标注册大厅办理商标申请的，商标局会以邮寄方式将《商标注册申请缴费通知书》《商标注册申请受理通知书》送达申请人。

申请人在商标业务受理窗口采用在线申请的，商标局会以电子邮件方式将《商标注册申请缴费通知书》《商标注册申请受理通知书》送达申请人。

申请人委托商标代理机构办理的，《商标注册申请缴费通知书》《商标注册申请受理通知书》将送达商标代理机构。

商标注册申请受理后，审查员再按照商标构成要素的不同，分别以汉字、英文、数字等进行分卡处理和针对图形商标划分图形要素，为实质审查做好基础工作。只有通过形式审查并经过分卡的商标注册申请才能输入商标数据库，进入检索的范围。而从商标申请到被受理再到输入数据库，大概需要1个月的时间，这段时间就被称为商标检索的盲查期，是商标检索过程中无法规避的风险。

其次，商标的实质审查在很大程度上可以说是审查员发挥主观能动性的一个过程，不同的审查员对于同一件商标是否与他人的商标构成相同或者近似可能持有完全不同或差异化的观点。因此，可能出现申请人自行查询或委托专业人员查询后认为相关商标不构成近似，但是商标局的审查员却认为构成近似的情形。尽管如此，商标查询还是非常有必要的，精准的查询可以尽可能地降低商标与他人"撞衫"的风险。

再次，要求优先权的商标申请也会对商标检索造成障碍。根据《保护工业产权巴黎公约》（简称"《巴黎公约》"）第四条的规定，任何公约成员国的申请人在向某一成员国提交商标申请后的6个月内，都可以向另一成员国提交同一商标的注册申请时要求优先权，即将第一次申请的日期作为申请日期。例如，某英国人在2013年5月4日在英国提起了一件商标申请，其在2013年10月4日就该商标向中国提起申请时，可以要求2013年5月

4日的优先权。如果进行查询检索的话，可能在12月份仍然无法检索到相关的信息，而实际上5月4日之后与该商标近似的商标就无法进行注册了。针对这种情况，目前尚无比较好的解决办法，建议申请人在提交商标申请后第6个月的时候进行第二次检索，以弥补盲查期的不足。虽然这个时候商标申请已经提交，但是通过检索提前预知商标能否授权的前景对于企业市场决策、经营布局来讲仍然具有十分重要的意义。

最后，无论商标的构成要素是文字、英文、数字还是拼音，除去盲查期等客观原因，申请人自己或者委托代理机构都可以通过中国商标网或者查询软件获得一个相对清晰明确的查询结果，但是对于图形商标，由于查询困难较大，通过查询获取商标注册风险的不确定性也相对较大。一般来说，图形商标都是按照《建立商标图形要素国际分类维也纳协定》进行图形要素的划分，最终以编码的形式表现出来。不同的检索人员对于同一个图形商标会有不同的理解，划分出来的图形要素也会存在差异，从而可能出现完全不同的查询结果。

【案例】美国苹果和唯冠深圳的IPAD商标侵权案

一个是全球品牌辨识度很高的电子巨头，一个是负债累累、即将破产的濒危企业。当骄傲的巨头遇上亡命的"陌路狂徒"，这场"IPAD"商标抢夺战就变得精彩纷呈。

在2000年，唯冠深圳公司在中国大陆注册了第1590557号和第1682310号的"IPAD"两件商标。同时，唯冠台湾公司也在多个国家和地区注册了IPAD商标。2009年，英国IP公司向唯冠英国公司提出购买其在全球所有的IPAD商标。

2009年12月23日，唯冠集团法务部处长与英国IP公司在中国台湾签订商标转让协议，将10多个国家与地区的IPAD商标权全部转让给英国IP公司，取得商标权后，英国IP公司又将受让的商标权全部转让给了苹果公司。

2010年1月27日，苹果公司在新闻发布会上向市场介绍了他们的新产品IPAD平板。同年2月，苹果公司要求唯冠深圳公司将其在2001年中国获得注册号为第1590557号和第1682310号的"IPAD"商标转让至苹果公司名下。

> 唯冠深圳公司并不同意按照唯冠台湾公司与英国IP公司签订的协议将其名下的商标转让给苹果公司，在中国大陆"IPAD"商标权属于唯冠深圳公司所有。
>
> 2010年4月，苹果公司与唯冠深圳公司就"IPAD"商标权利之争对簿公堂，深圳中院驳回了苹果公司的所有诉讼请求，苹果败诉。2012年1月，苹果公司向广东省高院提起上诉，庭审争议焦点自然落在苹果公司所购买的唯冠商标到底包不包含唯冠深圳公司拥有的IPAD商标。无论苹果公司提供怎样的证据，都无法攻破唯冠深圳提出的"合同仅约束合同双方"这一核心论点。当年的合同甲乙方确实写着唯冠台湾公司和英国IP公司。
>
> 苹果公司IPAD产品在中国推广在即，可商标却未获得权利，如此下去，苹果公司将面临巨大损失。最终在2014年，苹果公司与唯冠深圳公司就IPAD商标案达成和解。苹果公司向唯冠深圳公司支付6000万美元。苹果公司最终为其早期工作不到位付出了巨额代价。

知路好出发

途径

国内的申请人申请商标注册或者办理其他商标事宜有两种途径：一是自行办理；二是委托在国家知识产权局商标局备案的商标代理机构办理。

这两种途径的主要区别是发生联系的方式、提交的书件和文件递交方式。

（1）发生联系的方式

申请人自行办理的，在办理过程中申请人与商标局直接发生联系；委托商标代理机构办理的，在办理过程中申请人通过商标代理机构与商标局发生联系，而不直接与商标局发生联系。

（2）提交的书件

申请人自行办理的，应按规定提交相关书件；委托商标代理机构办理的，申请人还应提交委托商标代理机构办理商标注册事宜的授权委托书。

（3）文件递交方式

申请人自行办理的，由申请人或经办人直接将申请文件递交到国家知识产权局商标局商标注册大厅（也可到商标局驻中关村国家自主创新示范区办事处、商标局在京外设立的商标审查协作中心，或者商标局委托地方市场监管部门或知识产权部门设立的商标业务受理窗口办理），申请人也可以通过网上申请系统提交；代理机构可以将申请文件直接递交、邮寄递交或通过快递企业递交国家知识产权局，也可以通过网上申请系统提交。

为便利商标注册申请，规范商标电子申请行为，根据《商标法》及《商标法实施条例》等有关规定，国家知识产权局制定了《关于商标电子申请的规定》（自2019年9月1日起施行）。该规定的主要内容包括以下四个方面：

- 明确适用范围和相关概念。

商标电子申请是指当事人将商标申请文件以符合规定的电子文件形式通过商标网上服务系统向国家知识产权局提出的商标申请。商标文件电子送达是指国家知识产权局通过商标网上服务系统以电子文件形式向当事人送达商标文件。

- 提交商标电子申请的注意事项。

为保护当事人能够顺利使用商标网上服务系统提交商标电子申请，规定了当事人在提交申请前须签订《商标网上服务系统用户使用协议》，进行用户注册，如实填写用户信息。当事人可以自行办理商标电子申请事宜，也可以委托商标代理机构办理。

- 提交商标电子申请的相关要求。

当事人以电子形式提交商标申请文件或材料应当遵守规定的文件格式、数据标准、操作规范和传输方式，提交时间以商标网上服务系统记录的接收时间为准，提交内容以国家知识产权局保存的档案、数据库记录为准；电子商标申请提交后，国家知识产权局不再接受以纸件形式提交的与本次申请相关的后续材料，但是必要时可以要求当事人在指定期限内提交对应的纸件材料、实物证据等。

- 商标电子文件送达的规定。

为确定商标文件电子送达的效力，明确了商标文件电子送达日期以文件发出之日起满15日视为送达当事人，当事人应及时登录商标网上服务系统查看；未登录或者未查看的，不属于《商标法实施条例》第十条规定的无法送达的情形，不再通过公告方式送达。

程序

（1）提交申请文件和缴纳费用

申请人准备好申请文件提交至国家知识产权局商标局，便开始进入申请流程。关于商标申请费用，依据原国家计委、财政部计价格〔1995〕2404号文件和国家发改委、财政部发改价格〔2015〕2136号文件，财政部、国家发展改革委财税〔2017〕20号文件和国家发展改革委、财政部发改价格〔2019〕914号文件，纸质商标申请官费300元/件，限定每类10个商品或服务项目，10个以上商品或服务项目，每超过1个商品或服务项目，每个商品或服务项目加收30元；电子商标申请官费270元/件，限定每类10个商品或服务项目，10个以上商品或服务项目，每超过1个商品或服务项目，每个商品或服务项目加收27元。

（2）形式审查

● 申请人在商标局注册大厅直接办理的，工作人员会先对申请文件进行审查。申请手续不齐备、未按照规定填写申请文件的，当场退回申请文件；基本符合规定的，接收申请文件。之后商标局会对申请文件进行进一步审查。

经进一步审查合格的，商标局发放缴费通知书，申请人缴费后予以受理，发放《商标注册申请受理通知书》。经进一步审查基本符合规定，但是需要补正的，商标局通知申请人予以补正。申请人应自收到通知之日起30日内，按照指定内容补正并交回商标局。在规定期限内补正并交回的，保留申请日期；期满未补正或者不按照要求进行补正的，商标局不予受理。

《商标注册申请补正通知书》《商标注册申请不予受理通知书》《商标注册申请缴费通知书》《商标注册申请受理通知书》均以邮寄方式送达申请人。申请人填写联系地址的，文件送达联系地址；未填写联系地址的，文件送达申请人地址栏填写的地址。

● 申请人在商标业务受理窗口采用在线申请方式提交商标注册申请，工作人员会先对申请文件进行审查。基本符合规定的，通过商标网上服务系统接收申请文件。之后商标局会对申请文件进一步审查。

经进一步审查合格的，商标局发放缴费通知书，申请人缴费后予以受理。经进一步审查基本符合规定，但是需要补正的，商标局通知申请人予以补正。申请人应自收到通知之日起30日内，按照指定内容通过商标网上服务系统在线进行补正。在规定期限内补正并交回的，保留申请日期；期满未补正或者不按照要求进行补正的,商标局不予受理。

《商标注册申请补正通知书》《商标注册申请不予受理通知书》《商标注册申请缴费通知书》《商标注册申请受理通知书》以电子方式送达申请人,申请人可通过申请时填写的电子邮箱查看。

- 委托商标代理机构办理的,商标局在收到商标代理机构递交的申请文件后,会对申请文件进行审查。商标注册申请手续齐备、按照规定填写申请文件并缴纳费用的,商标局予以受理;申请手续不齐备、未按照规定填写申请文件或者未缴纳费用的,商标局不予受理。申请手续基本齐备或者申请文件基本符合规定,但是需要补正的,商标局通知申请人予以补正。申请人应自收到通知之日起30日内,按照指定内容补正并交回国家知识产权局。在规定期限内补正并交回的,保留申请日期;期满未补正或者不按照要求进行补正的,商标局不予受理。

《商标注册申请补正通知书》《商标注册申请不予受理通知书》《商标注册申请缴费通知书》《商标注册申请受理通知书》将送达商标代理机构。

(3)实质审查

在形式审查完成后,商标申请进入实质审查程序。商标注册实质审查工作负责审查商标注册申请是否存在法律禁止使用的情形、是否具备商标的显著特征、三维标志商标是否具备功能性、与他人在先申请或者注册的商标权利是否冲突,同时负责对不以使用为目的的商标注册申请、商标代理机构超出代理服务范围的商标注册申请予以驳回,主要适用现行《商标法》第四条、第十条、第十一条、第十二条、第十六条第一款、第十九条第四款、第三十条、第三十一条、第五十条。

《商标公告》由商标注册部门发布,刊发商标注册及其他有关事项,具体包括商标审定号、申请日期、商标、使用商品或服务、申请人、地址及代理人。公告的目的在于令公众周知,以求公示公信,包括引起在先权利人的注意,通过异议程序主张和保护自己的权利。[1]《商标公告》定期在"中国商标网"上公示,公众可以随时登录网址查阅了解商标注册的相关情况。

商标局经过实质审查,认为商标申请不符合现行《商标法》有关规定或者同他人在同一种商品或类似商品上已经注册的或初步审定的商标相同或近

---

[1] 黄晖.商标法[M].北京:法律出版社,2004:92.

似的，由商标局驳回或部分驳回申请，不予公告。对驳回申请、不予公告的商标，商标局应当书面通知商标注册申请人。商标注册申请人不服的，可以自收到通知之日起15日内向商评委申请复审。

（4）确权阻碍

在商标申请过程中，还有一个发生概率较高的程序就是商标异议。对初步审定公告的商标，自公告之日起3个月内，在先权利人、利害关系人认为违反现行《商标法》第十三条第二款和第三款、第十五条、第十六条第一款、第三十条、第三十一条、第三十二条规定的，或者任何人认为违反现行《商标法》第四条、第十条、第十一条、第十二条、第十九条第四款规定的，可以向商标局提出异议。

对初步审定公告的商标提出异议的，商标局应当听取异议人和被异议人陈述事实和理由，经调查核实后，做出是否准予注册的决定，并书面通知异议人和被异议人。

商标局做出准予注册决定的，发给商标注册证，并予以公告。异议人不服的，可以依照现行《商标法》第四十四条、第四十五条的规定向商评委请求宣告该注册商标无效。

商标局做出不予注册决定的，被异议人不服的，可以自收到通知之日起15日内向商评委申请复审。

放眼世界

暗箭难防

商标是企业参与市场竞争的重要手段，集中体现了企业的综合素质和市场竞争能力，也是企业重要的无形资产。在知识经济迅猛发展的今天，商标的作用为越来越多的企业所重视，要想充分发挥商标的作用和价值，首先需要取得商标权利。但由于商标的地域性限制，在一个国家或地区注册的商标仅在该国或地区范围内受到保护，并不当然地在其他国家或地区享有商标权的法律保护。因此,很多企业正是利用商标的这一特点,将一些其他国家或地区的商标在本国进行抢注,以此手段或取得该商标所有人的高额赎金,或限制该商标的所有人进入本国市场,以确保自己企业在本国市场的竞争力。而在其他国家或地区被抢注商标的企业,因"暗箭难防",常常陷入非常被动的境地。

【案例】自己的商标还要买回来?①

2006年7月,当王致和集团拟扩大海外市场时,才得知"王致和"商标已被德国一家名为"欧凯"的公司抢注。后经调查了解到,该公司由德籍华侨注册,是柏林的一家主要经营中国商品的超市,实际上该超市一直进口王致和产品并在德国销售。欧凯公司于2005年11月向德国商标专利局申请注册"王致和"商标,其申请的"王致和"商标标志与王致和集团出口产品使用的"王致和"标志一模一样,而其注册之前并没有与王致和集团进行任何沟通。

王致和集团在中国的注册商标　　欧凯公司在德国申请注册的商标

王致和集团在与对方沟通失败后,果断地提起诉讼。在诉讼中,双方的争议焦点集中在:"欧凯抢注商标是恶意抢注还是合法注册;王致和商标到底是王致和集团完整的著作权,还是通用的'中国古代士兵头像';欧凯的抢注行为是违法行为还是维护自己权利的合法行为。"

德国时间2007年11月14日,本案一审正式宣判:禁止欧凯公司在德国擅自使用王致和商标;依法撤销欧凯公司抢注的王致和商标。2008年2月25日,欧凯公司向慕尼黑高等法院提出上诉。德国慕尼黑当地时间2009年4月23日上午9时,慕尼黑高等法院做出终审判决,判决欧凯公司不得擅自使用王致和商标,否则将对欧凯公司处以25万欧元的罚款或对其主要负责人处以6个月监禁;判决欧凯公司注销其恶意抢注的王致和商标。至此,这场长达2年3个月的跨国诉讼,以"王致和"商标物归原主的结局圆满地画上了句号。

---

① 马北北.王致和海外维权获胜,德国商标物归原主[N].中国青年报,2009-04-25.

我国商标遭遇海外抢注的例子比比皆是，典型的有以下几例[①]："五粮液"在韩国被抢注；"康佳"在美国被抢注；"海信"在德国被抢注；"科龙"在新加坡被抢注；"火炬"打火机商标在英国被抢注；"芭蕾"珍珠霜在印度尼西亚、新加坡被抢注；"英雄"金笔在日本被抢注；"长虹"彩电在印度尼西亚、泰国等地被抢注；"牡丹""PEONY"商标被荷兰销售代理商在欧洲五国抢注；"红塔山""阿诗玛""云烟"等商标在菲律宾被抢注；"大宝"在美国、英国、荷兰、比利时、卢森堡被抢注；"红星"二锅头酒在瑞典、爱尔兰、新西兰、英国被抢注；"大白兔"奶糖在日本、菲律宾、印度尼西亚、美国和英国都曾被抢注；"龙井茶""碧螺春""大红袍""信阳毛尖"等多个茶叶名称在韩国被一茶商注册为商标；"桂发祥十八街"麻花在加拿大被加拿大中华老字号商标股份有限公司抢注，一起被该公司抢注的还有"冠生园""六必居"等其他中华老字号商标；"志高"空调被印度尼西亚的一个经销商抢注；"陈麻婆""赖汤圆""蜀香"等四川著名商标在加拿大被新永安集团加拿大公司抢注，这家公司还抢注了"露露""洽洽"等国内知名商标。

如上所述，这么多中国商标遭遇海外抢注的案例不禁让人唏嘘，王致和集团虽然最终取得了诉讼的胜利，但其所付出的时间、资金代价亦是不小，也并非所有遭遇同等境况的企业都能在国外获得胜诉。企业想要拓展自己的市场版图，商标先行十分重要，在意向国家获得商标专用权，才能实现企业的自我保护。

跑马圈地

途径

中国企业向国外申请商标注册主要有以下三种途径：一是马德里体系商标注册，通过国家知识产权局商标局同时向马德里体系的部分或全部缔约方提出；二是区域性国际注册，通过地区性公约组织提交申请，以获得该组织缔约方的商标保护，这里主要指的是欧盟商标国际注册和非洲知识产权缔约方注册；三是逐一国家注册，即按《巴黎公约》或双边协议、对

[①] 陈志宏.国际商标抢注现象的分析与对策[J].中国广告，2005（11）：58.

等原则,申请人单独向某一国家提出商标注册申请。

(1)马德里体系商标注册

马德里商标国际注册申请是以国家知识产权局为原属局,指定领土延伸至《商标国际注册马德里协定有关议定书》(简称"《马德里议定书》")缔约方的商标国际注册申请。申请人应通过国家知识产权局向世界知识产权组织国际局提交申请。

申请人可自行办理马德里商标国际注册申请,也可委托依法设立的商标代理机构办理。

马德里商标国际注册申请可以以纸件形式提交,也可通过商标网上服务系统以数据电文方式提交。

商标国际注册马德里体系(简称"马德里体系")始建于1891年,由设在瑞士日内瓦的世界知识产权组织国际局(简称"国际局")管理。截至2022年6月9日,马德里联盟共有112个缔约方。马德里体系成立的目的就是为了解决商标跨国注册的问题,通过马德里途径,商标所有人直接向其本国或地区商标局递交一份国际注册申请书便能够使其商标在马德里联盟多个国家获得保护。如果在规定期限内(12个月或18个月),某指定国或组织的商标局没有驳回对该商标的注册,商标所有人的商标则自动获得商标权法律保护。马德里体系在2008年还全面实行了三语制度(英语、法语和西班牙语),也就是说,国际申请无论受哪部条约约束,现在均可以用其中任何一种语言提交。①

马德里体系商标注册的一般流程如下:
- 本国注册。
- 提交国际注册申请。
- 缴纳国际注册费用。
- 中国商标局进行申请文件的形式审查。
- 形式审查合格后寄往国际局。
- 国际局收到后下发《国际注册证书》并同时发往各个成员方进行实质性的审查。
- 各成员方独立进行审查,核准商标注册或驳回。

---

① 根据《2008年国际商标注册创下新纪录年底出现放缓迹象》(WIPO网站,2009年3月14日)整理。

我国是《商标国际注册马德里协定》（简称"《马德里协定》"）缔约方之一，我国企业完全可以充分利用该协定及其议定书的规定，在国内向我国商标局提交一份商标国际注册申请书就可以取得在指定的一个或多个商品类别和在指定的一个或多个成员方的商标注册。虽然马德里体系商标注册具有"省时、省力、费用低"等优点，但是也存在一定的局限性，企业需要根据自身实际情况决定是否选择马德里体系。

商标国际注册马德里体系的优势：

- 手续相对简便。商标申请人仅需直接向本国商标主管部门提出申请，不必再委托其他成员方的商标代理人或组织办理；申请人仅需用一种文字提交一份申请书，即可同时指定一个或多个成员方，在一个或多个商品或服务类别上申请商标国际注册。商标注册后的后期指定、转让、变更、续展等手续也可以通过同样便捷的程序进行。

- 费用相对较低。注册费用分为基础注册费和指定成员方的费用。申请人在一份申请书中无论指定多少个成员方，都只需要缴纳一份基础注册费。每指定一个成员方，需要缴纳一笔指定费。各成员方的指定费用一般都低于分别到每个国家注册的费用。由于各成员方法律基本都规定外国人申请商标必须委托该成员方的代理人或律师进行，因此，如果商标申请人逐一在不同成员方进行商标注册，除了要缴纳官费之外，还需要缴纳该成员方的律师或代理人的代理费和翻译费。

- 时间相对较短。申请人从向商标局提交商标国际注册申请之日起，如果手续齐备并按规定缴纳费用，一般6个月左右即可取得国际商标注册证明，表明国际局收到了商标国际注册申请，通过国际局的审查后，该申请就被发送到各指定成员方进行审查。根据《马德里协定》和《马德里议定书》的规定，从国际注册日起，如果被指定成员方在规定的期限内（依照《马德里协定》为12个月，依照《马德里议定书》为18个月）没有向国际局发出驳回通知，该商标将在该指定成员方自动得到保护。对一些商标审查周期较长的国家来说，通过马德里途径可以极大地缩短商标注册时间。

商标国际注册马德里体系的劣势：

- 要求以国内申请/注册为基础。根据2014年修订的《商标法实施条例》第三十六条，申请人商标已在商标局获得注册的，可以根据《马德里协定》申请办理该商标的国际注册。申请人商标已在商标局获得注册，或者已向商标局提出商标注册申请并被受理的,可以根据《马德里议定书》申请办理该商标的国际注册。根据《商标法实施条例》第三十九条的规定,商标国际注册申请指定的商品或者服务不得超出国内基础申请或基础注册的商品或者服务的范围。

● 权利不稳定。《马德里协定》中有一项"中心打击原则",即通过马德里商标国际注册程序注册的商标,如果在注册之日起5年之内,基础注册或申请全部或部分被驳回、撤回、注销、撤销、放弃或宣告无效,那么其效力及于所有指定成员方,即该商标不得再要求国际注册给予保护,而不管该商标的国际注册是否已经被转让。一旦发生"中心打击"问题,对于企业来说损失是不可估量的。即使是通过《马德里议定书》进行的商标国际注册,虽然其在已经注册的国家或地区的商标国际注册可以自该商标被撤销之日起3个月内,向所指定的议定书成员方商标主管机关提交一份申请,并按照各成员方的规定缴纳一定的费用,将该商标的国际注册转换为在该成员方的注册,但是,所花费的时间和费用亦会远远超过企业的预期。

● 所指定的大多数成员方不颁发商标证书。通过马德里体系申请商标虽然很快就能公告并取得官方证书,但是这种公告和证书相当于国内的受理通知书,仅仅能够证明商标已经通过马德里体系提出了国际申请,是否受到各成员方保护则需要各成员方的另外证明。通过马德里申请商标注册,申请人不能全部得到各指定成员方颁发的商标注册证,如果需要得到注册证明,则必须向该指定成员方的主管机关提出申请,而此项业务也不可避免地需要由注册国(或组织)代理组织办理,也会产生额外的费用。

● 无法进行有效查询。通过马德里体系申请商标,仅仅能够查询到马德里体系中已经申请过的商标,而不能进行各指定国的查询,查询结果无法做到有效、全面,因此申请人对后期可能面临的注册风险不可预知,申请人因为这种原因被诉侵权的事件也时有发生。

综上所述,商标国际注册马德里体系既有优势,又有一些缺陷,所以企业要结合自身实际情况决定是否通过马德里体系进行商标国际注册。

(2)区域性国际注册

● 非洲知识产权组织

非洲知识产权组织(African Intellectual Property Organization,OAPI),创建于1962年9月13日,总部设在喀麦隆首都雅温得。OAPI有一

套单独的法律制度来保护成员国的商标，其成员国在商标领域内完全受该组织的约束，而没有各自独立的商标制度，所以不存在逐一国家注册的可能性，只能通过OAPI注册。

向OAPI提出注册申请，每份申请可以申请三个类别。申请受理后，在2~3个月内，注册官根据有关部门规定，对申请进行形式审查、实质审查。申请若通过形式审查和实质审查，即被核准注册。注册后的商标应在官方公报上予以公告，公告期为6个月，没有异议或者异议不成立的，则商标予以注册。审查官在形式审查和实质审查期间，如果要驳回申请，必须在听取申请人或代理人的答辩之后方能决定，所以申请人可以利用此答辩机会。如果有人在异议期内对公告商标提出异议，申请人也可以做出答辩，供审查官听取。如果申请人对异议决定不服，还可以向法院起诉。OAPI商标注册费用分为查询和注册两部分。如果商标注册申请被驳回，注册费用将被退回。商标专用权从申请日起算，有效期10年，每次续展注册的有效期为10年。

- 欧盟商标国际注册

欧盟商标国际注册指通过欧盟知识产权局（EUIPO）在欧盟所有国家统一申请注册保护的注册方式。由于欧盟是一个统一的市场，所以商标获得欧盟注册后，将在欧盟各个成员国受到保护。

欧盟商标国际注册对申请人并无限制，只要所属国是《巴黎公约》或世界知识产权组织的成员国就可以提起申请，并且没有国内基础申请的要求。申请人只要获得注册，就可以在欧盟27个成员国获得一体化保护，注册程序简便，费用也相对较低。如果申请人在欧盟的商标被驳回，则可以在三个月内将欧盟商标转换为在一个或几个国家的逐一商标申请，原申请日可作为优先权日保留。已注册商标可仅在一个欧盟国家使用。商标在欧盟任何一个国家的使用就足以对抗以未使用商标为由提出的撤销申请。同一商标用于一种或多种指定商品或服务名称，在《巴黎公约》成员国申请后6个月申请共同体商标时，可享有优先权。

欧盟商标国际注册也存在不可规避的劣势，即欧盟商标对于商标的显著性要求很高，27个成员国中只要有一个成员国提出异议，且异议成立，就将导致整个欧盟商标注册被驳回。尽管该驳回商标可以转换为国家申请，且保留原欧盟商标申请日，但申请人还需要向每个国家支付转换费用。然而，27个国家都没有异议的情况比较少见，出现异议之后解决的时间也会比较漫长。

（3）单一注册

单一注册就是通过委托商标代理机构，向某个特定的国家或者地区提起商标注册，也称为逐一国家注册。根据《巴黎公约》第四条规定，已在本同盟一个成员国内正式提出申请商标注册的人或其权利合法继承人，在6个月内享有在本同盟其他成员国内提出申请的优先权。逐一国家注册的方式较为灵活，大多数国家不要求原属国的基础注册，而且申请人一般会进行查询，以此预知注册风险和侵权风险。此外，商标采用逐一国家注册的方式注册成功后可以拿到官方下发的注册证，在遇到侵权问题时可以及时出具专用权证明。在注册商标快要到期时，代理事务所也会及时提醒申请人进行续展。逐一国家注册的劣势主要表现在费用相对较高，部分国家的公证认证费用也相对较高；有些国家注册时间相对较长，如印度的注册时间需要4年左右，巴西的注册时间需要3年左右，菲律宾的注册时间也需要3年左右。相较马德里体系注册和区域性国家注册，逐一国家注册适合于大型企业或者对维权要求较高的企业。

"一带一路"

2013年9月和10月，中国国家主席习近平在出访中亚和东南亚国家期间，先后提出共建"丝绸之路经济带"和"21世纪海上丝绸之路"的重大倡议，得到国际社会高度关注。"一带一路"正是"丝绸之路经济带"和"21世纪海上丝绸之路"的简称。

致力于亚欧非大陆及附近海洋的互联互通，"一带一路"的互联互通项目将推动沿线各国发展战略的对接与耦合，发掘区域内市场的潜力，促进投资和消费，创造需求和就业，增进沿线各国人民的人文交流与文明互鉴。2021年，我国对"一带一路"沿线国家和地区的投资合作实现了两位数的高速增长，这充分反映了"一带一路"倡议的强大生命力以及中国与"一带一路"沿线国家和地区合作的巨大潜力。海外市场的拓展，离不开品牌的国际化，因此，我国企业在"一带一路"国家的商标注册应在产品进入之前就进行完善的商标布局。也就是说，商标注册申请的主体要明晰，商标注册的商品或服务范围要与经营业务充分匹配，并为未来的发展规划预置商标资源，核心商标要考虑防御性布局，根据当地法律规定合理安排注册时间等。当然,商标注册途径的选择是进行布局的前提。

(1)申请途径

关于"一带一路"国家的商标国际注册,可以采取如下表所示的注册途径。

"一带一路"国家的商标国际注册途径

洲别	国家	商标国际注册的途径
亚洲	中国	马德里商标国际注册、单一国家注册
	蒙古	马德里商标国际注册、单一国家注册
	新加坡	马德里商标国际注册、单一国家注册
	韩国	马德里商标国际注册、单一国家注册
	东帝汶	单一国家注册
	马来西亚	单一国家注册
	缅甸	单一国家注册
	柬埔寨	马德里商标国际注册、单一国家注册
	越南	马德里商标国际注册、单一国家注册
	老挝	单一国家注册
	文莱	单一国家注册
	巴基斯坦	单一国家注册
	斯里兰卡	单一国家注册
	孟加拉国	单一国家注册
	尼泊尔	单一国家注册
	马尔代夫	单一国家注册
	阿联酋	单一国家注册
	科威特	单一国家注册
	土耳其	马德里商标国际注册、单一国家注册
	卡塔尔	单一国家注册
	阿曼	马德里商标国际注册、单一国家注册
	黎巴嫩	单一国家注册
	沙特阿拉伯	单一国家注册
	巴林	马德里商标国际注册、单一国家注册
	伊朗	马德里商标国际注册、单一国家注册

续表

洲别	国家	商标国际注册的途径
亚洲	伊拉克	单一国家注册
	阿富汗	单一国家注册
	阿塞拜疆	马德里商标国际注册、单一国家注册
	格鲁吉亚	马德里商标国际注册、单一国家注册
	亚美尼亚	马德里商标国际注册、单一国家注册
	哈萨克斯坦	马德里商标国际注册、单一国家注册
	吉尔吉斯斯坦	马德里商标国际注册、单一国家注册
	塔吉克斯坦	马德里商标国际注册、单一国家注册
	乌兹别克斯坦	马德里商标国际注册、单一国家注册
	印度尼西亚	单一国家注册
	菲律宾	单一国家注册
欧洲	俄罗斯	马德里商标国际注册、单一国家注册
	奥地利	马德里商标国际注册、欧盟商标国际注册、单一国家注册
	希腊	马德里商标国际注册、欧盟商标国际注册、单一国家注册
	波兰	马德里商标国际注册、欧盟商标国际注册、单一国家注册
	塞尔维亚	马德里商标国际注册、单一国家注册
	捷克	马德里商标国际注册、欧盟商标国际注册、单一国家注册
	保加利亚	马德里商标国际注册、欧盟商标国际注册、单一国家注册
	斯洛伐克	马德里商标国际注册、欧盟商标国际注册、单一国家注册
	阿尔巴尼亚	马德里商标国际注册、单一国家注册
	克罗地亚	马德里商标国际注册、欧盟商标国际注册、单一国家注册
	波黑	单一国家注册
	黑山	马德里商标国际注册、单一国家注册
	爱沙尼亚	马德里商标国际注册、欧盟商标国际注册、单一国家注册
	立陶宛	马德里商标国际注册、欧盟商标国际注册、单一国家注册
	斯洛文尼亚	马德里商标国际注册、欧盟商标国际注册、单一国家注册
	匈牙利	马德里商标国际注册、欧盟商标国际注册、单一国家注册
	马其顿	马德里商标国际注册、单一国家注册
	罗马尼亚	马德里商标国际注册、欧盟商标国际注册、单一国家注册
	拉脱维亚	单一国家注册

续表

洲别	国家	商标国际注册的途径
欧洲	乌克兰	马德里商标国际注册、单一国家注册
	白俄罗斯	马德里商标国际注册、单一国家注册
	摩尔多瓦	马德里商标国际注册、单一国家注册
	马耳他	单一国家注册
	葡萄牙	马德里商标国际注册、欧盟商标国际注册、单一国家注册
非洲	苏丹	马德里商标国际注册、单一国家注册
	南非	单一国家注册
	塞内加尔	单一国家注册
	塞拉利昂	马德里商标国际注册、单一国家注册
	科特迪瓦	单一国家注册
	索马里	单一国家注册
	喀麦隆	单一国家注册
	南苏丹	单一国家注册
	塞舌尔	单一国家注册
	几内亚	单一国家注册
	加纳	马德里商标国际注册、单一国家注册
	赞比亚	马德里商标国际注册、单一国家注册
	莫桑比克	马德里商标国际注册、单一国家注册
	加蓬	单一国家注册
	纳米比亚	马德里商标国际注册、单一国家注册
	毛里塔尼亚	单一国家注册
	安哥拉	单一国家注册
	吉布提	单一国家注册
	埃塞俄比亚	单一国家注册
	肯尼亚	马德里商标国际注册、单一国家注册
	尼日利亚	单一国家注册
	乍得	单一国家注册
	刚果（布）	单一国家注册
	津巴布韦	马德里商标国际注册、单一国家注册

续表

洲别	国家	商标国际注册的途径
非洲	阿尔及利亚	马德里商标国际注册、单一国家注册
	坦桑尼亚	单一国家注册
	布隆迪	单一国家注册
	佛得角	单一国家注册
	乌干达	单一国家注册
	冈比亚	单一国家注册
	多哥	单一国家注册
	卢旺达	马德里商标国际注册、单一国家注册
	摩洛哥	马德里商标国际注册、单一国家注册
	马达加斯加	马德里商标国际注册、单一国家注册
	突尼斯	马德里商标国际注册、单一国家注册
	利比亚	单一国家注册
	埃及	马德里商标国际注册、单一国家注册
大洋洲	新西兰	马德里商标国际注册、单一国家注册
	巴布亚新几内亚	单一国家注册
	萨摩亚	单一国家注册
	纽埃	单一国家注册
	斐济	单一国家注册
	密克罗尼西亚联邦	单一国家注册
	库克群岛	单一国家注册
	汤加	单一国家注册
	瓦努阿图	单一国家注册
南美洲	智利	单一国家注册
	圭亚那	单一国家注册
	玻利维亚	单一国家注册
	乌拉圭	单一国家注册
	委内瑞拉	单一国家注册
	苏里南	单一国家注册
	厄瓜多尔	单一国家注册

续表

洲别	国家	商标国际注册的途径
北美洲	哥斯达黎加	单一国家注册
	巴拿马	单一国家注册
	萨尔瓦多	单一国家注册
	多米尼加	单一国家注册
	特立尼达和多巴哥	单一国家注册
	安提瓜和巴布达	马德里商标国际注册、单一国家注册
	多米尼克	单一国家注册
	格林纳达	单一国家注册

（2）跨国并购

当然，除了贸易合作之外，我国企业与"一带一路"其他国家的投资合作可能会更加深入，例如拓展相互投资的领域、探索投资合作的新模式等。在投资合作过程中，跨国并购是企业国际化的重要方式之一。在跨国企业并购中，知识产权由于在企业收益的贡献份额逐年上升，已受到越来越多的关注，有的企业甚至专门寻求有价值的知识产权来优化资源配合，提升企业的竞争力。并购前的知识产权调查、并购后的知识产权整合等，都是跨国并购中需要谨慎考量的问题。

并购前的知识产权调查一般是为了评估知识产权的价值和控制并购的风险。并购前的知识产权调查主要包括以下几方面：知识产权有效性、知识产权可运用性、知识产权所关联的商品在目标市场上进行生产和销售的法律风险等。

对知识产权价值的评估，首先应该注重企业业务组合中知识产权和资源资产的相关性。企业在通过并购实现战略扩张时，不仅要关注涉及知识产权的产品、客户或者管理资源能否在新的业务领域得到应用，也要在新的业务领域与并购资源资产形成协同效应。[1]

并购的风险包括战略风险、政治风险、法律风险、市场风险等，其中最常见的是法律风险，即对收购所在国的法律法规、知识产权基本情况等

---

[1] 何传彦. 跨国并购中的知识产权调查[EB/OL]. (2015-06-15)[2016-09-06]. http://blog.sina.com.cn/s/blog_56ff46190102vkrf.html.

了解不充分可能导致的风险。苹果IPAD商标案正是最鲜活的示例，因为苹果公司对于IPAD全球商标权利人调查得不充分，导致IPAD商标在转让过程中陷入被动，最终白白多出了6000万美元来平息事端。

  并购后的知识产权整合包括两方面内容：一方面是被并购企业的知识产权与并购企业知识产权的整合，两者的整合反映在资产层面和技术层面，整合的目的是实现知识产权资源的有效利用和技术的提升；另一方面是并购企业的知识产权战略与企业发展战略的整合，对"走出去"进行全球竞争的中国企业而言，知识产权的竞争绝不是简单地按照自身的逻辑进行运作，更应该认识到，知识产权在全球市场的实力和势力博弈中是重要的竞争工具和手段。①

---

① 何传彦. 跨国并购中的知识产权调查[EB/OL]. (2015-06-15)[2016-09-06]. http://blog.sina.com.cn/s/blog_56ff46190102vkrf.html.

2006年5月19日,北京市高级人民法院的判决书送达位于包头市的内蒙古小肥羊餐饮连锁有限责任公司(简称"内蒙古小肥羊")。历时4年之久在国内引起广泛关注的西安小肥羊烤肉馆和陕西小肥羊实业有限公司诉商评委的"小肥羊"商标确权案最终尘埃落定。内蒙古小肥羊最终打赢了这场商标官司。

"小肥羊"是一个曾经因缺乏显著性被驳回的"留有案底"的商标。但在权利人第二次提出申请时,该商标因大规模宣传和使用,积累了较高的知名度,具备了商标应有的显著性,最终被准予注册。可以说,这个具有里程碑意义的案件让我们看到了商标使用的价值与影响。

第四章

运用自如——商标使用

纸上谈兵

看见内涵

"费了好大的劲,商标终于核准注册,可以安枕无忧了。"很多刚刚拿到商标注册证书的企业恐怕都有这样的想法。但商标无论注册与否都只是一个具体化的符号罢了,若不使用就永远只是符号,不会给商标权利人带来任何收益,而商标所有权人还要付出维持的费用。那么,我们怎样才能赋予一个商标生命,帮助企业逐渐建立起商誉呢?答案很简单,只有两个字——使用。

商标的使用是指商标的商业性使用,包括将商标用于商品、商品包装或者容器以及商品交易文书上,或者将商标用于广告宣传、展览以及其他商业活动中。此外,根据立法者的解释,许可使用也是使用。

然而这些更多的是在展现商标的使用形式,并没有完全揭示商标使用应有的内涵。参考国外一些相关探讨,欧盟法院在其案例中指出,商标使用必须基于创造或保证商品或服务的市场,结合商标指明商品出处的基本功能来确定,仅仅出于维持注册的目的象征性地使用以及企业内部的使用都不能视为实际使用。[1]美国1946年《兰哈姆法》规定,商标的注册必须具有在商业上使用或意图使用的证明,商标的"商业上使用"指在一般贸易通常过程中真诚地加以使用,而非仅为保留其权利目的的使用。在商品方面,"商业上使用"一方面指将商标以任何形式使用在商品或其容器上或予以陈列或使用在附于商品的贴纸或标签上,或就商品性质而言,该标示有困难者,则使用于与商品或其贩卖有关的文件上;另一方面指该商品曾经于商业上销售或运输。在服务方面,"商业上使用"指将商标用于商业中所提供的服务,当商标在销售或广告过程中使用或展示时,该服务是在商业中提供的,或者服务是在一个以上隶属美国的州或在美国和外国提供

---

[1] 李明德,闫文军,黄晖,等.欧盟知识产权法[M].北京:法律出版社,2010:483.

的，并且服务提供者从事与该服务相关的商业。①因此，我们认为在商标使用内涵的界定上，需要综合考虑以下三个层次。

我"要"用——具有真实使用商标的意图

所谓具有真实使用商标的意图，并不仅仅表现为口头或者书面的声明，更重要的是意图使用具有客观证据支撑，例如针对新产品意图使用的商标所作的VI设计手稿、新产品的研发和市场调研计划、新产品制造和投入市场证明等。

明确真实的商标使用意图主要在于防止和遏制商标囤积和商标抢注行为。例如，负责欧共体商标注册的内部市场协调局在"Galapagos"案件中具体阐述了恶意的认定。商标"Galapagos"于2002年11月8日由一家叫作Elcafe的咖啡公司获准注册，用于第30类的商品，2004年1月另一家咖啡生产商Procafe公司申请撤销此商标，并举证证明自己从1994年开始就已经把"Galapagos"用于其咖啡产品上，两家公司都位于厄瓜多尔，相隔不到3千米，且是同一个商业联合会的成员。Elcafe咖啡公司理应知晓Procafe公司在先使用"Galapagos"商标，并且Elcafe咖啡公司在其国内也申请了另外几个"Galapagos"商标却从未使用。另外，Procafe公司在1996年本地区的交易会上展览过争议商标，而Elcafe咖啡公司恰恰出席过本次交易会，因此Elcafe咖啡公司抢注他人商标当属无疑。②

在我国，恶意抢注和囤积商标的行为也颇为猖獗。无论从宏观层面维护商标管理秩序的角度，还是从市场层面保证商标资源充分利用、市场竞争公平正义的角度，对毫无使用意图的商标应有一定的规置措施。基于此，现行《商标法》第四条中增加了"不以使用为目的的恶意商标注册申请，应当予以驳回"的规定，其立法意图在于规制"不以使用为目的"的恶意申请、囤积注册等行为和增强注册人的使用义务，也是为了从源头上制止这类恶意行为，让商标申请注册回归"使用"。对于真正从事市场经营的企业来说，商标的使用意图更需要从使用证据中体现出来。

---

① 张德芬.商标使用界定标准的重构[J].知识产权，2012（3）：13.
② 张德芬.商标使用界定标准的重构[J].知识产权，2012（3）：12-13.

我要"用"——将商标商业性使用、公开使用

弄清这一点,要先理解什么是"商业性使用"和"公开使用"。

将商标运用到商业行为中即构成商业性使用。在不需要商标的非开放环境中,商标存在不可能发挥其应有的功能,没有存在的必要。如同金钱,只有在消费的时候,才能体现其价值,永远不进入流通市场的银行账户上的"财富",仅仅是数字,是不具有实际意义的。

有观点认为,公开使用需要向不特定的大多数人公开,这未免过于严苛。例如,两家企业签订合同,合同上印有双方的商标,但是合同条款里涉及商业秘密的内容,当事人肯定不愿意向"不特定的大多数人"公开。但根据现行《商标法》规定,商标的使用是指将商标用于商品、商品包装或者容器以及商品交易文书上,或者将商标用于广告宣传、展览以及其他商业活动中,用于识别商品来源的行为。因此,印有商标的合同可以作为商标使用证据。因此,"公开使用"中的"公开"就应该是只要向商标权利人之外的任何人公开即可。当然,这"任何人"也是有限制的,如商标所有人的家庭成员、内部员工都不应当包含在内。所以无论是在商品服务交易文书上印制商标,在街头设置的广告牌上印制商标,还是通过电视广告宣传时附有商标,都属于对商标的公开使用,但是如果公司将商标模型放置在公司内部供员工参观则不属于商标的公开使用。

"我"要用——区分商品或者服务的来源

商标最开始出现是作为"打在牲畜身上的标记",所以识别功能是商标最基本的功能。商标的这种识别功能主要包含两个层次:一个层次是消费者可以通过商标来确定商品或服务是否由特定的经营者提供,另一个层次是消费者通过商标将特定经营者提供的商品或服务与他人的商品或服务区别开来。[1]所以要使商标具有现行《商标法》上的意义作用就要发挥区分商品或者服务的来源的功能,这也是商标使用界定的第三层内涵。

现实中有很多另类商标,让人看后忍俊不禁,如"康帅傅""乐哈哈"等,这些商标也在使用,但却是以混淆为目的而非以区分为目的,这是一种典型的"搭便车"的行为,所以不属于典型意义上的商标使用行为。

---

[1] 郑其斌.论商标权的本质[M].北京:人民法院出版社,2009:4.

满足外在

通过前述介绍，大家已对商标使用有了一定的了解，但肯定对具体的使用形式还存有一定的疑问。那么商标到底应该怎么使用呢？虽然现行《商标法》及其实施条例对这一问题规定得比较抽象、比较分散，但《商标审查审理指南》（2021版）却有具体规定。若商标按照商品与服务来划分，有商品商标与服务商标之分，二者的使用也存有一定的区别。

商品商标的使用形式

- 采取直接贴附、刻印、烙印或者编织等方式将商标附着在商品、商品包装、容器、标签等上，或者使用在商品附加标牌、商品说明书、介绍手册、价目表等上，如矿泉水包装上使用商标。
- 商标使用在与商品销售有联系的交易文书上，包括使用在商品销售合同、发票、票据、收据、商品进出口检验检疫证明、报关单据、电子商务经营的交易单据或交易记录等上，如在合同文书上使用商标。
- 商标使用在广播、电视、互联网等媒体上，或者在公开发行的出版物中发布，以及以广告牌、邮寄广告或者其他广告方式为商标或者使用商标的商品进行的广告宣传。
- 商标在展览会、博览会上使用，包括但不限于在展会印刷品及其他资料、工牌、指示牌和背景牌等处用于指示商品或服务来源的使用，如参加展会在展台前使用印有商标的展架、易拉宝等。
- 商标使用体现在国家机关、检测或鉴定机构及行业组织所出具的法律文书、证明文书上。
- 其他符合法律规定的商标使用形式，如企业官方网站中使用商标。

服务商标的使用形式

- 商标直接使用于服务场所，包括使用于服务的介绍手册、服务场所招牌、店堂装饰、工作人员服饰、招贴、菜单、价目表、奖券、办公文具、信笺以及其他与指定服务相关的用品上。
- 商标使用于与服务有联系的文件资料上，如发票、汇款单据、提供服务协议、维修维护证明、电子商务经营的交易单据或者交易记录等。

- 商标使用在广播、电视、互联网等媒体上，或者在公开发行的出版物中发布，以及以广告牌、邮寄广告或者其他广告方式为商标或者使用商标的服务进行的广告宣传。
- 商标在展览会、博览会上使用，包括但不限于在展会印刷品及其他资料、工牌、指示牌和背景牌等处用于指示商品或服务来源的使用。
- 商标使用体现在国家机关、检测或鉴定机构及行业组织所出具的法律文书、证明文书上。
- 其他符合法律规定的商标使用形式。

服务商标的使用实例与商品商标几乎相同，在此不再一一举例。

声音商标的使用

声音商标是在2013年《商标法》第三次修正以后纳入可注册申请的范围。作为商标的一种，无论声音商标是用于商品还是服务上，其使用的基本形式和商品商标、服务商标是一致的。不过由于声音商标的特殊性，有必要在此单独介绍。声音商标是指由用以区别商品或服务来源的声音本身构成的商标。声音商标可以由音乐性质的声音构成，例如一段乐曲；可以由非音乐性质的声音构成，例如自然界的声音、人或动物的声音；也可以由音乐性质与非音乐性质兼有的声音构成。①

常见的声音商标一般是一支很短的独特曲调或旋律，主要被安置在广告的开头或结尾，通常会通过声音与可视标志的结合使用来增强品牌的辨识度。成功的典型例子如英特尔芯片广告、诺基亚开机短乐、摩托罗拉的"Hello Moto"等，都在消费者脑海中形成了独特的画面，将这些旋律与它们的所属商家建立了唯一联系。在声音商标的注册申请未合法化前，在我国最具声音商标潜质的就是小霸王游戏机采用的著名播音员李扬所说的"哈哈，小霸王其乐无穷"。我国首例被核准的声音商标是"中国国际广播电台广播节目开始曲"。

除上述广告形式外，现在声音商标多经由手机、自动柜员机（ATM）、笔记本电脑、掌上电脑以及其他不计其数的音频设备使其增进用户体验、容易体会其想法，商标所有者还可以通过声音商标表达某种思想。

---

① 《商标审查审理指南》（2021版）。

还有一种形式的声音商标是以流行音乐歌曲随声附和一个公司口号，表达公司独特的销售特色或品牌价值（而不是直接推销品牌或商品）。典型例子就是麦当劳餐厅广告主题曲"吧吧吧吧吧……我就喜欢"。

值得注意的是，在一般情况下，声音商标缺乏固有显著性，需要通过长期或广泛的使用，与申请主体产生稳定联系，具备区分商品或服务来源的功能，才能取得显著特征。①

重视功用

通过商标使用赋予商标以生命和意义，商标权利人对商标享有的各项权利中最为重要的部分就在于对商标的"使用"。保护注册商标专用权的要旨在于保护实际使用的商标所标志的商品之间的竞争。商标作用得以发挥，商标权利人的实际利益得以享有，商标注册制度的社会效果得以实现，都依赖于商标的使用，脱离了商标使用，无论是对消费者还是对生产者，商标二字都变得毫无意义。同时，长期未使用的商标载满商标登记簿，也会妨碍正常的社会经济秩序。②简单讲，商标权的保护就是保护商标的实际使用。商标权利人都希望通过商标将自己的商品或服务与他人的商品或服务区分开来，使自己商标所代表的商品或服务占据更大的消费市场，吸引更多的消费者，以实现商标价值。商标权虽具有一般物权中所有权的占有、使用、收益和处分的基本权能，但商标权又有别于所有权，其核心是使用，商标权利人享有在核定使用的商品或服务上使用核准注册的商标的排他性权利，这是最为核心和基本的权利。

商标的使用是商标发挥效能的核心，按照法律规定，规范地使用商标对商标权保护意义重大，影响着商标管理的各个方面。

商标确权实现

商标的实际使用是商标权产生的基础，商标作为区分商品或服务来源的标志，与市场交易活动紧密相连，离开商业性行为的任何标志都谈不上是商标。因此，一个标志要在市场交易环境下得到法律保护，就必须在市

---

① 《商标审查审理指南》（2021版）。
② 李永明.知识产权法[M].2版.杭州：浙江大学出版社，2003：557.

场上实际使用。

目前全球主要包括两种不同的商标确权原则，即注册主义和使用主义，或者称为使用取得和注册取得。使用取得在历史上曾经是商标权产生的唯一途径，这也是由商标的功能所决定的。但是由于使用主义存有"如何让别人知道""善意使用难以查清事实"等方面的缺点，加之商标权排他性的要求，注册主义慢慢兴起。现如今只有极少数的英美法系国家仍采用使用主义，美国就是其中的典型代表。二者对于获得商标专用权时商标的使用与否的要求不同。注册主义不要求申请注册时商标必须有实际使用证据，而使用主义则要求商标已经实际使用，或是未来打算使用。以美国为例，商品类的商标，如申请人仅提供了广告宣传类的使用证据，则不能算是使用。

此外，现行《商标法》第三十一条规定："……同一天申请的，初步审定并公告使用在先的商标，驳回其他人的申请，不予公告。"所以说，规范使用能够影响商标确权，且对一个企业的全球化商标权战略布局具有重大意义。

商标权利维持

世界上大多数国家目前采用的都是注册主义，即并不将提供商标实际使用证据作为授予商标专用权的必要条件。但是在授予商标专用权以后，则开始对商标的使用有所要求，否则便将撤销商标专用权。例如，我国现行《商标法》实行注册商标成为其核定使用的商品的通用名称或者没有正当理由连续3年不使用的，任何单位或者个人可以向商标局申请撤销该注册商标。采用使用主义的国家也有这样的制度，要求商标在注册后有实际使用而非象征性的使用，例如，有部分国家要求商标权利人在获得商标专用权几年后的某个时间节点提供商标实际使用证据以维持商标专用权。

驰名商标认定

根据《巴黎公约》，各个成员国都应给予驰名商标特别的保护，而在驰名商标的认定中，商标的使用是最为关键的认定标准，也是决定某商标是否能构成驰名商标的认定标准。现行《商标法》第十四条规定的认定驰名商标的标准包括：相关公众对该商标的知晓程度，该商标使用的持续时间，该商标的任何宣传工作的持续时间、程度和地理范围等。

商标侵权认定

侵犯商标权的行为往往正是由于非法使用他人商标，或者是干涉、妨碍商标权利人使用其注册商标而造成的，因此商标维权与商标使用也是息息相关的。在认定商标侵权行为的时候需要结合侵权人对于商标使用的情况进行判定。

商标权利维护

现行《商标法》规定注册商标专用权以核准注册的商标和核定使用的商品或服务为限。商标权利人如果需要在同类其他商品或服务上使用注册商标，或者跨类别使用注册商标，必须在申请注册时一并提出申请或者另行提出注册申请。注册商标必须按照核准注册的状态使用，否则很可能无法获得商标专用权的保护，甚至有侵权的风险。如果后期需要改变商标的文字、图形或者其他要素的，需要重新进行申请注册。

真枪实弹

如虎添翼

商标设计完成即提交注册申请，核准注册后再行使用是比较合理的发展过程。但是在商品管理实务中，很多商标在提交注册时，已经投入商业使用了，甚至已经具有一定的影响力和知名度。商标使用对商标确权有如虎添翼之效。此外，未注册商标通过使用建立一定的影响力和知名度后，还可以对其他商标的注册申请产生一定程度的排斥力。

注册取得商标权

注册取得商标权是指自然人、法人或其他组织将其使用或准备使用的商标，依照现行《商标法》规定的程序，向国家商标注册主管机构提出申请，经主管机构审查后获得商标专用权。通过注册制度获得商标权，有利于明确商标法律关系、稳定商标权利以及处理商标权纠纷。

在经济快速发展的时代，实施商标先行的战略，有利于企业抢占先机，开拓市场。对于市场而言，由于经济的发展，市场不再限定在一定的地理范围内，以实际使用为基础的商标权难以达到权利公示的效果，通过登记注册的方式可以保证商标权属更加明确、交易更加安全；对于国家而言，注册原则有利于加强商标管理、保证商品质量、维护消费者的利益，而且有利于各个国家在商标注册程序、保护范围等方面达成一致协议。当然，注册取得也存在一定的弊端，最大的问题莫过于容易忽略商标使用的重要性，导致发生商标抢注、商标囤积等现象。那么，商标使用对商标注册有什么影响呢？

（1）先用者的优先权

现行《商标法》第三十一条规定："两个或两个以上的商标注册申请人，在同一种商品或者类似商品上，以相同或者近似的商标申请注册的，初步审定并公告申请在先的商标；同一天申请的，初步审定并公告使用在先的商标，驳回其他人的申请，不予公告。"依据该条规定，如果两个或两个以上的商标申请人同时申请商标注册，那么商标专用权将授予使用在先的申请人，即先使用商标享有优先注册权。

经营者为将其商品或服务与其他经营者区分开来，在其商品或服务上使用商标，并将该商品或服务提供给市场上的消费者，其主动使用商标的行为不仅在客观上产生了一定的商业信誉，而且使相关消费者对其商品或服务有了一定的认知，这种创造性的劳动赋予了先使用商标优先获得注册的正当性。申请人在提供商标使用证据的时候要特别注意，使用商标的日期必须是在申请注册日之前且对申请商标的使用必须是在申请商标指定使用的商品或服务上，使用证据上的提供人应当与商标注册申请人名义一致。

（2）缺乏显著性特征标志的转折点

商标获得注册的一个必要条件就是商标应当具有显著特征。判断商标显著性的强弱一般是结合构成商标的各个要素综合判定，该商标是否具有鲜明的特色，是否可以区别同种或类似商品或服务，是否能够使一般消费者予以辨别不同的经营者。现行《商标法》第十一条规定，缺乏显著特征的标志"经过使用取得显著特征，并便于识别的，可以作为商标注册"。该规定明确了使用对于获得显著性的决定性作用。实践中，"两面针""田七""小肥羊"等商标均是通过长期使用而获得显著性并予以注册的典型案例。

使用取得商标权

使用取得商标权是指基于商标使用的事实而产生的商标权，即商标权的归属根据商标使用时间的先后来确定，最先使用某一商标的人即为该商标的所有人。[1]商标只有通过使用，参与市场流通，才能发挥商标应有的价值和功能。美国是采取"使用主义"的典型国家，首先要求必须是充分的使用而非象征性的使用，即商标的使用必须是商业活动中真实而有效的使用，让商标发挥其指示商品来源的作用；其次还必须要求商业上使用，必须把商品投放市场，使商标和消费者发生接触，同样要求商标发挥识别商品来源的作用。因此，企业在进行海外布局时，尤其要关注注册国的商标法律制度，如果是"使用主义"的国家，商标使用就更为必要。

当然，使用取得制度也有其自身的局限性，其主要问题在于使商标权具有不确定性，当企业计划将某项商品或服务推向市场时，难以确定自己意向使用的商标是否侵犯了他人在先使用获得的商标权，也难以确定自己选择并使用的商标是否符合《商标法》对显著性等的要求，对于企业而言，这无疑阻碍了企业做出正确的市场策略和品牌策略。

使用获得排他权

鉴于我国采取的是"注册原则"，在我国仅靠使用无法获得商标专用权，但已经使用且具有一定影响甚至知名度的未注册商标可以在一定范围内获得保护。[2]

---

[1] 嵇瑾.驰名商标若干法律问题研究[D].华东政法学院，2005.
[2] 王迁.知识产权法教程[M].2版.北京：中国人民大学出版社，2009：425.

【案例】阿里巴巴的反击

北京正普科技发展有限公司（简称"北京正普公司"）于2001年注册了第1583629号"阿里巴巴alibaba及图"商标，指定使用在第39类"递送、运输信息、船舶经纪、汽车运输、空中运输、车辆租赁、储藏信息、旅行预订、货运经纪、运输经纪"等服务项目上。阿里巴巴网络公司（简称"阿里巴巴公司"）认为北京正普公司是以不正当手段抢先注册了其已经使用并有一定影响的商标，向商评委申请撤销争议商标。

争议商标

商评委和法院均认定：在北京正普公司注册"阿里巴巴alibaba及图"商标之前，阿里巴巴公司已经通过同名网站向公众提供相同服务，并且已经具有了相当的知名度。北京正普公司将阿里巴巴公司在先的域名主要部分或网络名称"阿里巴巴"及"alibaba"在相同或类似服务上注册为商标具有恶意，导致相关公众对不同的计算机网络服务来源产生混淆和误认，损害了阿里巴巴公司的在先权益，其主观上具有恶意。因此，北京正普公司的行为已经构成《商标法》第三十二条所禁止的"以不正当手段抢先注册他人已经使用并有一定影响的商标"，最后法院撤销了争议商标在"运输信息、货运经纪、运输经纪、船舶经纪、储藏信息、旅行预订"服务项目上的注册。①

（1）"有一定影响"的合理避让

现行《商标法》第三十二条规定："申请商标注册不得损害他人现有的在先权利，也不得以不正当手段抢先注册他人已经使用并有一定影响的商标。"这条规定中"他人已经使用并有一定影响的商标"其实是指未注册商标。未注册商标无法获得商标专用权的保护，但是为了避免抢注，也为了保护已经具有一定影响的未注册商标权利人的诚信经营，规定商标注册的时候应合理避让有一定影响的未注册商标。

（2）未注册商标也有强保护

未注册驰名商标是指"在中国为相关公众广为知晓并享有较高声誉的

---

① 王迁.知识产权法教程[M].2版.北京：中国人民大学出版社，2009：425.

未注册商标"。未注册驰名商标属于有一定影响的未注册商标范畴，但是由于其"驰名"的事实，各国一般都会给予特殊保护。而在驰名商标的认定上，商标使用起着至关重要的作用。现行《商标法》对于驰名商标的保护体现在第十三条第二款："就相同或者类似商品申请注册的商标是复制、摹仿或者翻译他人未在中国注册的驰名商标，容易导致混淆的，不予注册并禁止使用"，以及第四十五条关于无效宣告程序中"对恶意注册的，驰名商标所有人不受五年的时间限制"，这实际上就是对未注册驰名商标提供类似于注册商标专用权的保护。

现行《商标法》第十四条规定，认定驰名商标应当考虑下列因素：

- 相关公众对该商标的知晓程度。
- 该商标使用的持续时间。
- 该商标的任何宣传工作的持续时间、程度和地理范围。
- 该商标作为驰名商标受保护的记录。
- 该商标驰名的其他因素。

上述要素都与商标使用有着直接的联系，因为只有通过商标的实际使用才能被相关公众知晓，才能积累较高的声誉。

【案例】未注册也有"理"

厦门惠尔康食品有限公司（简称"惠尔康公司"）创建于1992年年底，是一家在食品行业具有很高知名度的企业，"惠尔康"为其字号，在饮料、八宝粥食品上长期使用"惠尔康"商标，但并未注册。

福州维他龙营养食品有限公司（简称"维他龙公司"）于1997年8月20日，在第32类服务项目上申请注册第1267138号"惠爾康"商标（以下称"争议商标"），指定使用商品为第32类的汽水等非酒精饮料产品上。

| 惠尔康公司使用的商标 | 维他龙公司被撤销的商标 |

> 惠尔康公司主张其在饮料、八宝粥食品上长期使用的"惠尔康"商标是中国驰名商标,认为维他龙公司注册争议商标侵害了其合法权利,要求撤销维他龙公司的第1267138号"惠爾康"商标。
>
> 商评委经审理认为,维他龙公司明知"惠爾康"是申请人的字号、在先使用于饮料等商品并享有较高知名度的商标,却采用抄袭、复制等不正当手段在类似商品上进行注册,其主观上具有明显的进行不正当竞争、牟取非法利益的恶意,其行为既损害了申请人就其驰名商标、字号所享有的权利,也容易造成消费者对商品产源的混淆误认,最终裁定惠尔康公司对维他龙公司注册的第1267138号"惠爾康"商标所提撤销理由成立,该商标予以撤销。

坚如磐石

商标使用是对抗商标撤销制度的有力武器,唯有合法合规的商标使用行为才能保证商标权利坚如磐石。

商标撤销是指"由于商标注册人违反商标法关于商标使用的规定,或因已注册商标违反禁用条款或采取不正当手段或因争议理由成立,而导致商标主管部门终止其商标权而采取的强制行政手段"。[①]因为使用问题引起的商标撤销主要有两种:一种是因商标不使用而撤销注册,另一种是因使用不当而撤销注册。

"不使用"的徒劳无功

因不使用而撤销,是指注册商标没有正当理由连续三年不使用的,任何单位或者个人可以向商标局申请撤销该注册商标。该制度实际上体现了诚实信用原则,如果权利人在一定的期限内不积极行使自己的权利,而法律仍然继续予以保护的话,就会妨碍其他经营者使用该商标,不利于市场竞争,难免显失公平。如果商标权利人占有商标但长期不使用,就会造成资源的浪费,撤销制度让其他经营者有机会通过撤销进而取得被撤销商标权,不但盘活闲置商标资产,还有利于经济的发展。

---

① 吴劭萍.浅析我国注册商标的注销与撤销制度[J].法制与社会,2009(8):40-41.

【案例】合法商标的非正常"死亡"

第1240054号"大桥DAQIAO及图"商标（以下称"复审商标"）于1999年1月21日获准注册，商标权利人为金连琴，核定使用在第19类胶合板、非金属建筑物涂料等商品上。2005年11月16日，杭州油漆公司以该商标连续三年停止使用为由，申请商标局撤销复审商标在"非金属建筑物涂料"商品上的注册。

商标局认为金连琴提交的使用证据有效，维持了该商标的注册。杭州油漆公司申请复审，商评委同样维持复审商标的注册。杭州油漆公司不服商评委的决定并起诉。

复审商标

经过两级法院审理，法院认定，在三年期间，使用复审商标的商品销售额仅为1800元，期间也仅有一次广告行为投放于在全国发行量并不大的《湖州日报》上，且上述广告行为与使用复审商标的商品销售行为均发生在杭州油漆公司主张复审商标未使用的三年期间后期。故法院认定复审商标的上述使用系出于规避"撤三"规定以维持其注册效力为目的的象征性使用行为，而不是出于真实商业目的使用，最终维持了原审的撤销判决。

"不当使用"的竹篮打水

现行《商标法》第四十九条第一款规定："商标注册人在使用注册商标的过程中，自行改变注册商标、注册人名义、地址或其他注册事项的，由地方工商行政管理部门责令限期改正；期满不改正的，由商标局撤销其注册商标。"

（1）改头换面需谨慎

自行改变注册商标的使用涉及商标本身，是指所有人在形式上改变注册商标核准使用的标志。改变注册商标显著性部分的使用一般不视为规范商标使用，对商标主体部分进行较大或者根本性改变后，该商标就成为一个新的商标，原商标可能会由于未实际使用而面临被撤销的危险。

（2）更名改姓不由己

变更名址涉及商标的主体，是指商标所有人自行改变商标注册人名义、地址或其他注册事项。企业注册商标后，如果进行了名义或地址变更，商标局的档案并不会自动改变，仍然是以变更前的名义进行登记的，这将会导致商标名实不符，影响商标受让人的诉讼资格，在发生侵权时，会发生权利行使的障碍。

（3）用进废退的"显著性"

商标退化是指由于商标使用不当，商标演变为商品的通用名称从而失去识别功能。"当某一类商品没有统一的通用名称或通用名称不为一般用户所熟知时，一个新商品的商标或此类商品中的驰名或知名的商标就可能被用来直接指代此类商品，逐渐成为该类商品的通用名称，从而丧失了其原本具有的显著性。"[1]

防止商标退化为通用名称就要避免商标的不当使用，首先，应当区分使用商品名称与商标，设计时选择显著性较强的商标。在宣传商标的同时也要说明商品的通用名称。其次，在使用商标时，要注意突出商标的注册标记，明确标志为商业标志的事实。最后，要注意保存商标使用证据，如商品的销售情况、商标的广告情况以及最早使用商标的证明等。

【案例】"拍客"之败

新浪拍客是摄影、摄像爱好者分享作品的平台，但是"拍客"二字却曾经为新浪惹来了官司。

李叶飞、韩燕明于2007年9月7日获得了商标局批准注册的第9类第4441141号"拍客"商标专用权，商标专有权内容包括计算机软件等相关类别。从2012年年底开始，新浪公司在其运营的新浪网（www.sina.com.cn）、新浪微博（www.weibo.com）上推出拍客客户端、拍客小助手等程序软件，这些软件可以在新浪网、新浪微博上

---

[1] 梁勇.防止商标被淡化为商品的通用名称[J].中华商标，2010（3）：41-42.

点击下载，也可以将这些软件安装到用户使用的智能手机上，并与新浪微博直接互通。两人认为，新浪的行为侵犯了其享有的商标专有权，要求新浪停止侵权，并赔偿损失300万元。

新浪称，"拍客"为广泛使用的通用词汇，新浪公司系合理使用。"拍客"是对特定人群和行为的描述性词汇，是指在互联网时代下，将自己拍摄的图片或视频上传至网络平台与他人共享的一群人，也指他们的这种行为方式。在2005年就已经有拍客网等网站出现，还有公司推出了"拍客"服务，2006年优酷网等各大网站就使用了拍客这样的词汇。该词汇本身已进入公共领域，原告无权垄断该词，禁止他人的合理使用。

法院认为，也许原告在注册"拍客"一词时，该词汇有一定的显著性，但是该词汇并非原告独创，而是网民智慧的结晶，由于网民普遍使用该词汇，导致该词汇商标显著性明显减弱，可以认定"拍客"已经成为通用词汇，他人在通用范围内使用"拍客"词汇，而不是作为商标使用，不造成相关公众混淆，就不应认定为侵犯商标权。

引证商标

丈尺衡量

商标使用对于商标侵权判定同样具有重要的作用。"对于诉讼中的原告而言，如果没有商标意义上的使用，没有商标建立起来的特定商品或服务与其提供者之间的特定联系，也就根本没有了混淆的对象和客体；对于诉讼中的被告而言，没有商标意义上的使用，也就没有了被控侵权行为，自然也就不会构成侵犯他人注册商标专用权行为。"[①]

侵权判定的题中之义

根据我国商标相关法律规定，商标侵权行为主要包括使用侵权、销售侵权、标志侵权、反向假冒以及将商标作为其他商业性标志使用、为

[①] 周波.商标法意义上的使用：侵犯商标权行为相关法律问题研讨会论文[C]. 2010：24.

商标侵权行为提供便利条件、将商标作为企业名称使用、将商标作为域名注册等。

无论是哪一种商标侵权行为，"商标意义上的使用"都是构成商标侵权的题中之义。商标意义上的使用是从商标所具有的区别商品或服务的本质功能出发的，是现行《商标法》所保护的"联系"的集中体现。另外，需要区分商标使用在混淆性侵权和淡化侵权中的不同作用，在混淆性侵权中确立商标使用的要件，与商标相同或近似、商品相同或类似并列作为判定商标侵权的要件，以体现现行《商标法》对商标最根本的标示来源功能的保护；在淡化侵权中可以采取广义的商标使用含义，不以"作为商标使用"为要件，以保护商标的广告功能、销售功能及表彰功能等派生功能。

保护范围的弹性变化

（1）有效使用可"开疆拓土"

注册商标的显著程度和市场知名度是由该商标的使用状况来决定的，商标使用范围越广、时间越久、宣传力度越大，其公众知晓程度就越高，商标的保护范围和强度就越大。在司法实践中，《最高人民法院印发〈关于当前经济形势下知识产权审判服务大局若干问题的意见〉的通知》（法发〔2009〕23号）中指出，"认定商品类似和商标近似要考虑请求保护的注册商标的显著程度和市场知名度，对于显著性越强和市场知名度越高的注册商标，给予其范围越宽和强度越大的保护，以激励市场竞争的优胜者，净化市场环境，遏制不正当搭车、模仿行为"。有效的使用，即真实使用、连续使用、依法使用、突出恰当灵活使用以及在商业中公开使用。

（2）不当使用致"偃旗息鼓"

与商标的有效使用相对应的，就是商标的不当使用或者不使用，指的是降低注册商标显著性或知名度的使用，或者持续不使用达到法定期限。商标的价值在于使用，不当使用无法积累商标的价值，反而会削弱商标区分商品或服务的功能，在认定侵权行为时，应当考虑商标的使用情况，对商标权给予有限的保护。"商标的基本功能在于识别商品或服务来源，通过使用产生该商标符号和其他对应的商品或服务联系，如果不使用，商标的功能无从发挥，未投放市场，消费者无从知晓，也不会造成混淆，损害结果无从发生。"①因此，无论是商标的不当使用还是商标的不使用，其商标权的保护范围均会缩小，在该注册商标未被撤销之前，如果发生侵权行为，民事责任承担的主要方式为停止侵权行为；在确定赔偿责任时，要考虑商标未实际使用的事实，如果该注册商标已经满足连续三年停止使用的情形，则不得请求赔偿损害。

综上所述，在商标侵权中，应当明确将商标使用作为判定商标侵权的考量因素，强商标强保护，弱商标弱保护，即有效的商标使用可以扩大商标权的保护范围，而不合理的商标使用会缩小商标权的保护范围。

---

① 王莲峰.论企业商标使用与保护策略：从宝洁公司诉强生案看商标的实际使用[M]//吴汉东.企业知识产权年刊（2011年号）.北京：北京大学出版社，2012.

2016年4月20日,备受瞩目的微信商标案迎来终审判决。北京市高级人民法院认为,创博亚太科技(山东)有限公司(简称"创博亚太公司")申请的"微信"商标缺乏显著特性,且提交的证据不足以证明该商标经过使用已经与创博亚太公司建立起稳定的关联关系,从而使被异议商标起到区分服务来源的识别作用,因此,该商标不应予以核准。

即便创博亚太公司的"微信"商标在先注册并无恶意,而腾讯公司的"微信"产品受众广泛,但"公共利益说"依旧站不住脚,创博亚太公司终究还是败在了证据不足之上。

这说明了一个最简单的道理——"打官司就是打证据"。

第五章

凿凿有据——证据管理

提及证据，似乎是一个既近且远的词儿。说它近，是因为我们对证据的关注自古就有，从"铁证如山""无征不信""有案可稽""凿凿有据"等成语即可证明，最典型的就是"捉贼捉赃"这样的俚语。即便是市井民众，遭人指责之后，也常常不甘示弱地反问一句"你有证据吗"？可见民众朴素的证据意识是一直存在的。但不可否认的是，这种意识基本是浅表的，真正充分了解和准确使用证据，其实还是一个难度颇大的专业问题。这就是为什么"证据"又离我们很远。

按照法律释义，证据是指证明案件事实的材料。这说明了"证据"的法律属性，也揭示了证据的生存环境，即"案件"。简单来讲，证据是用来还原事件本来面目的客观证明，利于裁判者对过去发生的事件进行评判。因为已发生事件的不可重现，裁判者只能从证据反映的蛛丝马迹来推断事件本身，认可证据能够证实的"事实"，即便这种"事实"与真实情况存在差异甚至截然不同。简言之，打官司就是打证据。

在现实生活中，刑事案件和频发的民事案件（如债务纠纷、侵权纠纷等）可能更容易唤起大家对证据的关注，毕竟刑事案件性质严重、频发的民事案件与生活息息相关。但在其他领域，民众的证据意识可能会比较薄弱，甚至并无证据意识，如商标使用的证据。

在任何行动之前，方向正确是首要条件。我们在讨论管理商标使用证据之前，了解商标证据的要求和目标是第一步。

形象素描

我们简单地把"商标使用证据"拆分成"商标使用"和"证据"两个词，按照这两个词的要求即可素描出商标使用证据的样貌。

你了解证据吗？

证据材料要构成证据必须满足"三性"，即真实性、合法性、关联性，商标证据同样适用。

证据真实性，要求证据是客观真实的，不是想象的、伪造的、虚构的。有个别企业在商标案件中提交伪造的商标使用的票据，后来东窗事发，伪造的商标证据当然不能作为定案的依据，结局必然是败诉，但这种情况毕竟是少数。企业的商标使用证据在"真实性"上常常出现的问题是能否证明使用行为的真实客观。例如，企业在商标案件中提供的交易文书的复印件因不能提供原件进行核对，交易行为的真实性不能证实，该证据就可能不被认可，从而不能作为支持诉讼请求的依据。

证据合法性，指证据的形式、收集的方法要符合法律的要求，证据材料转化为证据必须经过法律规定的程序。证据形式的合法性，是指除当事人陈述、书证、物证、视听资料、电子数据、证人证言、鉴定意见、勘验笔录八种现行《中华人民共和国民事诉讼法》规定之外的证据形式在案件中不被认可。收集证据的合法性，是指取证方法和程序要合法，损害他人合法权益或违反法律规定收集的证据要作为非法证据排除，例如通过威胁、恐吓或侵害他人隐私的方式获取的商标证据都是非法证据。证据材料转化为证据的合法性，指证据材料要成为证据必须经过法律规定的程序，例如在商标案件中，商标证据材料需经过质证，还要经过法庭的审核和认定才能成为证据。

证据关联性，是指证据与证明对象之间具有的某种内在的联系。相比前两个证据特性，关联性才是证据的根本属性。商标案件当事人向商标管理部门或法院提交的证据材料，唯有与案件待证明事实相关，才有可能被采纳为证据，从而对案件产生积极影响，但因关联性不能满足导致证据无效或弱效的情形在实务中非常常见。例如，2015年在再审申请人宁波市青华漆业有限公司与被申请人国家工商行政管理总局商标评审委员会、一审第三人上海市方达（北京）律师事务所商标撤销复审行政纠纷案中，最高人民法院认为，在注册商标连续三年停止使用予以撤销制度中，复审商标的使用行为应以核定使用的商品为限。这其实就是关于关联性的一个具体要求，即商标使用行为必须是与核定使用的商品有关联的，因此产生的证据材料才能作为证据被认定。

你了解商标使用行为吗?

发生商标案件时,常有这样的对话:

律师:这些材料都不行,不是商标使用的证据。

企业:这怎么就不是证据了呢?那我的商标确实使用了啊。

商标使用证据来源于商标使用行为,但必须是符合法律规定的商标使用功能行为。

"商标使用"的定义在现行《商标法》中进行了规定,即"本法所称商标的使用,是指将商标用于商品、商品包装或者容器以及商品交易文书上,或者将商标用于广告宣传、展览以及其他商业活动中,用于识别商品来源的行为"。即便该表述已经较为清晰,但对于企业的商标管理者来讲,这仍是非常宽泛和概括的。

商标的使用必须是"商标法意义上的使用"。商标法意义上的使用,其实强调的是商标区别产源的本质属性。倘若使用商标的行为并不能起到识别商品或服务来源的作用,那么针对该商标的使用,就不能被认为是"商标法意义上的使用"行为,因使用行为产生的证据也不能被认定为是该商标的使用证据,就不能有效地适用在各类商标案件之中。

在一个正常运营的企业,商标使用行为每天都在高频次发生,但这种使用却并不一定构成商标法意义上的使用。我们来看两个具体示例。

定牌加工行为属于商标法意义上的商标使用行为吗?

定牌加工,即OEM(Original Equipment Manufacturer),俗称代工(生产),一般指国内加工方接受境外委托方的委托,按境外委托方指定的商标生产产品,并将产品全部交付境外委托方由其在境外销售,境外委托方向境内加工方支付加工费的一种贸易方式。[1]"商标的基本功能在于商标的识别性,即区别不同商品或服务的来源,因此商标只有在商品的流通环节中才能发挥其功能。"[2]在定牌加工活动中,商标并没有在我国境内进入流通环节,没有真正的商业交易行为产生,商标使用在商品上也并

---

[1] 最高人民法院(2014)民提字第38号判决书。
[2] 最高人民法院(2012)行提字第2号判决书。

没有"用于识别商品来源"。因此,定牌加工人受委托生产加工并提供贴附指定商标的商品的行为不能认定为商标法意义上的使用行为。

【案例】漂洋过海的注册商标到底能不能使用?

莱斯防盗产品国际有限公司(简称"莱斯公司")是第3071808号"PRETUL及椭圆图形"注册商标的权利人,2010年至2011年间,莱斯公司获悉亚环公司有两批次使用了"PRETUL"商标的挂锁正通过宁波海关出口至墨西哥,申请宁波海关对上述侵权产品采取扣留措施。莱斯公司认为亚环公司未经许可擅自生产销售带有"PRETUL"商标挂锁的行为,侵害了莱斯公司的商标专用权,故向浙江省宁波市中级人民法院起诉。亚环公司辩称,储伯公司系墨西哥"PRETUL"或"PRETUL及椭圆图形"注册商标权利人(第6类、第8类)。亚环公司受储伯公司委托,按照其要求生产挂锁,在挂锁上使用"PRETUL"相关标志并全部出口至墨西哥,其行为不构成商标使用。

一审法院和二审法院均认为,亚环公司在其加工的挂锁锁体、钥匙及所附的产品说明书上标注"PRETUL"商标,在挂锁包装盒上标注"PRETUL及椭圆图形"商标

涉案商标

的定牌加工行为,属于商标法意义上的商标使用行为,构成商标侵权。后最高人民法院(简称"最高院")进行了再审。

最高院再审判决认为,储伯公司系墨西哥"PRETUL"文字或"PRETUL及椭圆图形"注册商标注册人。亚环公司受储伯公司委托生产的使用"PRETUL"相关标志的挂锁全部出口至墨西哥,并不在中国市场上销售。这个标志不会在中国境内发挥商标的识别功能,不会对商品的来源产生混淆和误认的可能。因此,亚环公司在委托加工产品上贴附的标志,既不具有区分所加工商品来源的意义,也不能实现识别该商品来源的功能,不具有商标的属性,定牌加工行为不能被认定为商标意义上的使用行为。

符合商业惯例性质的叙述性使用属于商标法意义上的商标使用行为吗?

现行《商标法》第五十九条第一款规定,注册商标中含有的本商品的通用名称、图形、型号,或者直接表示商品的质量、主要原料、功能、用途、重量、数量及其他特点,或者含有的地名,注册商标专用权人无权禁止他人正当使用。依据该条规定,与注册商标相同或近似的文字直接表述商品或服务特点,即叙述性使用,不属于商标法意义上的使用,不构成商标侵权。因叙述性使用是仅用于说明商品或服务的特点的使用,其目的在于"说明",而非"区分",不会造成与注册商标的混淆,也不会从根本上损害注册商标权利人的商标指示功能。

【案例】功夫熊猫之争

2007年11月1日,陕西茂志影视有限公司(简称"茂志公司")向商标局申请在第41类"电影制作"等服务上注册"功夫熊猫"图文组合商标,2010年6月28日获得核准(2016年已失效)。2011年,茂志公司发现由梦工场公司制作、派拉蒙公司发行的动画片《KUNG FU PANDA 2》即将在中华人民共和国大陆地区以《功夫熊猫2》的名称公映。茂志公司认为梦工场公司和派拉蒙公司的上述行为属于在相类似的服务上使用了与茂志公司涉案注册商标相近似的标志,构成对其涉案注册商标专用权的侵害,遂向北京市第二中级人民法院(简称"北京市二中院")起诉。

涉案商标

北京市二中院认为,"功夫熊猫"作为该部电影作品的组成部分,系用以概括说明电影内容的表达主题,本身具有叙述性,而并非用以区分电影的来源,即电影的制作主体。电影名称不能起到商标所具有的区分服务来源的功能。因此,在涉案被诉电影及宣传材料中使用"功夫熊猫"作为电影名称并非商标性的使用,驳回了茂志公司的诉讼请求。茂志公司向北京市高级人民法院(简称"北京高院")提起上诉,北京高院维持了原审判决。

望闻问切

商标证据管理的不完善在我国企业的商标工作中呈现了普遍化的态势,不完善之处各有差异,但有的企业深感困扰,有的企业却并未察觉。如果不发生商标案件,商标证据确实很难体现"存在感"。一旦商标案件出现,就是商标证据大展拳脚的时机。商标证据在商标案件中一旦不能正常发挥作用,便可能引发一系列的不利后果,这些后果的表象是商标无法确权、商标权利灭失等法律问题,但更深层次的,却是因为商标的法律屏障无法建立导致品牌、经营等方面出现商业问题,间接影响了企业的利益诉求。如果"寻医问诊"一番,大多数企业在商标证据管理中的各种疑难杂症,病根儿都在哪儿呢?

微,但可关大局

在与企业打交道的过程中,我们发现,绝大多数企业的商标证据都没有系统化地进行管理,其中甚至包括一些商标管理较为有序和先进的企业。企业对一件事关注有限,潜台词是觉得它"不够重要"。

首先,商标管理在企业管理中的地位是"弱势"甚至"边缘"的,无论是在人力、预算等资源配置的具体层面,还是在企业战略规划等宏观层面,商标事务很难成为企业高层重视的"一把手工程"。商标管理都处于这种境地,企业对于仅构成商标管理工作一部分的商标证据管理的态度自然可想而知。如果商标证据管理没有企业高层统筹自上而下的整体推动,证据意识很难充分渗透至企业各个阶层,商标的证据管理工作的推进必然困难重重。

其次,商标证据与商标案件密不可分,商标证据的作用只能通过商标案件来体现。商标案件牵涉的利益对企业越重大,越能凸显商标证据的重要性。但客观地讲,并不是每个企业都会遭遇商标案件,如果未发生或发生少许商标案件,商标证据的重要作用未必能够充分体现从而唤起企业对商标证据的深度关注,甚至商标证据管理有可能不包括在商标的日常管理工作当中。因此,越是商标案件频发,尤其是发生过重要商标案件的企业越有可能充分认可商标证据的重要性,而商标案件少发的企业的商标证据意识整体上略显不足。

打虎还需亲兄弟

商标证据往往涉及权利主体(综合部门)、营销(宣传部门)、销售(一线单位)、合同(签署部门)、发票(财务部门)、权利证明(法务部门),来源于多部门、多方式的商标使用行为,所以,商标证据管理绝不是依靠商标管理部门一己之力即可解决的问题,需要多部门协同配合才能实现。

但现实情况是,很多企业各部门之间与商标证据相关的业务协作效果并不理想。最普遍的情况是企业发生商标案件后,商标管理部门向业务部门收集商标使用的证据,或是证据收集不上来,或是收集到的证据寥寥无几,或是业务部门反馈迟滞影响了案件处理的进度等,商标管理部门与业务部门之间的工作交互不畅可能致使商标证据在案件中的支撑力度有限,从而可能对案件结果产生消极影响。

究其原因,有两个方面的原因可能是常见的。

原因一在于"分身乏术"。法务部之外的其他部门员工专注于本职工作,尤其是证据产生的主要部门(如市场部门、销售部门等)业务繁忙,因客观原因在时间和精力上能给予证据管理的关注非常有限。

原因二似乎更加重要,在于"无章可循"。企业证据管理的工作内容、各个部门在商标证据管理工作中的工作职责、各部门之间工作交互的流程、证据管理的具体要求等问题没有具体明晰的规则指引。无规矩不成方圆,没有明晰的证据管理规则将致使多部门协作无法有效地落地实施。

强调多部门的协同配合,取决于商标证据管理的复杂性。高效准确管理企业商标证据最终必然指向体系化的商标证据管理模式,这就要求体系之内的相关主体在一定的规则之下各司其职,互为协助。毕竟,上阵父子兵,打虎亲兄弟。

韩信用兵之道

商标案件中证据数量包含两个含义,其一是有无,其二是多少。证据数量的多寡是决定商标案件成败的重要因素之一。如果商标证据能够"从无到有",那企业便可应对"撤三"案件。"撤三"案件证据的关键是"使用",只要通过商标证据能证明在一定时间内的实际使用行为,就能够稳固既有的商标权利。如果证据能够"从少到多",就能更好地证明商标的使用程度,即是否可以在商标与商品生产者或服务提供者之间建立起一一对应的关系,是否具有一定的知名度或达到驰名的程度等。

【案例】苹果公司四连败

2002年10月18日,苹果公司向商标局申请注册第3339849号"IPHONE"商标,核定使用在第9类计算机硬件等商品上。

2007年9月29日,新通天地公司向商标局提出注册第6304198号"IPHONE"商标申请,申请在第18类钱包等商品上。

商标局发布初审公告后,苹果公司在法定期限内提出异议。苹果公司主张,其"IPHONE"商标在第9类移动电话机商品上已经取得极高的知名度和显著性,理应被认定为驰名商标,获得跨类保护,要求不予核准新通天地第6304198号"IPHONE"商标的注册。

经过异议和异议复审,商标局、商评委均裁定被异议商标予以核准注册。

IPHONE   **IPHONE**

苹果公司的注册商标　　　　新通天地公司的申请商标

苹果公司不服复审裁定,向北京市第一中级人民法院(简称"北京一中院")提起行政诉讼。北京一中院经审理认为,苹果公司针对其"IPHONE"商标提交使用证据绝大多数形成于被异议商标申请日之后,且数量很少,故苹果公司提交的证据不足以证明其"IPHONE"商标于被异议商标申请前达到驰名程度,被异议商标的申请注册未违反2001年商标法的有关规定。故驳回苹果公司的诉讼请求。苹果公司不服一审判决,向北京市高级人民法院(简称"北京高院")提起上诉。北京高院驳回上诉维持原判。

后来,新通天地公司的"IPHONE"商标又经历了无效宣告以及诉讼的周折,最终在2020年4月被宣告商标无效,但当年苹果公司失败的经历也体现了"证据"的重要性。

需要重点关注的是部分企业的商标证据数量不充分，即证据的数量与商标注册人在商标案件中的权利主张不匹配，这种不充分可能会使得商标注册人要证明的问题难以得到足够的支撑，致使权利请求无法实现。例如，在撤销连续三年未使用案件中提供使用证据，也许十几份能够证明实际经营的证据即达到"充分"的程度；但如果是在商标异议案件中，商标注册人想通过证明注册商标达到驰名的程度从而实现跨类保护，阻却他人在其他类别上的近似商标获得注册，十几份证据是远远不够的，此处的"充分"可能意味着几十份甚至上百份的商标证据。

证据数量不足的原因既可能是在商标证据收集过程中未能最大限度地穷尽，仅调取到部分商标证据适用于案件，也可能是在商标证据产生的伊始便没有完整地留存商标证据，或是在文件管理中有所遗漏，使得留存下来的商标证据数量有限。

兵在多，更在精

有的企业在商标案件中提交了大量的证据材料，但是其权利主张仍然没有得到支持，深感困惑。其实这正引出了商标案件成败的另一个因素，即商标证据的证明力强弱。数量是商标证据"量"的要求，证明力是商标证据"质"的要求。

并不是所有与商标相关的文档材料都可以成为商标证据，区分标准在于其是否具有证明力。证据的证明力是指证据对待证事实证明上的强弱程度，即证据在多大程度上对待证事实有证明作用。证明力越强，证据对待证事实的证明度就强。在商标案件中，商标证据的证明力主要体现在证据本身与待证事实的关联性上。

假设在一个商标异议案件中，一份商品交易文书不能体现任何与引证商标相关的信息，那它对于商标注册人想要证明的商标实际使用或知名度情况就没有证明力。这样的证据材料提供得再多，对案件结果都不会产生实质影响。即便商标证据材料与待证事实有关，在证明力上也有大小之分，证明力越强的商标证据对商标案件越有利。但部分企业商标证据的证明力较弱，不足以充分证明待证事实，成为企业在商标证据管理中遇到的典型问题。

商标证据的证明力是要解决商标证据在商标案件中有效适用的问题，企业之所以出现商标证据的证明力不足的情况，主要原因在于商标证据产生部门的工作人员对于如何确保商标证据的有效性没有足够的专业知识进行判断。要解决这个问题，既要有外部的专业指引，又要充分发挥全员的主观能动性。

【案例】"OPPO"败走麦城

2012年5月，广东欧珀移动通信有限公司（简称"欧珀公司"）向广西平乐县工商行政管理局（简称"平乐县工商局"）举报平乐县开创电子科技有限公司、金网手机经营部、计有通信器材经营部涉嫌销售假冒、仿冒"OPPO"商标的手机。平乐县工商局的工作人员根据《商标法》的相关规定对在三主体经营场所销售的22台移动电话实施了扣押，并做出了《实施行政强制措施决定书》。被扣押手机的商标标志为"CPPC""CBBC""CQQC""OPQO"。

2013年6月，欧珀公司起诉平乐县开创电子科技有限公司、陈小宇、朱继友侵害商标权，要求三被告承担侵权责任、赔偿经济损失的诉讼请求。但法院并未支持欧珀公司的诉讼请求，欧珀公司败诉。

欧珀公司的注册商标

大家一定十分困惑，明明工商行政管理机关已对涉嫌侵权的手机进行了扣押，人赃俱获，这都不能认定侵权吗？其原因在于欧珀公司在工商行政管理机关查扣后过于自信地丧失了取证的好机会。

原来，平乐县工商局对三被告销售的涉嫌侵权的手机进行扣押后，欧珀公司未能及时提供详尽、完备的材料给工商部门做技术鉴定，使得平乐县工商局在法定期限内无法对扣押的手机做出系侵害欧珀公司"oppo"商标专用权产品的认定。故平乐县工商局只好将案件撤销，并将其扣押的手机全部退还给三被告。欧珀公司无法提供被控侵权的手机作为证据当庭进行鉴定、质证，法院不能对被控侵权的手机进行侵权认定，因此法院必然不能支持欧珀公司的诉讼请求了。

承办该系列案件的法官指出，通过提起诉讼进行知识产权维

> 权,需要在诉前做好充分的调查取证工作,不能因为曾经维权成功,就忽视法律规定对证据提供的要求。虽然我国法律对加大知识产权保护做出了明确规定,但严格依照法定程序进行诉讼,才能最大限度地保护权利人的合法权益免受非法侵害。

去除症结

主动管理,判断前置

在传统的商标管理中,商标证据管理一直处于被动状态。其主要操作模式是在商标案件发生的时候,由商标管理部门主导(一般为法务部或知识产权部),请各个相关部门协助搜集相关的商标证据并进行筛选,选出有效证据适用到商标案件当中。这种方式可能会产生两个问题:一个问题是案件的处理都有法定期限,在固定期限之内进行的证据调取工作可能会因时间仓促有所遗漏,不够全面;另一个问题是没有从根源解决商标有效性的问题,很可能会造成这样一种局面,即在证据归集过程中汇总的档案材料众多但筛选后可适用于商标案件中的证据屈指可数。这样既对商标案件毫无裨益,还浪费了企业的管理资源。因此,在管理思路上有所调整可能是更好的选择。

- 变被动应对为主动管理。商标证据虽然在商标案件发生时才会发挥作用,但商标证据的管理应实现日常化,将商标证据管理作为企业商标管理的常规工作内容,与"养兵千日,用兵一时"异曲同工。待商标案件发生时,商标证据材料赫然在案,调取自如,处置轻松。
- 将证据有效性判定前置。在传统方式中,商标管理部门并不过问商标使用部门的商标证据如何产生,这必然导致商标管理部门在筛选有效证据阶段因商标证据证明力的不足而产生"巧妇难为无米之炊"的无力感。

商标管理部门与商标使用部门之间的业务交互如果前置于商标使用行为发生之前,由商标管理部门指导商标使用部门按照商标证据有效性的要求去使用商标,那么,商标使用产生的证据材料皆为有效证据,可直接留存。一旦发生商标案件,无须筛选,可以直接调取使用。

明晰管理的人和事

如果要将商标证据管理作为企业商标管理的常规工作内容,制度化是最好的方式。设置规范制度,一方面可以让相关主体在实施时各司其职、有章可依,另一方面可以提高相关主体对企业商标证据管理的重视程度。

有靶好放箭

企业商标管理的制度设置首先要说明管理内容,即确定制度需要解决哪些问题。按照基本框架设计,可以包括但不限于以下内容。

(1)明确目的

商标证据管理的目的就是要充分保障有效的商标证据规范留存,在商标案件中可以及时调取使用,有力地维护商标注册人的合法权利。明确目的便于企业员工更好地理解各种实施举措设置的意义,在意识上达成共识,在行动上形成合力。商标证据管理的目的并不是列入制度的僵化条文,而应将重视商标证据的思想由上而下地宣贯下去,真正从意识上提升员工的重视程度。

(2)关注使用

商标证据的产生环节决定了未来使用在商标案件中的商标证据的质量和数量,是商标管理工作中最为基础的环节。商标证据的产生源自商标使用,但因为商标使用可能包含多种形式,也可能涉及较多部门,所以需要规范的工作内容既多且细。要规范商标证据的产生,可以抓住"两个重点"和"三个原则"。

● 两个重点

关于商标使用,最重要的是在全员意识中渗透"两个重点"。

第一个重点是商标使用要体现"四要素",即标志、主体、时间、范围,这是保证证据证明力的必要要素。

第二个重点是商标使用要形成证据链,在单一证据不能或不便体现四要素的时候,可以通过一系列相关证据完整地证明待证事实。这两部分内容会在后续章节进行详述。

● 三个原则

第一个原则是规则指引与示例样本相结合。商标使用部门是商标证据产生的源头,因此,要让商标使用部门积极地参与到商标证据的管理工作中来。这种参与,首先要有具体的规则进行指引,让商标使用部门了解其工作内容、协作路径等,逐渐掌握商标证据有效性的相关专业知识,自觉自愿地规范商标的使用,形成有效的商标证据。

但规则毕竟是抽象和概念化的,要求商标使用部门掌握属于法律领域的专业知识绝不可能一蹴而就,既要给予充分的时间,又要提供便捷的路径。例如,可以根据商标使用的主要形式制作商标证据的示例模板,生动地展示商标使用的应有状态,可以在最短时间内帮助商标使用部门将复杂的商标管理工作变得易懂易操作,既可以最大限度地节约商标使用部门的时间,消除商标使用部门对于证据管理可能产生的抵触和困惑情绪,还可以使企业的主要商标证据形式整齐划一、有效规范。

第二个原则是实现管理效果与管理成本的均衡。商标证据管理应未雨绸缪地体现在日常管理之中,发生商标案件后才能从容应对,犹如军队,备战时训练有素,战时才能骁勇破敌。商标证据管理要实现这种管理效果,可能要给相关部门增加工作内容,新置工作流程,占用更多的管理资源,需要先期的投入。但这种投入绝不是不计成本的多多益善,而是适度得恰到好处。简言之,就是要充分考虑管理效果与管理成本之间的均衡,商标证据管理必然要付出一定的管理成本,但这个管理成本应是在保证管理效果基础上的最小损耗。

第三个原则是传统内容与新兴事务兼顾。商标证据主要包括销售类、广告宣传类和荣誉类等,在这些证据中,传统的证据内容依旧是商标案件的主力军,例如商品交易文书、商品包装、广告宣传页等。在关注传统内容的同时,企业也要对新兴事务保持一定的敏感性。

随着互联网如火如荼地发展,交易和传播都逐渐发生了新的变化,网上交易和新媒体传播的出现,使得商标证据不再囿于传统形式,电子证据的比重逐渐增加,重要性也逐渐凸显。因为网络信息的易变性,电子证据的真实性在商标案件中极易受到质疑，最好的方式是将电子证据进行公证，公证后的商标电子证据具有公信力和较高的证明力。但随着电子证据的逐渐增多，将每份电子证据都进行公证将投入巨大的时间成本和经济成本，不具有可行性，电子存证服务应运而生。

电子存证服务是指涉事一方将相关数据电文委托第三方机构使用时间戳等技术处理后保存，以备将来司法所需。与电子合同不同的是，电子存证是一种单方的法律保护服务，主要应用在诸如某一方的知识产权证明、委托授权书、数据保存等场景。目前，已经有越来越多的企业在电子存证服务方面推出的服务获得了较好的市场反馈，这一服务也从法律领域逐渐扩大到金融、通信、互联网、医疗等领域。

由于区块链技术的兴起和逐步发展，近年来已在很多领域实现了落地应用，这就包括了电子存证领域。

2018年6月，杭州互联网法院审理了一起涉及区块链电子存证的侵犯信息网络传播权纠纷案，这是我国在司法实践中第一次通过司法判决确认了区块链存证的法律效力。原告公司通过第三方存证平台"保全网"对被告公司的侵权网页予以取证，并通过区块链储存电子数据的方式证明电子数据的完整性且未被篡改。法院在判决书中解释了"区块链"：区块链作为一种去中心化的数据库，是一串使用密码学方法相关联产生的数据块，每一个数据块中包含了一次网络交易的信息，用于验证其信息的有效性（防伪）和生成下一个区块。具体来说，区块链网络是由多个机构或公司服务器作为节点所构成的网络，该网络上某节点会对一个时间段内所产生的数据打包形成第一个块，然后将该块同步到整个区块链网络。网络上的其他节点对接收到的块进行验证，验证通过后加到本地服务器。之后，某节点会将新产生的数据及本地服务器内已有块的信息放在一起打包形成第二个块，其他节点接收该块并验证通过后，将第二个块加到本地服务器，第一个块与第二个块相连，之后的网络内部的数据均经上述相同方式打包成块，块与块首尾相连形成链，该链即为区块链。若需要修改块内数据，则需要修改此区块之后所有区块的内容，并将区块链网络内所有机构和公司备份的数据进行修改。因此，区块链有难以篡改、删除的特点，在确认诉争电子数据已保存至区块链后，其作为一种保持内容完整性的方法具有可靠性。①

工信部发布的《2018年中国区块链产业白皮书》中也提到"区块链因其本身具备不可篡改、可追溯特征，极适合与电子存证相结合，存证也因此成为区块链应用的典型场景之一"。

在电子证据领域中，区块链技术具有明显的"安全存证"和"提高取证效率"两个主要应用优势。传统电子证据往往具有脆弱性、易被篡改性等特点②，在备份、传输等过程中很容易遭到他人的攻击、篡改而导致文件受损，使得证据的可信度降低。而利用区块链技术存证的电子证据则弥补了其不足，首先，在证据的生成中辅以时间戳技术证明其产生的时间和内容的完整性；其次，通过哈希算法对该电子证据进行加密以保障固证和传输中的安全，并且在验证中只需要通过计算哈希值与存储在区块链中的数据进行比对，就可以验证出电子证据是否被篡改，充分保障了证据的安全性和真实性。③

我国传统的电子证据在以往的案件审理中采信度普遍较低，需要依赖国家公证机构来补强其证明力。区块链存证技术的出现突破了传统电子证据运用的障碍，其在保留传统电子证据属性的同时，以技术自证代替国家公证，形成强有力的证据补强。④

2018年9月7日起施行的《最高人民法院关于互联网法院审理案件若干问题的规定》（法释〔2018〕16号）第十一条规定，当事人提交的电子数据，通过电子签名、可信时间戳、哈希值校验、区块链等证据收集、固定和防篡改的技术手段或者通过电子取证存证平台认证，能够证明其真实性的，互联网法院应当确认。2021年8月1日实施的《人民法院在线诉讼规则》（法释〔2021〕12号）第十六条规定，当事人作为证据提交的电子数据系通过区块链技术存储，并经技术核验一致的，人民法院可以认定该电子数据上链后未经篡改，但有相反证据足以推翻的除外。可见，区块链存

---

① 《杭州华泰一媒文化传媒有限公司与深圳市道同科技发展有限公司侵害作品信息网络传播权纠纷一审民事判决书》。
② 刘品新. 电子取证的法律规制[J]. 法学家，2010（3）：73-82.
③ 崔梦雪. 区块链电子存证的证据法价值分析：以杭州信息网络传播权纠纷案为例[J]. 无线互联科技，2019（10）：149-151.
④ 杨慧妍，赵子玉. 证据法视角下"区块链"存证技术认知[J]. 云南警官学院学报，2020（1）：98-104.

证的方式已被法院所认可。

目前市场上的存证平台主要有两种：一种是专业从事电子存证服务的平台，另一种是具有电子存证服务的综合性平台。并且，为了增加证据的公信力，不少存证平台还会与公证处、鉴定中心、互联网法院进行合作。IP360等平台与杭州互联网法院进行合作，向互联网法院提供接口，互联网法院可以直接根据证据编号从其系统中调取证据。公证云、易公证、实时保等平台与公证处合作，利用互联网存证技术，与传统公证相结合，方便快捷，又有公证机构出具公证文件，有更强的证明力。①

除上述商业性的存证平台外，有些公证处审时度势地推出自己的存证平台，如由广州南方公证处推出的"粤存证"区块链平台，对证据保全进行全流程区块链记录，将电子证据保管至公证处。一些法院的区块链存证平台，如杭州互联网法院司法区块链、北京互联网法院"天平链"、广州互联网法院"网通法链"等电子证据平台也相继建立。②

【案例】区块链存证助力"美宜佳"

东莞市糖酒集团美宜佳便利店有限公司（简称"原告"）旗下的美宜佳便利店现已成为国内规模较大的特许连锁便利店企业，原告在"为零售目的在通讯媒体上展示商品，替他人推销，广告"等服务上享有第1357301号、第1357302号、第27683095号"美宜佳"和第11016147号"美宜佳"注册商标专用权。

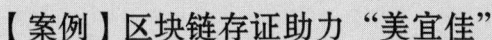

第1357301号商标　　　　第1357302号商标

第27683095号商标

第11016147号商标

①② 秦丽丽.第三方存证在商标案件中的应用[EB/OL].（2022-07-22）[2022-12-15]. http://www.unitalen.com.cn/html/report/22075090-1.htm.

原告认为深圳市龙岗区美宣佳便利店（简称"被告"）擅自在网络宣传、实体经营等处使用与原告商标相近似的"美宣佳"标识的行为，极易使得相关公众误认；并且被告和原告属于同行竞争者，被告将"美宣佳"作为商号推广其零售服务并将"美宣佳"作为关键字进行广告宣传，由此造成相关公众误解其提供的服务与原告存在关联，其行为明显具有恶意，构成不正当竞争行为。因此，原告认为被告的行为侵犯了原告的注册商标专用权并构成不正当竞争，为了维护其合法权益，向法院提起了诉讼。

原告在庭审中提交了（2020）深商协IPS区块链取证字第11号《IPS区块链取证报告》，用于证明被告侵权事实。报告中记载了深圳市商标协会将名为"加盟费查询网查询'美宣佳便利店'相关信息取证截屏.zip""加盟费查询网查询'美宣佳便利店'相关信息取证录屏.avi""加盟费查询网查询'美宣佳便利店'相关信息取证外部录像.mp4"三个电子文件保存为原始证据包，在IPS区块链保全中心进行了区块链认证申请。在庭审中，原告登录IPS区块链保全中心，对该区块链认证证书中的所附光盘中的三个电子文件分别进行验证，均显示通过验证，且文件名称、取证时间、数字摘要、区块链高度、交易哈希值均与区块链认证证书一致。

法院认为：本案中原告提交的电子数据，生成过程系由相对独立的第三方操作，在数据生成、传输、存储和提交等过程中，所依赖的技术手段具有可靠性，技术环境具有安全性，所获得的电子数据将通过特定形式得到反复验证，符合区块链技术的概念特征，可以作为认定本案相关事实的依据，故法院对（2020）深商协IPS区块链取证字第11号《IPS区块链取证报告》中的电子数据予以采纳。法院还认定被告在加盟费查询网上突出使用"美宣家便利店"文字，系将上述文字标识与被告提供的替他人推销服务及特许经营服务紧密联系，会使相关公众产生服务来源的认知，依法构成商标性使用。①法院最终判定被告存在被控网络侵权行为，判决被告停止侵权、赔偿原告损失。

该案件也入选了深圳龙岗法院发布的"2016—2020年度十大知识产权典型案例"，其主要典型意义在于：本案中，法院对新型取证方式所获电子证据的审核及最终采纳，在区块链证据的司法审核认定上具有一定的借鉴意义，有利于推进区块链技术在知识产权审判中的应用；同时，为知识产权权利人解决维权取证难、成本高等痛点提供裁判参考，取得了良好的社会效果。②

---

① 《东莞市糖酒集团美宣佳便利店有限公司与深圳市龙岗区美宣佳便利店侵害商标权纠纷一审民事判决书》。
② 龙岗法院发布十大知识产权典型案例（2016—2020）[EB/OL].（2021-04-06）[2022-12-15]. https://www.thepaper.cn/newsDetail_forward_12411899.

（3）谨慎留存

商标证据的留存听起来简单，但在实施时需充分考虑诸多细节。实务中多数企业常见的处理方式是将商标证据留存在商标使用部门，商标管理部门需要时再向商标使用部门调取。这种方式可能产生的问题是商标管理部门对商标使用的具体情况了解不充分，商标案件发生时调取到的证据即便数量不足或证明力有问题，也只能硬着头皮在案件中提交，案件结果自然不乐观。

我们假设商标管理的理想状态应该在各部门之间形成一种惯性良好的闭环管理，即加强商标管理部门和使用部门之间的互动，商标管理部门承担起指导和监督商标使用、给予建议等职责，及时地发现商标证据中存在的问题并反馈给商标使用部门，商标使用部门经过不断调整以保障证据的有效性和全面留存。在具体做法上，可以赋予商标管理部门抽查商标使用证据的权利，也可以让商标使用部门定期反馈部分商标使用证据给商标管理部门，便于他们了解企业商标的使用情况，及时对商标证据管理提出建议，进行调整。

商标证据可以留存在商标使用部门，也可以归集到商标管理部门，还可以存档到档案管理部门。选择留存到哪个部门，与企业的组织架构和部门职能相关。如果由商标使用部门来管理商标证据，有其业务优势，他们对证据产生的来龙去脉最为熟悉，可以从业务属性的维度进行管理。但档案存储的规则还需与商标管理部门协商确定，以便于商标案件调取适用为宜。商标管理部门在管理商标证据上具有先天的专业法律优势，商标证据归集到商标管理部门手中，他们可以随时关注商标的使用情况是否符合规定并给予整改建议，还可以在案件发生时直接调用，不必再委托商标使用部门配合调取。档案管理部门在文件管理上具有专业的管理模式和丰富经验，在保存时间和规则上都是标准化的，且有足够的存储空间。但是选择档案管理部门存档，就要理顺商标使用部门、商标管理部门与档案管理部门三者之间的交互关系。

在其位，谋其政

解决了商标证据管理的工作内容，下一步就是要明晰业务的相关部门，分配好各自的岗位职责。

商标管理部门是商标证据管理的主要部门，负责商标证据管理的整体规划、制度设计、实施监督和建议指导等职能，承担着最为重要的责任。

商标使用部门一般包括市场、销售等业务部门，他们是商标使用的具体执行者，是商标证据的源头。商标使用部门是商标管理的主要协助部门，他们的主要职责是规范地使用商标，依据制度规定规范留存或者向其他部门归集商标证据。

其他协助部门包括财务部门、档案管理部门等，都是商标管理的辅助部门，涉及的工作职责是在日常管理中有序地留存商标证据，在商标管理部门调取商标证据时能够及时反馈。

让工作流动起来

前文提到商标管理会涉及诸多部门，流程设置可以保证这些部门之间能够有序流畅地开展工作。证据管理的流程需要理顺商标证据的产生、归集、调用的各个环节，明晰地界定各个部门的流程任务。下图展示了一个模拟示例，说明证据流程的具体设计。在这个示例中，我们假设业务部门为商标证据的产生部门，法务部为商标管理部门，档案部为商标存档部门（在商标管理实务中，流程要依据各部门职能进行设计）。

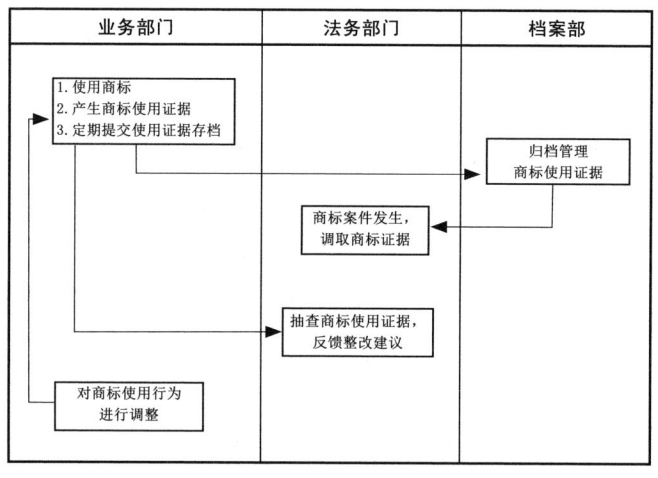

企业商标证据管理模拟流程

去伪存真

如果把制度认为是商标证据管理的程序保障，证据的有效性就是实体基础。我们把商标证据管理比喻成修建设施灌溉农田，证据管理的制度流程就是基础设施，有了基础设施才能引水灌渠；而证据的有效性就是充沛的活水，水质清澈、水量充足才能真正灌溉农田，培育秧苗作物。从这个比喻也可以看出，证据的有效性是商标证据管理的核心。

商标证据的有效性要求商标证据与待证事实之间具有客观关联，商标证据可以证明待证事实真实发生和存在。因此，商标案件中的商标证据关注的是商标的使用形式是否符合《商标法》的要求，是否客观真实地记录了商标的使用过程等。保证商标证据的有效性，其实是一个去伪存真的过程。这是从法律角度的考量。

商业有其自己的角度。商业经营更多是从品牌传播的角度去考虑商标的实际使用是否容易识记、美观醒目。不同的视角可能产生冲突，但也可以找到一个适当的平衡。在建立这个平衡之前，必须先了解证据有效性如何实现。

证据管不管用，就看"四要素"

所谓有效的商标证据，其实就是能够证明商标使用行为真实发生的客观凭证。如果抽丝剥茧将其具化，最终体现在"四要素"上，即商标标志、使用主体、使用时间和使用范围。一言概之，商标证据要说明的是："谁"在"什么时间"在"什么范围"使用了"某个商标"。不能同时具备"四要素"的商标证据一般证明力较弱，不能单独证明案件事实。

商标标志

体现商标标志，可以说是商标证据最基本的要求，无须多言。在这个因素上可能会影响商标证据有效性的原因并非商标标志的有无，而是商标标志使用得是否合乎规范。

很多企业在商业活动中，或为了增强宣传效果，或为了配合节庆活动，改变商标的情况时有发生。从商业经营层面，这种行为会带给顾客良好的客户感受。但从法律层面，这种做法却可能带来潜在的风险。

先举一例，北京百度网讯科技有限公司（简称"百度公司"）核准注册的商标为

但是在不同的节日，其商标都相应地做了对应主题的变化。

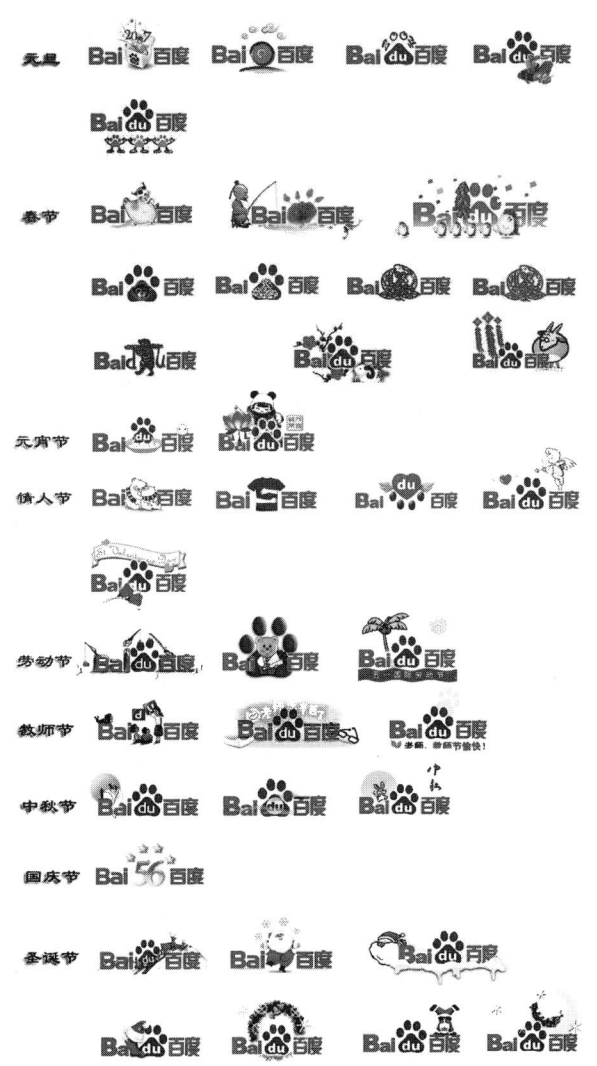

如果说百度公司是为了"应景儿"对商标做了临时性变化，而有些公司的行为则是自始便将商标"改头换面"了。

【案例】商标也整容

1996年7月16日，深圳市法铁力贸易有限公司（简称"法铁力公司"）向商标局在第3类上申请注册第1092823号"鐵力士TINIT"商标（简称"复审商标"），1997年9月7日获准注册，后复审商标转让与重庆市自然人刘伟。

2007年4月13日，联合利华有限公司（简称"联合利华公司"）向商标局提出撤销复审商标的申请。商标局以刘伟提供的商标使用证据无效为由，决定撤销复审商标。刘伟不服商标局的决定，向商评委申请复审。商评委经审查认为：复审商标在实际使用中虽略有改变，但其主要部分和显著特征并未发生变化，故复审商标在消毒肥皂、洗面奶等部分商品上的注册应予以维持。

联合利华公司不服，向北京市第一中级人民法院（简称"北京市一中院"）提起行政诉讼。北京市一中院判决维持商评委的决定。联合利华公司又上诉至北京市高级人民法院（简称"北京高院"）。北京高院认为，刘伟提交的2006年12月29日出版的《化妆品报》上刊登的广告中使用的商标标志为中文"鐵力士"和英文"LISHIX"的组合（简称"实际使用商标"）。此种使用方式虽使用了复审商标中的中文部分，但复审商标中的"TINIT"英文部分亦为复审商标的显著识别部分。广告中使用"鐵力士"与其他英文字母组合形成的商标标志与复审商标形成较大差异，即使广告中标注了复审商标的注册号，亦不能视为复审商标的使用。最终判决撤销原审判决和商评委的决定。

第1092823号注册商标　　　　实际使用商标

由以上案例可知，改变注册商标显著部分后的商标，即便进行了商业使用，其使用行为也不被视为注册商标的使用。这是因为，改变显著部分后的商标成为一个新的商标，新商标因使用产生的证据材料，只能证明新商标的使用情况，而不能证明原注册商标的使用不符合有效证据的要求，所以不予采纳。简言之，就是不沿着指定赛道奔跑，即便健步如飞，也不能计入最终成绩。

之所以如此判决，是基于现行《商标法》第五十六条"注册商标的专用权，以核准注册的商标和核定使用的商品为限"和第四十九条第一款"商标注册人在使用注册商标的过程中，自行改变注册商标、注册人名义、地址或者其他注册事项的，由地方工商行政管理部门责令限期改正；期满不改正的，由商标局撤销其注册商标"的规定。

但是在实务中，企业商标的实际使用样态与商标注册证上的图样常常是有区别的，这使得部分企业感到忧虑：是不是只要改变了注册商标的样态，商标使用的证据材料就完全没有意义了呢？并不尽然。

发生了变化的商标在商业活动中进行使用从而产生的商标证据能否被认为是注册商标的使用，判断标准是看实际使用的商标是否改变了注册商标的显著特征。如果未改变注册商标的显著特征，仍可视为对注册商标的使用，但如果缺少部分构成要素，导致实际使用的商标与注册商标存在显著差别的，特别是缺少商标中起识别作用的显著部分，不应认定为对注册商标的使用。①《最高人民法院关于审理商标授权确权行政案件若干问题的规定》第二十六条指出："……实际使用的商标标志与核准注册的商标标志有细微差别，但未改变其显著特征的，可以视为注册商标的使用……"

使用主体

商标证据应是由商标权利人积极主动的使用行为产生的，因此，商标证据上应该显示使用主体的信息。

使用主体的显示应为其全称，显示使用主体企业简称或字号的，还需要其他关联证据辅助证明实际使用主体。

---

① 北京市人民法院. 北京法院商标疑难案件法官评述·第4卷[M]. 北京：法制出版社，2015：68.

主体信息为公司全称

主体信息为公司简称

商标的使用应该是在商标权利人控制之下的使用。[1]商标的使用可以是商标注册人的自行使用,也可以是商标注册人许可他人使用。有的观点认为,其他不违背商标所有人意志的使用也应当属于商标法意义上的使用。其他不违背商标所有人意志的使用是指商标许可使用以外的其他方式,例如,实际使用人系商标注册人的子公司或者其他关联企业,实际使用人的使用便属于商标法上的使用。[2]

---

[1] 北京市高级人民法院知识产权审判庭.商标授权确权的司法审查[M].北京:中国法制出版社,2014:414.
[2] 北京市高级人民法院知识产权审判庭.商标授权确权的司法审查[M].北京:中国法制出版社,2014:414.

使用时间

时间要素标示了商标使用证据产生的时间，用于对商标证据有时间限定的商标案件之中。例如，在"撤三"案件中，商标注册人提交的证据必须是撤销申请提出日之前三年之内的商标使用证据；注册商标专用权人请求赔偿，被控侵权人以注册商标专用权人未使用注册商标提出抗辩的，人民法院可以要求注册商标专用权人提供此前三年内实际使用该注册商标的证据。注册商标专用权人不能证明此前三年内实际使用过该注册商标，也不能证明因侵权行为受到其他损失的，被控侵权人不承担赔偿责任。

除有明文规定的事项外，在实务操作中，授权确权商标案件主要提交案件申请日前三年的证据材料、商标最早使用和持续使用的证据，再辅以少许其他年份的证据材料；如果是要请求驰名商标保护的，商标证据一般要准备案件申请日之前五年的证据材料。

未体现时间要素

时间要素的呈现，准确到年月日最为有利，例如合同和发票就可以准确体现日期。但在另外一些证据形式上，时间要素是不方便体现的，如宣传册、户外广告等，就要结合其他商标证据来证明该商标证据产生的时间。

使用范围

使用范围具体指向商标使用的商品或服务项目。现行《商标法》第五十六条规定："注册商标的专用权，以核准注册的商标和核定使用的商品为限。"

要获得商标专用权的保护，注册商标只能使用在商标注册证上核定的商品之上，否则不视为商标法意义上的使用，视为在超出核定范围之外的商品或服务项目上的未注册商标的使用。如果企业确有超出核定范围使用的需求，可以另行补充注册。

【案例】差之毫厘，谬以千里

1997年，北京富乐经济开发公司（简称"富乐公司"）在第30类上注册了第1129187号"GNC"商标，核定使用商品为第30类中的"非医用营养鱼油"。之后，富乐公司将该商标转让给江苏省物资集团经贸发展有限公司（简称"物资集团公司"）。

第1129187号注册商标

2001年10月24日，健康第一有限公司（简称"健康公司"）以连续三年停止使用为由向商标局提出撤销涉案商标的申请。商标局做出撤销该商标的撤销决定。物资集团公司不服该决定，向商评委提出复审请求。商评委维持了涉案商标的注册。健康公司不服，向北京市第一中级人民法院（简称"北京市一中院"）提起行政诉讼。北京市一中院维持了商评委的维持决定。

健康公司不服，上诉至北京市高级人民法院（简称"北京高院"）。北京高院认为，物资集团公司委托他人制作"GNC宣传单""GNC包装盒""GNC手拎袋"等宣传品都是在蜂蜜等蜂产品上的使用，并非是在涉案商标核定商品非医用营养鱼油上的使用，因此不属于商标法意义上的使用。认定物资集团公司无正当理由三年停止使用商标，撤销了商评委维持商标注册的决定。

"四要素"不足,证据链补齐

其实在企业的日常经营中,商标证据不能完全体现"四要素"的情形比较多,可能导致商标证据的证明力不足。这是由客观情况决定的,我们也不能罔顾商业需要而生硬地将"四要素"置于每一份商标证据之上。因此,"四要素"不足的证据,可以靠证据链来补齐。

证据链是具有关联关系,能够互相印证案件事实的两个以上的证据组合而成的证明链条。当在单一证据不能直接证明案件事实时,证据链能够通过多个证据的关联关系间接证明案件事实。简言之,就是用存在关联关系的多个证据共同印证待证事实。

要求

依靠证据链证明待证事实,要求组成证据链的各个单一证据之间存在合理的逻辑联系,能够清晰地得出注册商标进行使用的结论,排除合理怀疑。证据链是一个法律概念,商标使用部门理解起来可能比较艰涩。这就需要商标管理部门将复杂问题简单化,从商业的角度解构证据链,为商标使用部门制定简单可执行的规则。

示例

关于商标证据如何构成证据链,我们可以简单提供一些示例,为企业提供初步参考。

商标证据链示例

证据类型	商标证据链
销售类	销售协议/经销协议+付款凭证
印刷类	印制协议+付款凭证+产品包装物料
展会类	参展协议+付款凭证+展会照片/报道/视频
宣传类	广告协议+付款凭证+广告呈现 (报纸、杂志、电视广告视频等)
实物类	制作协议+付款凭证+产品宣传物料 (宣传单、海报、赠品、门头招贴、易拉宝、户外广告等)

证据链的构成虽有模式可以借鉴，但在商标案件中，证据材料未必都能形成完整有效的证据链。因此，证据的证明力仍需综合评定，案件结果并不能简单推断。

一方是位于广东省佛山市的建筑陶瓷产品生产企业,另一方是位于广东省广州市的卫浴陶瓷制品的生产商,因企业名称中均包含"蒙娜丽莎"字样且同以"蒙娜丽莎"作为品牌名称,双方由此不可避免地围绕着"蒙娜丽莎"展开了一场权属纷争。

广东蒙娜丽莎新型材料集团有限公司(简称"蒙娜丽莎材料公司")认为广州蒙娜丽莎建材公司(简称"蒙娜丽莎建材公司")明知其"蒙娜丽莎"品牌驰名的情况,恶意将"蒙娜丽莎"登记为字号并作为商标进行突出使用,其行为构成对蒙娜丽莎材料公司驰名商标的侵害,并以此为由向法院提起诉讼。

广东省高级人民法院终审判决认定蒙娜丽莎建材公司对蒙娜丽莎材料公司的涉案商标不构成侵权,据此撤销了原审判决。

此案较为深入地分析了驰名商标禁用权与注册商标专用权之间的界限,也引发了人们对驰名商标的新的讨论。

第六章

金字招牌——驰名商标

一探究竟

舶来品的本土化

企业在培育品牌过程中通常会对商品投入大量的广告宣传费用，向消费者传递商品特点、品质和企业文化等正面信息，通过长期使用和市场反馈会形成具有高知名度、高美誉度的商标，这些商标是不是驰名商标呢？我们先追本溯源，说说什么是驰名商标。

驰名商标其实是个舶来品，源自对《巴黎公约》中"well-known trade mark"一词的翻译，"well-known"还可译为"众所周知的，出名的，熟悉的"等含义。不同国家学者对其有不同定义，日本学者称其为"周知标章"，法国学者称其为"marque notoire"，德国学者则称其为"Berühmter Marken"。[①]由此可见，国际条约和各个国家之间并未就驰名商标形成一个明确的、统一的概念，直接定义驰名商标概念的也非常少见。

我国有关驰名商标保护的本土化过程起步比较晚。

我国《商标法》制定于1982年，当时并没有驰名商标保护的内容。

1993年对《商标法》及其实施条例进行了第一次修正，涉及了驰名商标的保护问题，但仍未使用"驰名商标"一词，使用的是"公众熟知的商标"。

1996年国家工商行政管理总局出台的《驰名商标认定和管理暂行规定》第一次提出"驰名商标"概念。

2001年10月第二次修正了《商标法》，2002年8月又颁布了《商标法实施条例》，第一次以法律的形式使用了驰名商标的概念，但并未给出对驰名商标的定义。

最高人民法院在2009年4月22日通过的《最高人民法院关于审理涉

---

① 曾陈明汝.商标法原理[M].北京：中国人民大学出版社，2003：179.

驰名商标保护的民事纠纷案件应用法律若干问题的解释》中定义了驰名商标："本解释所称驰名商标，是指在中国境内为相关公众广为知晓的商标。"

直至2013年第三次修正的《商标法》，才以法律的形式明确了驰名商标的定义，该法第十三条第一款规定，驰名商标"为相关公众所熟知的商标"。

2014年7月，国家工商行政管理总局公布《驰名商标认定和保护规定》，就规范驰名商标认定和保护事项做出具体规定，其中对于驰名商标的定义是"在中国为相关公众所熟知的商标"，除明确了"驰名商标"的地域范围外，对于"相关公众"也做出了解释，即"相关公众包括与使用商标所标示的某类商品或者服务有关的消费者，生产前述商品或者提供服务的其他经营者以及经销渠道中所涉及的销售者和相关人员等"。

无论是法律法规、行政规章，还是司法解释，经过历次更迭变化，基本就驰名商标定义要件达成一致，与国际条约有关规定吻合，可见，国内有关驰名商标的认识和发展已趋成熟。

摘掉神秘面纱

说到"驰名商标"，很容易给人"高大上"的感觉，似乎戴着一层神秘的面纱。其实驰名商标并没有那么触不可及，我们现在就来掀开驰名商标这层神秘的面纱。

驰名商标是一种事实状态

驰名商标制度的产生，是为了应对花样不断翻新的商标侵权行为而创设的一种救济制度，故驰名商标既不应该被看作一种独立的类型化民事权利，也不应该被看作一种新出现的商标专用权。[1]换句话说，驰名商标既不是商标中的一种类型，也不是脱离于商标而单独存在的权利，它仅是对商标当前事实状态的描述，只要其处于驰名的事实状态，就有可能获得特殊保护。驰名商标作为一种事实状态不是一成不变的，会因驰名商标权利人商品或服务品质提高或降低的影响而有所变化，因此，要以动态的眼光去看待驰名商标，在每个不同的案件中进行认定。

---

[1] 祝建军.驰名商标认定与保护的规制[M].北京：法律出版社，2011：12.

驰名商标的地域范围限定在中国

商标权作为一种私有权利具有较强的地域性，根据现行《商标法》的规定，申请核准的注册商标在我国范围内（除港澳台地区）有效，在其他国家或地区并不会当然地获得保护。驰名商标作为商标在某一阶段的事实状态，当然也带有明显的地域特色。现行《商标法》第十三条规定："……就相同或者类似商品申请注册的商标是复制、摹仿或者翻译他人未在中国注册的驰名商标，容易导致混淆的，不予注册并禁止使用。就不相同或者不相类似商品申请注册的商标是复制、摹仿或者翻译他人已经在中国注册的驰名商标，误导公众，致使该驰名商标注册人的利益可能受到损害的，不予注册并禁止使用"。由此可以看出，商标是否驰名的认定和保护地域局限于中国。

驰名商标既可以是注册商标，也可以是未注册商标

驰名商标系指为相关公众所熟知的商标，从驰名商标的含义来看，并没有注册商标或未注册商标之分。商标的生命在于使用，一个商标是否属于"驰名"是对其客观状态的一种描述，是市场竞争的产物，并不由是否为注册商标而决定。因此，驰名商标区分注册商标或者未注册商标的意义不大，其覆盖的是所有商标。这在我国相关法律规定中也有所体现，在《商标法》第二次修正之前，驰名商标仅指注册商标，自2001年第二次《商标法》修正之后，驰名商标既可以是注册商标，也可以是未注册商标。

2014年7月，国家工商行政管理总局公布的《驰名商标认定和保护规定》第九条列出的可以作为证明符合驰名商标认定因素的证据材料包括"……该商标为未注册商标的，应当提供证明其使用持续时间不少于5年的材料……"。现行《商标法》第五十八条规定："将他人注册商标、未注册的驰名商标作为企业名称中的字号使用，误导公众，构成不正当竞争行为的，依照《中华人民共和国反不正当竞争法》处理"，该项内容可说明驰名商标可以是未注册商标。上述规定皆可以说明驰名商标认定不以其状态为决定性因素。

虽然我国对于商标权利人商标专用权的保护以获得核准注册为前提，但是"驰名商标"之所以"驰名"的一项重要原因是消费者对于企业提供的商品或服务具有高度信赖和认可，因此"驰名商标"对于企业而言更像是一项信誉象征。即使"驰名商标"处于未注册状态，也可能会因为被丑化等原因造成侵害。

但是，对于未注册的驰名商标和已注册的驰名商标在保护范围方面仍存在差异，依据现行《商标法》第十三条规定，对于已经在中国注册的驰名商标，保护范围可以跨越相同或类似商品，但对于未在中国注册的驰名商标而言，其保护范围限制在"相同或者类似商品"。

在"上海奔富贸易有限公司与易富（上海）贸易有限公司商业诋毁纠纷案"中，江苏省南京市中级人民法院经审理认为在未注册商标达到一定知名度时，客观上能够产生市场价值和实际利益，因此未注册驰名商标的合法权益应当受到法律保护。案件原告在其商品包装、经销合同、广告宣传中大量地使用"奔富（Penfolds）""奔富/Penfolds""Penfolds（奔富）"等标识，相关媒体、经销商、活动举办方等也在报道或商事活动中将"奔富"与"Penfolds"组合使用，英文"Penfolds"商标与中文"奔富"商标已形成对应关系，在国内葡萄酒消费群体中，"奔富"已经具有了区别商品来源的作用。依据现行《商标法》的规定，结合相关公众对"奔富"商标的知晓程度、"奔富"商标使用的持续时间、"奔富"葡萄酒的销售数量、原告相关宣传所持续的时间、程度和地理范围以及"奔富"商标受保护记录等多方面因素，认定"奔富"为未注册驰名商标。[①]

驰名商标认知的相关公众是商标所标示的商品或服务的生产者、经营者及消费者

一件商标是否"驰名"，主要取决于该商标所标示的商品或服务的消费者对其知晓的程度，因此，对驰名商标认知主体范围的确定至关重要。我国有关"相关公众"的规定是："与使用商标所标示的某类商品或者服务有关的消费者，生产前述商品或者提供服务的其他经营者以及经销渠道中所涉及的销售者和相关人员等。"简言之，相关公众包括商品或服务的消费者、生产者、经营者及提供相关商品或服务的人员，如销售商、进口商等。可见，我国有关"相关公众"的规定和《与贸易有关的知识产权协

[①] 民事判决书（2018）苏01民初3450号。

定》（Agreement on Trade-Related Aspects of Intellectual Property Rights，简称"TRIPS协定"）基本保持一致。

"相关公众"在不同案件中的范围界定不尽相同，主要取决于商标所标示商品或服务的领域。软件产品的公众范围与餐饮服务的公众范围肯定不一样，因此，"相关公众"具有鲜明的个案特征。

历史沿革

驰名商标法律制度的出现从本质上说是商标功能演变的结果。消费者在选购商品时，一方面无法全面了解企业本身，另一方面也无法对商品来源的真伪进行核查，因此，具有高知名度的商标往往成为消费者选购的重要指引信息。侵权人出于"傍名牌、搭便车"的动机，将具有一定知名度的商标用于不同类别的商品上，消费者基于对该品牌的"信任"，会倾向于购买其他类别的商品，导致该商标与原使用商品的关联关系被打破，会带来商标显著性被稀释、商标价值减损或者商标淡化的后果。此时，《商标法》有关禁止在相同或类似商品上注册相同或近似商标的规定无法规范侵权人的行为，驰名商标制度应运而生。简言之，驰名商标法律制度是在传统商标法对商标权益保护不足的情形下，为了维护既有的商标法律制度的架构不变，针对商标个案的特殊情况采取的特别措施。

外面的世界

驰名商标保护制度源起于《巴黎公约》，并随着世界经济发展形势和需求，逐步发展和完善，同时为其他国家商标保护制度的建立提供了统一的参考和借鉴。因此，要清楚地了解驰名商标法律制度的产生和发展，需要追本溯源，研究不同时期国际条约中有关驰名商标保护制度的规定。

《巴黎公约》

19世纪末至20世纪初，国际贸易迅猛发展，一些具有较高知名度的商标被仿冒，仿冒者以此来促销自己的商品，如果商标权利人没有在有关成员国注册其商标，但在该国相关公众中，其已被普遍认为是该商标的真正拥有者，具有较高知名度，如严格按照"不注册不保护"的原则，则对已经驰名的商标所有人不免有失公平。因此，为协调各国在跨国商标权保护方面的差异，《巴黎公约》增补了保护驰名商标方面的规定，从而创造性地建立了驰名商标保护制度。①

1911年，在修改《巴黎公约》的华盛顿外交大会上，法国率先提出要对驰名商标给予特殊保护，其建议是在原属国已注册的商标只要在其他成员国首先使用，即使他人对该商标进行了注册，其也有权继续使用。该建议遭到了其他只保护注册取得商标国家的反对而未获得通过。②

1925年，在海牙外交大会上，荷兰和保护工业产权联合国际局再次提出保护驰名商标的建议，最终在《巴黎公约》第六条之二中增补了驰名商标的规定。海牙文本最早对保护驰名商标做出了规定。

1934年，伦敦外交大会对驰名商标条款做了技术性调整；1958年里斯本外交大会修改后的版本即为现行有效文本。

《巴黎公约》有关驰名商标的保护有效解决了抢注未注册驰名商标、禁止使用已注册或未注册驰名商标等问题，像驰名商标保护请求权5年的诉讼时效，恶意注册不受时间限制等规定仍延续使用至今。《巴黎公约》同时也遗留了许多仍需解决的问题，例如，服务商标是否也可纳入驰名商标保护制度内，驰名商标保护是否仅限相同类别商品等。

TRIPS协定

《巴黎公约》有关驰名商标保护规定中遗留的问题，在TRIPS协定中有了新规定和新发展。TRIPS协定在《巴黎公约》的基础上，针对驰名商标保护不足之处制定了新的内容，其将驰名商标的保护从商品商标延伸到了服务商标，进一步扩展了驰名商标的权利范围，明确肯定了驰名商标可跨类保护，且对驰名商标的认定也提出了一些简单的原则性标准。③

在TRIPS协定下，知识产权开始进入世界贸易框架中，知识产权国际保护制度适用到国际经济和贸易的各个领域。

---

① 祝建军.驰名商标认定与保护的规制[M].北京：法律出版社，2011：27.
② 黄晖.商标法[M].北京：法律出版社，2004：247.
③ 郑成思.WTO知识产权协议逐条讲解[M].北京：中国方正出版社，2001：75.

《关于驰名商标保护规定的联合建议》

随着经济全球化进程的加快，进一步加强对驰名商标的保护已成为当务之急。在世界知识产权组织的主持下，形成了一个关于驰名商标保护建议的最终文本，并于1999年9月的保护工业产权巴黎联盟及世界知识产权组织大会通过了《关于驰名商标保护规定的联合建议》（简称《联合建议》）。

《联合建议》是为适应工业产权发展而首次确立的保护驰名商标国际协调的共同标准，对驰名商标的定义、保护范围做出了详细描述，是较为详尽地规定驰名商标法律保护的成文规范，对各国的驰名商标保护有较高的参考价值。

《联合建议》在以下五个方面体现了对驰名商标保护的进步性：

- 进一步细化了"相关公众"的定义，增强了对驰名商标保护的实际操作性，即相关公众应包括但并不必局限于使用该商标的那一类商品和（或）服务的实际和（或）潜在的顾客，使用该商标的那一类商品和（或）服务的经销渠道中所涉的人员，经营使用该商标的那一类商品和（或）服务的商业界。

- 《联合建议》第一次明确提出，在认定商标是否驰名时可以考虑"与商标有关的价值"。

- 明确将要求保护国作为驰名的发生地，即只有在某国驰名的商标才能在该国获得驰名商标的特殊保护待遇。

- 将未注册商标也纳入驰名商标保护范围之内。

- 驰名商标可以独立于商品和服务这一载体而在更大的范围内受到独立的保护，即不仅将驰名商标用于不相类似的商品上将受到禁止，而且将驰名商标或其主要部分用于厂商名称、域名等商业标记上，也是对驰名商标所有人的侵害。这加强了驰名商标的绝对权属性。

尽管《联合建议》在驰名商标认定、相关公众界定、驰名商标的扩大保护上都做出了非常有参考价值的规定，但它毕竟不是国际条约，不具有约束力，只具有建议价值。但无论如何，对于苦苦寻觅修订《商标法》的立法者和困惑于解释现行法律的法官来说，具有很高的参考价值，《联合建议》实质上发挥了积极的影响力。[①]

---

① 王毅.WTO国民待遇的规则及其在中国的适用[M].北京：人民法院出版社，2005.

自己的脚步

我国对驰名商标的保护始于加入《巴黎公约》以后。1982年我国《商标法》颁布，第二年国务院颁布《商标法实施细则》，两份法律文件都未提及驰名商标的保护。我国于1985年加入《巴黎公约》，需要履行公约的国际义务，并开始依据《巴黎公约》的相关规定，对一些驰名商标进行保护。[①]1987年，必胜客商标异议案是我国首例驰名商标保护案件。在该案中，美国必胜客公司的"Pizza Hut"商标及其屋顶图形被认定为驰名商标，因此，澳大利亚宏图公司在相同商品上注册相同商标的申请被驳回。随后有很多高知名度商标相继受到驰名商标的保护，如"LUX及力士""M&M'S""MICKEY MOUSE""IBM""Marbolo""Coca-Cola""同仁堂""SHERWOOD"等商标。

我国《商标法》于1993年进行了第一次修正，修正后的《商标法》中并未提及与驰名商标有关的任何内容，而《商标法实施细则》第二十五条却增加了对公众熟知商标的保护条款："下列行为属于《商标法》第二十七条第一款所指的以欺骗手段或者其他不正当手段取得注册的行为……违反诚实信用原则，以复制、模仿、翻译等方式，将他人已为公众熟知的商标进行注册的"，从该条款内容来看，已初具驰名商标雏形。

随着全球经济的迅猛发展和我国加入世界贸易组织的要求，1996年，国家工商行政管理局发布《驰名商标认定和管理暂行规定》，成为我国第一部专门调整驰名商标认定、保护和管理的行政规章，该规定明确规定商标局负责驰名商标的认定和管理工作。2003年4月，国家工商行政管理总局发布了《驰名商标认定和保护规定》，其对驰名商标的认定和保护的规定更加完善，可操作性也更强，《驰名商标认定和管理暂行规定》同时废除。2014年7月，国家工商行政管理总局对《驰名商标认定和保护规定》进行了修订，此次修订是为了与2013年第三次修正的《商标法》有关驰名商标的规定保持一致，驰名商标认定与保护的程序更加规范、标准更为细化、责任进一步得到明确。

---

① 谢艳春.从"施华洛"商标案看我国驰名商标法律保护[D].北京：中国社会科学院研究生院，2013.

2001年10月，《商标法》进行了第二次修正，此次修正在第十三条和第十四条对驰名商标的保护做出了规定，第十三条第一款规定了对未注册驰名商标的保护，第二款规定了对注册驰名商标的跨类保护；第十四条规定了认定驰名商标应当考虑的因素。这是我国首次从法律层面规定了驰名商标的保护。2013年8月，《商标法》进行了第三次修正，在原有第十三条和第十四条内容的基础上，新增了驰名商标定义、驰名商标事实认定属性、驰名商标被动保护、驰名商标认定途径及"驰名商标"字样不得用于广告宣传等内容。

2002年10月，最高人民法院发布《最高人民法院关于审理商标民事纠纷案件适用法律若干问题的解释》，明确了人民法院对驰名商标的认定。2009年4月，最高人民法院发布《最高人民法院关于审理涉及驰名商标保护的民事纠纷案件应用法律若干问题的解释》（简称"《驰名商标若干问题解释》"），该解释在总结审判经验的基础上，进一步完善了驰名商标司法保护制度，主要涉及驰名商标的概念、适用范围、认定因素、举证责任、保护要求五个方面的内容，是各级人民法院司法审判实践中贯彻落实的重要法律文件。该解释与第三次修正的《商标法》的基调一致，如驰名商标概念、认定因素等方面。

2019年，《商标法》进行了第四次修正，关于驰名商标的内容与第三次修正的《商标法》相比没有变化，第四次修正的《商标法》为现行法律。同年，国家知识产权局印发《关于加强查处商标违法案件中驰名商标保护相关工作的通知》，提出严格按照法定权限和时限查办涉驰名商标案件、有效规范驰名商标的认定申请和使用以及突出重点切实加强驰名商标保护的具体要求。

2020年，最高人民法院对《驰名商标若干问题解释》中部分内容做出修正，主要涉及驰名商标定义、驰名商标认定、驰名商标侵权行为及驰名商标维权方面。

2021年，国家知识产权局商标局印发《关于提交〈当事人请求驰名商标保护诚信承诺书〉的通知》，要求自2021年9月1日起，在异议、评审案件中请求驰名商标保护的当事人提交申请书时需一并提交本人/本单位及其商标代理机构、代理人签章的《当事人请求驰名商标保护诚信承诺书》。

一定之规

近年来，越来越多的知名企业受到"搭便车""傍名牌"等行为的侵扰，为保护企业核心品牌和形象，大多数企业都选择通过驰名商标认定的途径获得更大范围的保护救济，实现打击不法行为的目的。驰名商标认定在一定程度上体现了驰名商标制度的价值取向，纵观我国驰名商标制度的更迭，不难发现驰名商标认定也经历了根本性变化，完成了从早期的"主动认定为主、被动认定为辅"到"被动保护、个案认定""行政认定单一模式"再到"行政认定与司法认定双轨并行"的模式。如果把驰名商标认定比喻成一场竞技游戏，企业首先要弄清楚的就是最基本的"游戏规则"。

四项"游戏规则"

因需认定

现行《商标法》第十三条第一款规定："为相关公众所熟知的商标，持有人认为其权利受到侵害时，可以依照本法规定请求驰名商标保护。"可见，商标权利人在其权利受到侵害时，有驰名商标保护的需求，才可以申请驰名商标认定。

"权利受到侵害"可以视为这里所指的"需"，但不是所有的"需"都可以启动驰名商标认定工作。这一点在现行《商标法》第十四条第二、三、四款中有关"根据审查、处理案件的需要"就可以发现。商标行政管理部门或人民法院收到驰名商标认定的申请后，应首先审查驰名商标认定对案件是否必要，能够在相同或类似商品的范围内认定侵权行为的，无须认定驰名商标。这就意味着，商标权利人只有在穷尽其他法律救济手段的情况下，方可申请驰名商标保护。依据《驰名商标认定和保护规定》，驰名商标认定存在以下两种情形：

● 当事人认为他人经初步审定并公告的商标违反《商标法》第十三条规定的，可以依据商标法及其实施条例的规定向商标局提出异议，并提交证明其商标驰名的有关材料。

- 当事人认为他人已经注册的商标违反《商标法》第十三条规定的，可以依据商标法及其实施条例的规定向商评委请求裁定撤销该注册商标，并提交证明其商标驰名的有效材料。

驰名商标除通过行政方式认定外，还可以通过司法方式认定。依据《驰名商标若干问题解释》规定，在下列民事纠纷案件中，当事人以商标驰名作为事实根据，人民法院根据案件具体情况，认为确有必要的，对所涉商标是否驰名做出认定：

- 以违反《商标法》第十三条的规定为由，提起的侵犯商标权诉讼。
- 以企业名称与其驰名商标相同或者近似为由，提起的侵犯商标权或者不正当竞争诉讼。
- 符合本解释第六条规定的抗辩或者反诉的诉讼。

被动认定

根据因需认定原则，商标权利人在需求产生后，才能启动驰名商标认定申请，那么，驰名商标认定的主体只能在收到商标权利人的申请后被动开展驰名商标认定工作，可见，被动认定原则和因需认定原则具有因果关系。

我国在驰名商标制度发展的早期实行的是主动认定原则，但这样会带来不良后果，一方面可能使《商标法》确定的基本保护界限被逾越，另一方面可能导致公权机关不当介入到市场竞争领域，干扰市场秩序，滋生公权力滥用。被动认定也从侧面映射了驰名商标认定是一种事实认定，只有在权利被侵害时由行政部门或人民法院进行认定，才能起到保护的作用和意义。

个案认定

个案认定指的是行政部门或人民法院在审理商标违法或侵权案件中认定的驰名商标事实仅对该案有效，产生的法律后果也仅作用于该案本身。驰名商标的驰名状态不是一成不变的，会随着企业的经营而发生变化，其知名度、美誉度可能越来越高，也可能一落千丈，因此，某一时间在某一个案件中认定的驰名状态只针对该案件有效，并不适用于其他案件。个案有效在实践中起着积极的作用，驰名商标的认定对在后案件仅作为一种参考，并不必然影响其法律判决，商标所有人也不能滥用驰名商标的事实认定结果。

个案认定原则体现在我国驰名商标制度的相关规定中,例如《驰名商标认定和保护规定》第四条规定:"驰名商标认定遵循个案认定、被动保护的原则";《驰名商标若干问题解释》第七条第一款规定:"被诉侵犯商标权或者不正当竞争行为发生前,曾被人民法院或者行政管理部门认定驰名的商标,被告对该商标驰名的事实不持异议的,人民法院应当予以认定。被告提出异议的,原告仍应当对该商标驰名的事实负举证责任。"

事实认定

驰名商标是对商标驰名状态的事实认定,这决定了驰名商标事实认定的原则。商标状态是发展变化的,当商标达到驰名的状态时,可以在商标侵权或不正当竞争民事纠纷案件中,申请对商标的驰名状态进行认定,因此,驰名商标认定是对商标驰名事实的认定。基于此,认定驰名商标是法官在判案过程中,论证被告的行为是否构成商标侵权的方法,而不是目的,即属于为法官使用法律裁判案件的事实论证部分,所以对驰名商标的认定应该出现在判决书的事实认定部分,而不应该出现在判决书的判项部分。[①]

现行《商标法》第十四条"驰名商标应当根据当事人的请求,作为处理涉及商标案件需要认定的事实进行认定"和《驰名商标若干问题解释》第十三条"在涉及驰名商标保护的民事纠纷案件中,人民法院对于商标驰名的认定,仅作为案件事实和判决理由,不写入判决主文;以调解方式审结的,在调解书中对商标驰名的事实不予认定"都是"事实认定原则"的具体体现。

两条"通关路径"

了解"游戏规则"之后,企业还要明了最终实现目标的"通关路径",便于企业在合适的时机下选择对自己最为有利的方式完成驰名商标的认定。

行政认定

行政认定是我国现行法律中规定的驰名商标认定的主要方式。根据1996年8月颁布的《驰名商标认定和管理暂行规定》,商标局是最早负责

---

① 苏和秦.驰名商标认定与保护若干问题的探讨[J].中国驰名商标,2007(4).

驰名商标认定工作的机构。在该规定出台前，商标局已经承担起驰名商标认定的工作，由其认定的第一个驰名商标是1987年在必胜客和澳大利亚鸿图商标纠纷中认定的"Pizza Hut"商标，之后在1989年"同仁堂"商标日本抢注案中，商标局协助商标持有人北京药材公司民间走访收集驰名证明材料，并最终驰名认定成功。

2001年前的驰名商标认定工作采取的是"行政认定单一模式"，均由商标局"主动认定"，商标局可以根据商标注册和管理工作的需要主动认定驰名商标。此外，经商标局认定的驰名商标有三年的有效性，有效期内无须重新提出认定申请，这些规定带有当时的社会烙印，也为之后驰名商标异化埋下了隐患。随着经济快速发展，相对于不断出现的侵权案件保护新需求，这些规定日益落后。

2001年，随着相关司法解释的出台，驰名商标认定工作进入行政认定与司法认定双轨并行模式，同时也确立了商标争议案件采取"被动保护、个案认定"的原则。并自2003年颁发的《驰名商标认定和保护规定》之后，行政认定主体扩增为商标局和商评委，行政认定原则也由"主动认定"变为"被动认定"，虽然删除了有关三年有效期的规定，但仍未完全执行个案认定原则，受理案件的工商行政管理部门可以依据曾经的驰名商标认定结论，直接对案件做出裁定或者处理。上述遗留的问题在第三次《商标法》修正和2014年颁发的《驰名商标认定和保护规定》中得到了解决。

【案例】"丰田丰"的擦边球打飞了

徐金福于2010年7月30日提出"丰田丰"商标的注册申请，指定使用在第44类水龙头、地漏等商品上。丰田汽车公司（简称"丰田公司"）依法提出异议，并称丰田公司是世界最著名的汽车公司之一，其使用在第12类汽车及其零配件商品上的"丰田"商标于2006年被商标局认定为驰名商标。"丰田丰"商标完整包含申请人"丰田"商标，其注册和申请极易误导公众，并损害丰田公司的驰名商标利益，请求不予注册该商标的注册申请。商标局裁定核准了"丰田丰"商标的注册。2013年6月28日，丰田汽车公司向商评委申请复审。

引证商标　　　　　　被异议商标

商评委经审理认为，依据丰田公司提供的相关宣传及使用证据可以证明，申请人"丰田"商标在被异议商标申请注册前在汽车及其零配件商品上经过申请人长期、广泛的使用与宣传，已经在中国大陆地区建立了较高知名度及广泛的影响力，为相关消费者所普遍知晓，已达到驰名商标的知名程度，可以认定为驰名商标。本案中，被异议商标"丰田丰"完整包含引证商标"丰田"，两商标高度近似。虽然被异议商标初步审定的水龙头、洗涤槽等商品与申请人"丰田"商标赖以驰名的汽车及其零配件商品并非密切相关，但是被异议商标的使用在客观上易使消费者与申请人"丰田"商标产生联想，从而削弱"丰田"商标作为驰名商标所具有的显著性和良好商誉，致使驰名商标所有人的利益可能受到损害。因此，裁定"丰田丰"商标不予核准。

试图借助驰名商标的声誉打擦边球、傍名牌的行为较之普通商标更为常见，但这次，"丰田丰"的擦边球打飞了。

司法认定

最高人民法院于2001年颁布的《最高人民法院关于审理涉及计算机网络域名民事纠纷案件适用法律若干问题的解释》和2002年颁布的《最高人民法院关于审理商标民事纠纷案件适用法律若干问题的解释》中都赋予了人民法院驰名商标认定的权利，这两个司法解释的出台标志着我国结束了驰名商标行政认定的单轨制模式。

2009年5月，最高人民法院《驰名商标若干问题解释》实施后，最新引入了驰名商标反淡化保护理论。在利用反淡化理论解决出现的商标纠纷时，若与驰名商标相同或者相似的商标被用于不同的商品或者服务上，即使不会造成混淆，只要是对该驰名商标造成了弱化、退化或者丑化，这样的做法也属于商标侵权。与传统混淆理论相比，反淡化保护理论给驰名商标权利人提供了更大的保护空间。

【案例】"咪咕"商标的驰名之路

中国移动旗下咪咕文化科技有限公司（简称"咪咕公司"）是运营数字内容的专业公司，现已成为国内领先的全场景品牌沉浸平台和正版数字内容汇聚平台。"咪咕咖啡"代表咪咕公司的"咪咕·咖啡"场景空间，是咪咕泛娱乐大布局下实现新零售体验的重要起点。

自2006年起，中国移动就开始对"咪咕"商标进行商标布局工作，除首批申请的13个类别外，逐步将注册类别扩展至延伸业务领域。随着"咪咕咖啡"业务的逐渐发展，尽管中国移动在包含咖啡这一商品的第30类获得"咪咕"商标的授权，但在当时，与之相关的服务类商标，即包含餐饮服务的第43类"咪咕"商标却因存在与"咪咕"近似的在先商标而未能注册成功。考虑到驰名商标可以实现跨类保护，根据现行《商标法》第十三条第三款规定，"就不相同或者不相类似商品申请注册的商标是复制、摹仿或者翻译他人已经在中国注册的驰名商标，误导公众，致使该驰名商标注册人的利益可能受到损害的，不予注册并禁止使用"。中国移动面对此情形，结合"咪咕"品牌的整体影响，尤其是在第41类包含的"培训、组织竞赛（教育或娱乐）、文娱活动"等方面的影响，2015年8月，中国移动向商评委就43类第12143572号商标（简称"争议商标"）提起无效宣告申请，同时，在该案件中对41类的第5634577号商标（简称"申驰商标"）提起驰名商标认证工作。

争议商标　　　　　　申驰商标

为成功获得驰名商标认证，中国移动提交了可以证明"咪咕"商标在第41类包含的服务中具有充足影响力的证据，如中国移动与咪咕公司的相关介绍和知名度证据、"咪咕"商标创意思路、中国移动及其关联公司实际使用及宣传"咪咕"商标的材料、中国移动授权咪咕公司使用"咪咕"商标的授权书、咪咕公司所获荣誉证据及相关知名度证据、咪咕公司出具的"咪咕"品牌的专项审计报告等证据材料。该案经过二审审理,北京市高级人民法院最终认为"在争议商标申请前,中国移动公司及其关联公司长期、广泛、持续的宣传和使用,申驰商标在文娱活动、娱乐信息服务上已在中国境内为相关公众广泛知晓并享有较高的声誉,构成驰名商标"。

也正是因为中国移动41类第5634577号"咪咕"商标的驰名商标认证工作成功,使得争议商标在此次诉讼中依法被无效。此后,中国移动陆续五次在民事诉讼、行政诉讼、商标无效宣告、商标异议等不同程序的"咪咕"商标维权案件中对"咪咕"商标启动驰名商标认定工作,均获得认可与支持。

通过中国移动对"咪咕"商标进行驰名认定工作的案例可以证明驰名商标对于企业而言的意义在于可以突破商标分类保护的限制,实现跨类保护的结果。

五个"基本装备"

无论行政认定驰名商标还是司法认定驰名商标,都需依据现行《商标法》第十四条规定的标准进行判断,《驰名商标认定和保护规定》《驰名商标若干问题解释》也分别规定了驰名商标认定的证据标准,与现行《商标法》的规定基本一致,均从相关公众对商标的知晓程度,商标使用持续时间,商标宣传工作的持续时间、程度和地理范围,商标作为驰名商标受保护记录,以及其他因素五个主要方面衡量商标是否为驰名。而这五项,正是企业最终"通关"的"基本装备"。

相关公众对商标的知晓程度

相关公众对商标的知晓程度,指的是商标在相关公众中的认知程度。《驰名商标认定和保护规定》第二条第二款规定:"相关公众包括与使用商标所标示的某类商品或者服务有关的消费者,生产前述商品或者提供服务的其他经营者以及经销渠道中所涉及的销售者和相关人员等。"简言之,相关公众主要包括商标使用商品或服务的生产者、经营者和消费者,其范围与商标使用商品或服务的种类、使用方式、销售方式、销售渠道、行业特点相关联。

相关公众范围通常小于或等于社会公众。有些商品可能只在特定行业或领域使用,相关公众范围相对较小,如机械、肥料类商品,其知晓范围以该领域上下游企业为限,也就是说,只要该领域内的相关公众知晓,即满足驰名商标对商标知晓程度的要求;有些商品的消费群体较广,如洗发水、方便面等一些快速消费品,其消费者群体基本覆盖社会公众,那么其相关公众范围也相对较广。"动感地带(M-ZONE)"是中国移动通信行业第一个被认定的驰名商标,该商标是中国移动通信集团公司于2002年3月在针对用户市场进行科学细分的基础上,以扩大用户基数为目的,正式推出的具有年轻群体属性的客户品牌,该品牌以灵活创新的定价模式吸引了众多年轻人的加入,在全国范围内都享有很高知名度,其相关公众范围基本接近社会公众。

从现行《商标法》对驰名商标的定义来看,其对知晓程度的要求为"熟知",但是对于在相关公众中多大程度上或者占有多少比例知晓才能认定为"熟知",我国法律没有明确规定,这也符合国际上通行的立法情况。"熟知"的认定需结合具体案件的总体情况进行评判,如果通过法律规定一个具体的数字标准,有些商标可能因为跟该标准差之毫厘却无法认定驰名,明显有违驰名商标保护制度的立法初衷。

在司法审判实践中,法院经当事人申请采取知名度调查和民意测验的方式来证明商标知名度。例如,山东省德州市中级人民法院审理的"腾永乐"商标侵权案中,法院就委托了有关机构对该商标及商品的相关公众知晓度进行了调查。[①]这些知名度调查和民意测验结果是直接反映相关公众对商标知晓程度的直接证据,如当事人双方无异议,法院一般予以采纳。

商标使用持续时间

现行《商标法》明确规定,注册商标成为其核定使用的商品的通用名称或者没有正当理由连续三年不使用的,任何单位或者个人可以向商

---

① 山东省德州市中级人民法院民事判决书(2006)德中民四初字第78号。

标局申请撤销该注册商标。从立法目的看，商标作为一种专有权利，一旦注册完成，应积极投入到商业活动中，否则将面临被撤销的风险。商标只有在使用过程中才会产生其独特的内涵和商业信誉，消费者基于对该内涵和信誉的认可，直接进行认牌购物。

一般来讲，商标使用时间越长，证明使用该商标的商品或服务的质量也越被消费者认可，其知名度也越高，如Kodak、万宝路等世界著名商标，有的已使用了几十年甚至上百年。因此，商标使用持续时间也是驰名商标认定的重要考量因素。

商标使用主要表现为以下几种形式：
- 商品、商品包装或者容器上。
- 服务或者服务有关的物品上。
- 商品或者服务交易文书上。
- 商品或服务的广告宣传、展览。
- 互联网、通信网络等电子媒体或者其他媒介上。
- 其他商业活动中用于识别商品或者服务来源的行为。

商标宣传工作的持续时间、程度和地理范围

广告是企业宣传商品或服务时普遍采用的方式。广告宣传是提高商标知名度的有效途径，可迅速为企业打开商品销路。通过广告宣传，使商标成为家喻户晓的标志，消费者可以记住商标，并通过商标记住商品，同时让消费者熟悉该产品并了解市场信息，对于引导和刺激消费都能起到很好的效果。[1]

商标广告宣传持续的时间、程度和广度，随着商品或服务的类别而呈现出较大的差异。对于快速生活消费品来说，由于其潜在消费群体比较庞大，如果商标宣传持续的时间越长、范围越广，消费者群体数量越大，消费者对该商品的认知就越深；相对于生产资料型商品来说，其消费者群体相对较小，往往不需要进行广告宣传就可为相关公众广为知晓。因此，商标权利人在提供驰名商标广告宣传证据时，应针对不同的商品或服务类别有所侧重。

---

[1] 王莲峰.商标法学[M].北京：北京大学出版社，2007：18.

在司法实践中，法官多会从涉案商标所涉的广告形式、投入量、覆盖率、持续时间以及广告媒体的等级等因素进行考量，此外，广告宣传内容需与商标紧密相连，并突出显示商标，企业广告宣传投入的资金也是审查的因素之一。在中央广播电视总台、全国性报刊以及企业在慈善捐助等方面的宣传，将加重法院认定涉案商标为驰名商标的砝码。①

商标作为驰名商标受保护记录

驰名商标认定是一种事实认定，是对商标某一时间驰名事实状态的认定，具有个案效力，而且，商标驰名状态是动态变化的，可能因时间和市场等情况的变化而变化，因此，驰名商标个案认定结果和效力并不一定及于他人或他案。

针对同一件商标的不同侵权案件相差时间较短的情况，如果当事人均请求驰名商标保护，当事人提交的驰名商标认定证据一般差别不大，如果前一案件的驰名商标认定结果可以同样适用于后一案件，不仅可以节约司法资源，也可省去驰名商标权利人大量的举证工作，进一步提高企业利用驰名商标寻求法律保护的积极性。可见，商标曾作为驰名商标的受保护记录对驰名商标认定也有着积极意义。

《最高人民法院关于审理商标民事纠纷案件适用法律若干问题的解释》第二十二条第三款规定："当事人对曾经被行政主管机关或者人民法院认定的驰名商标请求保护的，对方当事人对涉及的商标驰名不持异议，人民法院不再审查。提出异议的，人民法院依照商标法第十四条的规定审查。"该司法解释确立商标曾作为驰名商标受保护记录在对方当事人无异议的情况下予以认定的态度。《驰名商标若干问题解释》第七条以及《驰名商标认定和保护规定》第十六条的规定与《最高人民法院关于审理商标民事纠纷案件适用法律若干问题的解释》对于商标曾认定的驰名商标保护记录态度一致。

---

① 湖北省武汉市中级人民法院知识产权庭.驰名商标司法保护若干问题思考[J].法律适用，2005（11）：22-26.

【案例】两个"好太太"之战

卷入商标纠纷的是两家"好太太"公司。

一家是广东好太太环保科技有限公司(简称"广州好太太公司"),生产阳台自动晾衣架,拥有第1407896号"好太太"商标,核定使用在21类的"晾衣架"产品上。广州好太太公司聘请了林心如作为其代言人,并通过大力度的广告宣传使"好太太"在业界拥有广泛的知名度。

另一家是中山市好太太电器有限公司(简称"中山好太太公司"),生产燃气炉灶具,将"好太太"作为企业字号进行经营,并将"好太太"及拼音"Haotaitai"使用在其生产的油烟机、炉具和消毒柜等产品上。并且,中山好太太公司也聘请了林心如作为其代言人。

广州好太太公司的注册商标

广州好太太公司认为中山好太太公司的行为侵犯了其"好太太"商标的合法权利,起诉至法院,要求认定第1407896号"好太太"商标为驰名商标,中山好太太公司停止商标侵权行为并赔偿经济损失。此案经过两审终审,最终支持了广州好太太的诉讼请求。

那是什么样的证据使得法院支持了广州好太太关于认定驰名商标的请求呢?

法院经审理认为,自1999年开始,"好太太"商标的权利人采取多种形式,通过中央电视台、地方电视台、报纸、刊物等广告媒体在全国范围内进行了长达5年的广告宣传,宣传范围覆盖全国大部分地区,同时,在《经济导报》《亚太经济时报》以报道方式进行宣传,聘请影视明星为产品形象代言人为之宣传,并为此投入巨额广告费用。广州好太太公司在其产品晾衣架上使用的"好太太"商标使用时间已经持续5年,晾衣架销售范围遍及全国30多个省、自治区、直辖市,具有广泛的消费市场,且其市场占有率为同行业第一。根据社会调查数据显示,"好太太"晾衣架在相关公众中的认知程度比较高。据此,依法认定第1407896号"好太太"注册商标为驰名商标。

其他因素

其他因素是认定驰名商标的兜底性规定，给行政机关或者司法机关在认定驰名商标时结合不同案件情况预留了空间。

《驰名商标认定和保护规定》第九条第一款第五项规定："证明该商标驰名的其他证据材料，如使用该商标的主要商品在近三年的销售收入、市场占有率、净利润、纳税额、销售区域等材料。"《驰名商标若干问题解释》第五条规定："……前款所涉及的商标使用的时间、范围、方式等，包括其核准注册前持续使用的情形。对于商标使用时间长短、行业排名、市场调查报告、市场价值评估报告、是否曾被认定为著名商标等证据，人民法院应当结合认定商标驰名的其他证据，客观、全面地进行审查。"可见，其他因素的内容也比较丰富，应结合不同案件情况予以举证。

总之，我国驰名商标法律制度中对驰名商标认定标准的规定采取的是列举加兜底的方式，需结合不同案件的具体情况灵活处理。

【案例】"茶""水"不容

山东雪青茶场有限公司（简称"雪青茶场"）是一家历史悠久的茶叶专业生产厂家，1992年即为自己的茶叶产品注册了第620895号"雪青"商标。雪青茶场生产的"雪青"牌茶叶多次荣获国家级产品质量金奖，2000年"雪青"商标被认定为山东省著名商标。2004年"雪青"茶被认定为山东省质量免检产品、山东省名牌产品、绿色食品。由于"雪青"品牌的知名度很高，侵犯其商标专用权的现象屡屡发生。2005年5月，雪青茶场在市场上发现莒南县剑青茶厂（简称"剑青茶厂"）生产的山泉水包装上使用了其"雪青"商标。

雪青茶场的注册商标

虽然商标使用在不同的商品上，一个是茶，一个是水，但是雪青茶场认为，剑青茶厂侵犯了其"雪青"商标专用权，因此向法院起诉剑青茶厂，请求认定"雪青"商标为驰名商标，并判决剑青茶厂停止侵权并进行赔偿。

法院经审理查明：

（1）相关公众对该商标的知悉程度。首先，相关公众应当确定为与该商标所标志的某类商品有关的消费者及与该类商品的营销有密切关系的其他经营者。原告将"雪青"商标主要用于第30类的茶叶，第30类商品的消费者为经常使用的消费群体，涵盖了所有的社会群体；经营者为从事茶叶产品销售的经营者。

其次，关于相关公众对商标是否广为知晓的判断。全国各地客户对"雪青"产品及服务给予了高度评价，综合大量证据，法院认为"雪青"商标在相关公众中被广为知晓。

（2）"雪青"商标所使用的持续时间。原告自1992年12月10日在商标局注册"雪青"商标，一直持续使用，使用时间已达到13年之久。

（3）"雪青"商标宣传工作持续的时间、程度和地理范围。原告自1992年12月10日注册"雪青"商标后对该商标以各种形式进行了宣传，宣传方式包括广播电视、展览会、户外广告、报纸杂志等形式，其多次在中央电视台黄金时段发布广告，应认定其宣传范围为全国各省、自治区和直辖市。

（4）原告产品的产量、销售收入和市场占有率。"雪青"茶连续三年年产量、年销售额、年利税、市场占有率、同行业排名等各方面指标均列山东茶业行业第一位。成品茶年销售量超过500吨，年销售额5670万元，年利税542万元。山东省茶文化协会曾于2004年6月6日致函中国茶业流通协会，要求推荐"雪青"为茶产业全国驰名商标。原告雪青茶销售区域已覆盖山东、河北、北京、辽宁、吉林、新疆、江苏、安徽、上海、深圳等地，并出口日本、韩国、俄罗斯等国。据此应认定原告产品的产量以及市场占有率均处于较高水平。

（5）原告产品被假冒情况。从原告提供的证据看，自1996年起，全国各地已经有关部门查实处理的假冒行为即有8起，这从一个方面证明了该商标的知名度。

最终，法院支持了雪青茶场的诉讼请求。

此案展示了法院依据驰名商标认定的五个因素进行法律判断的过程，对需要认定驰名商标的企业是一个明确的指引。

本执要秉

驰名商标侵权保护判断的不易之处主要在于驰名商标跨类别保护,最终都要回归到驰名商标显著性、驰名商标在相关公众中的知名度等核心要素的判断上,这些要素决定了是否会使消费者误认为两种商品或服务来源于同一实体,又或是误以为侵权人与商标权利人之间存在许可、参股、加盟、管理安排等特定关系,或者玷污商标声誉、削减其显著性。驰名商标跨类保护中的两个核心要素需要重点关注。

显著性

根据商标显著性从强到弱,我们把商标标志依次分为四种类型,即独创性标志、任意性标志、暗示性标志和叙述性标志。

独创性标志的显著性最强,这类标志由无明确含义的臆造词构成,为商标所有人独创,如海尔(家用电器)、柯达(胶卷)、SONY(家用电器)等。任意性标志显著性次之,由与本商品或服务无任何关系的现有词汇构成,如长虹(家用电器)、联想(电脑)、鳄鱼(服装)等。暗示性标志没有直接描述商品或者服务的特点,但又能够使消费者对其指定使用的商品或服务产生某种联想,具有一定的显著性,但比独创性标志、任意性标志的显著性弱,如枪手(杀虫剂)、远声(乐器)、飘柔(洗发水)等。独创性标志、任意性标志、暗示性标志因其本身具有显著性,又被称为"固有显著性"商标。叙述性标志直接描述商品或服务的品质、特点,消费者一般不会将此类标志同特定的商品或服务提供者联系在一起,因此不具有显著性。在审查实践中,叙述性标志通过长期使用也可以获得显著性,如"两面针"(牙膏)、"黑又亮"(鞋油),这种通过后天使用获取显著性的商标又被称为"获得显著性"商标。但叙述性标志获准注册有着严格的限制条件,难度较高,法律风险相应较大。

商标的固有显著性只能算是商标获得显著性的有利条件,商标强度最终还是取决于潜在消费者将该标志与特定出处联系的程度。①如果固有显著性和获得显著性是针对商标注册而言的,那么绝对显著性和相对显著性则是针对商标的市场属性而言。

绝对显著性,是指即使在没有指出具体的商品或服务的情况下,也能使人与特定的出处相联系。人们一看见"柯达"和"格力",就自然联想到胶卷和电器;提到"蒙牛",人们的第一反应就是牛奶、奶制品。这种显著性只有经过长期的使用及大量的宣传才能实现,具有绝对显著性的商标可以获得更强、更宽的保护。相对显著性,是指结合具体的商标或服务,某一商标能够起到区别的作用。只有相对显著性的商标,如果离开具体的商品或服务,则不能指向特定商品或服务的出处,也就是说,不能起到区别的作用。②

商标显著性不仅是决定商标能够获得保护的依据,也是确定商标保护范围的基础。③因此,在确定驰名商标保护范围时,要综合考虑驰名商标的固有显著性和获得显著性以及绝对显著性和相对显著性。驰名商标的显著性越强,其识别作用和区别作用就越大,发生误认的可能也就越大,因此跨类保护的范围也应越宽。总之,驰名商标跨类保护的范围与该商标的显著性呈正相关关系。④

在上述雪青茶场与剑青茶厂的商标侵权纠纷案中,还有一个值得关注的点,就是驰名商标与显著性的关系。

法院认为,"如果一个商标本身的显著性越强,那么对它的使用就越可能造成对相关公众的误导,反之则越弱。此案中的商标'雪青',并非通用图形或者人们熟悉的词汇的简单组合,而是由原告主观臆造形成的,其商标上具有明显的显著性。基于该商标的显著性,相关公众在见到同样的商标时,容易首先联想起原告产品"。可以说,驰名商标的先天显著性对于其跨类保护有着非常重要的影响。

---

① 中国社会科学院知识产权中心,中国知识产权培训中心.专利法、商标法修改专题研究[M].北京:知识产权出版社,2009:296.
② 黄晖.驰名商标和著名商标的法律保护:识别到表彰[M].北京:法律出版社,2001:17.
③ 邓宏光.商标法的理论基础:以商标显著性为中心[M].北京:法律出版社,2008:161.
④ 罗娟娟.驰名商标跨类保护范围影响因素若干问题研究[D].上海:华东政法大学,2010.

相关公众

驰名商标的一个重要指标在于其被相关公众广为知晓，由于驰名商标具有行业性，因此，驰名商标通常在其所在行业具有较高的知名度。如果涉及跨类别行业保护，就需要对所涉不同行业的相关公众对驰名商标的知晓程度进行辨识。某企业的驰名商标可能只在自己的行业有名，此时只能给予该商标在该行业的保护。只有在争议商标所在行业的相关公众中也知晓驰名商标，才能给予驰名商标在跨类别行业进行保护。因为在商品或服务不相类似的情况下，没有跨行业的知名度，就不可能有跨行业的混淆或淡化的发生。[1]

那么如何确定"相关公众"的范围呢？《驰名商标认定和保护规定》第二条第二款规定："相关公众包括与使用商标所标示的某类商品或者服务有关的消费者，生产前述商品或者提供服务的其他经营者以及经销渠道中所涉及的销售者和相关人员等。"现行《商标法》第十三条第三款规定"就不相同或者不相类似商品申请注册的商标是复制、摹仿或者翻译他人已经在中国注册的驰名商标，误导公众，致使该驰名商标注册人的利益可能受到损害的，不予注册并禁止使用"中的"公众"是指"与被控侵权行为所涉及的商品或服务有关的消费者以及与该商品、服务的营销有密切关系的其他经营者。"[2]可以看出这两个"公众"的主要内容相同，关键区别在于对应的商品或服务不同。认定驰名商标跨类保护范围时所考虑的"相关公众"的范围应以被控侵权商标所标志的商品使用的范围为准。

驰名商标及商品或者服务在其相关公众的范围内具有较高的知名度，且其知名度能够覆盖争议商标及商品或者服务的领域，在这部分重叠的区域里，被控侵权行为才可能造成混淆或淡化，驰名商标才能在也只能在该重叠的区域里获得跨类保护。

在判断驰名商标侵权保护时，应根据个案情况，综合考虑驰名商标的

---

[1] 黄晖.驰名商标和著名商标的法律保护：从识别到表彰[M].北京.法律出版社，2001：16.

[2] 北京市第一中级人民法院知识产权庭课题组.驰名商标司法保护中存在的问题及解决对策[J].中华商标，2007（11）：37.

显著性、相关公众范围等其他相关因素做出合理的判断，不能将驰名商标作为无限制的全类保护武器，避免驰名商标所有人因滥用权利而损害其他竞争对手的合法权益。

【案例】路易威登折戟

路易威登是世界领先的奢侈品品牌，涉足时装、饰物、皮鞋、箱包、珠宝、手表、传媒、名酒等多个领域，其品牌的价值就如同我们国人心中的茅台酒一样。虽然路易威登在时尚界威风八面，但在中国的商标保护却折戟了。

路易威登马利蒂（简称"异议人"）引用其在第18类"毛皮"等商品和第25类的"服装"商品上在先注册的"路易威登"和"LOUIS VUITTON"系列商标，对自然人姚宏安在第30类的"茶、非医用营养液"等商品上申请注册的第4162219号"路易威登"商标（简称"被异议商标"）提出异议。其核心异议理由是"路易威登"和"LOUIS VUITTON"具有极高知名度和影响力，已构成驰名，应当获得扩大保护，应依据对已注册驰名商标进行跨类保护的规定不予核准第4162219号"路易威登"商标的注册申请。

路易威登	路易威登
引证商标	被异议商标

商标局经审查认为，被异议商标"路易威登"与异议人在先注册的"路易威登""LOUIS VUITTON"系列商标指定使用的商品不属于类似商品。异议人引证商标虽在我国时尚产品领域具有一定知名度，但被异议商标的指定商品与其产品在功能、用途、销售渠道及消费对象等方面差别较大，因此该商标的注册和使用应不会产生误导消费者并损害异议人合法权益的后果。异议人要求认定其引证商标驰名并依据《商标法》第十三条予以扩大保护的证据不足，第4162219号"路易威登"商标予以核准注册。

路易威登的折戟，主要和《商标法》所指的"相关公众"的范围有关：奢侈品(Luxury)并非生活必需品，它是一种超出人们生存与发展需要范围的，具有独特、稀缺、珍奇等特点的消费品。在生活当中，奢侈品牌享有很特殊的市场和社会地位。因此，"奢侈品"的消费者相对较少，影响的人群相对较小，与电子产品、日化用品、服饰食品以及其他生活用品相比，"路易威登""LOUIS VUITTON"之类的奢侈品的受众要小得多，其知名度与影响力也仅限于少数高收入人群。因相关公众的不同，造成混淆的可能性极小，所以无法通过认定驰名商标实现跨类保护。

腾讯在品牌建设、技术创新、产品创新方面的能力有目共睹，但这都离不开其日臻完善的知识产权管理体系。

腾讯有一个百人以上的庞大的法务团队，由一个专职的副总裁来专门管理。法务团队可细分为法务综合部、合规交易部、知识产权部。目前，公司的知识产权管理工作主要由知识产权部来承担，其他部门也承担了部分知识产权管理工作。腾讯的知识产权管理机构既包括了精干的专业部门，又有在各领域进行过深度研究的支持部门，知识产权部与其他支持部门纵横结合，构成了健全完善的知识产权管理机构。

腾讯的知识产权管理策略可以总结为16个字，即"全程跟踪、提前评审、复合保护、立体维权"。"全程跟踪、提前评审"是从过程上来说的，是指腾讯金字塔形的研发架构（腾讯研究院、知识产权部、研发中心、产品业务部门）着力不同的研发阶段，能够很好地将知识产权同研发、市场、运营紧密结合。"复合保护、立体维权"是从手段上来说的，是指涵盖域名、商标、版权、专利、商业秘密的全方位的知识产权管理保护办法。根据对象的不同特点，选择版权+商标、版权+商业秘密、版权+商标+商业秘密、版权+专利等复合保护模式。①

正是因为这种完善的管理体系，腾讯的知识产权工作取得了突出的成绩，不但有效地降低和化解了企业知识产权工作中的诸多风险，实现了品牌的保值增值，还为腾讯获得了众多的品牌荣誉。这正体现了规范化、体系化的制度管理的优势。

---

① 王志晓.浅论腾讯知识产权管理体系[EB/OL].（2015-12-08）[2016-10-15]. http://www.sootoo.com/content/659114.shtml.

第七章

有章可循——商标管理

"管理"本身具有多义性,它不仅有广义和狭义之分,而且还因时代、社会制度和专业的不同,产生不同的解释和理解。法约尔认为:管理是所有的人类组织(不论是家庭、企业或政府)都有的一种活动,这种活动由五项要素组成,即计划、组织、指挥、协调和控制。管理就是实行计划、组织、指挥、协调和控制。①唐纳利认为:管理就是由一个或更多的人来协调他人活动,以便收到个人单独活动所不能收到的效果而进行的各种活动②。孔茨认为:管理就是设计和保持一种良好环境,使人在群体里高效率地完成既定目标③。总结上述定义,可知管理应具备如下要素:

- 目标,即为实现一定的秩序或效果。
- 管理主体,即由谁来管和如何管。
- 管理客体,即对什么施行管理等当然因素。

从管理主体和管理客体来看,商标管理可分为政府层面的商标管理(即宏观商标管理)和企事业单位的商标管理(即微观商标管理),政府的商标管理工作宽泛而复杂,在此不做研究,本书主要针对微观商标管理进行讨论。

那么,什么是企业的商标管理?简单讲,就是企业在商标法律制度的框架下,结合其经营发展战略和规划,为管控风险、提高效率、培育品牌,在企业经营活动的各个方面协调多种资源,就商标确权、使用、保护、运营等内容实施的管理行为。企业商标管理的终极目标是通过构建合理完善的制度来规范企业的商标管理行为,使企业在经营过程中形成良好的商标习惯和秩序,有效地对商标实施保护和利用,规避和降低风险,促进商标这一无形资产持续保值、增值,充分发挥商标在企业生产经营相关环节中的作用,增强企业的市场竞争力。要实现这个目的,首先要从企业的商标管理制度说起。这是因为,企业商标管理制度是支撑企业商标管理活动的运作体系,是基础和保障。

---

① H.法约尔.工业管理与一般管理[M].周安华,等译.北京:中国社会科学出版社,1998:7.

② 小詹姆斯·唐纳利.管理学基础:职能·行为·模型[M].李柱流,译.北京:中国人民大学出版社,1982:18.

③ 约瑟夫·M.普蒂,海茵茨·韦里奇,哈罗德·孔茨.管理学精要:亚洲篇[M].丁慧平,孙先锦,译.北京:机械工业出版社,1999:27.

建章立制

越来越多的企业对商标管理的需求逐渐明晰，但囿于客观原因，常常是思想先进但行动滞后，即使是一些规模较大、经营效益较好的企业也还没有建立系统的商标管理制度，中小企业的现状可能更不乐观。造成行动迟滞的原因主要是没有找到合适的方法，并且因为如此，商标管理的问题愈加凸显。例如，商标数据跟进不及时未能按时续展，商标档案存放杂乱甚至遗失，商标使用不规范引发侵权风险，以及商标侵权反馈不力导致影响商誉等。商标管理制度正是解决问题的最好方法。

企业商标管理制度主要围绕商标确权、使用、保护、运营四部分内容规范企业的商标管理行为及管理流程，设置商标管理部门及其他相关职能部门的职责。下面，我们从商标管理制度常规组成模块出发，结合商标管理实务，从总则、商标管理组织、商标确权、商标使用、商标保护、商标运营、商标分级来构建企业商标管理制度。但需明确的是，企业的情况千差万别，管理需求和习惯不尽相同，所以以下所列仅为基础内容，在此基础上，企业仍要根据自己的情况量身定制，才能达到最好的管理效果。

总则

总则，指法律规章以及文章的序言，是一切文书的总体概括性短篇叙述文章，通常放在最前页。一般情况下，企业商标管理制度第一章也以"总则"开篇，以概括性的文字简明扼要地加以规定，总则通常包含以下几部分：①商标管理目标；②管理制度制定的依据以及适用范围；③其他，如商标管理工作中涉及的基础词汇的定义、商标管理原则等。

通常先有企业商标战略，以商标战略的具体发展规划和目标为起点，将商标管理目标量化为长期目标、中期目标及短期目标，并分配到各个职能部门，商标管理制度的内容则是围绕商标管理目标如何实现展开的。

制度适用范围通常及于企业全体员工，其适用范围大小取决于企业自身规模及商标管理模式。有的企业规模庞大，如集团公司，因业务经营需要在各地设立子公司或分公司,数量多达三四十家,集团与各地子公司、分公司之间商标管理各自为政,集团商标管理制度通常仅适用于集团内部,其效力并不当然及于子公司、分公司,只对其具有参考价值;若各地子公司、分公司之间商标管理由集团公司统一管理,则集团公司商标管理制度适用范围包括子公司、分公司。此外,集团下属上市公司因法律身份及业务职能的特殊性,通常不在集团管理制度适用范围内。对于商标被许可使用人、销售代理商、渠道商、特许加盟商、合作伙伴、客户、广告设计人、广告发布者和商标印制厂商等,企业的商标管理制度不适用于他们,但因其与企业之间存在商标使用的关系,也需要配合企业相关职能部门执行商标管理制度中有关商标规范使用、商标证据及时归档及商标侵权发现及时反馈等规定,这些内容往往会在双方签订的商标许可合同或业务合同中有所体现。

除上述内容外,总则部分通常也可以规定商标管理的原则、商标培训、经费安排等内容。

商标管理组织

企业商标管理组织是指与商标管理活动相关的部门、岗位人员及权责分配。商标管理是一项跨部门、综合性的管理活动。不同企业的品牌管理组织形式各异,可调配的组织资源也不尽相同,因此实际产生的企业商标管理组织模式也呈现多样性,具体而言,在企业分析、计划、组织、协调与商标相关的各种活动时所牵涉的岗位和人员以及他们的行为方式等都会不同[①]。通常,商标管理权责划分都是依托于企业现有的品牌管理组织形式,不同企业的商标管理组织模式不同,各部门的权责分配就会有所差异。在企业商标管理实践中,主要存在以下三种商标管理组织模式。

高层领导负责制

高层领导负责制指商标的决策活动乃至很多的组织实施活动全由企业高层领导承担,只有那些低层次的具体活动才授权下属去执行的一种商标

---

① 符国群.商标资产管理的组织形式及其演变[J].外国经济与管理,1997.

管理组织形式。这种管理组织模式的优点是决策速度快、协调效率高，缺点是商标管理效果受主观经验和认识限制，基层员工参与商标工作的积极性因权力绝对集中而被抑制。一旦企业发展迅速，其规模、业务相应扩大后，不仅容易耗费高层领导更多的时间和精力用于商标管理的具体事务，而且会因自身专业知识和技能不足难以推动商标管理工作，最终，此种模式的优点被淡化而缺点更为突出。

高层领导负责制一般适用于商标数量较少、企业规模较小的初创企业，通常表现为"总经理负责制"，即商标管理事务由总经理决策、分派任务。目前，很多小微企业都采用这一管理模式，企业往往没有专门的部门管理商标事务，也未制定专门的商标管理制度和划分明确的商标管理权责，商标确权、使用、保护、运营等事务，通常由总经理指派行政人员、财务人员或市场人员在代理机构的协助下完成，企业商标事务的推进工作完全由总经理决定。

采取这种商标管理模式的企业，应当从本公司实际情况出发，结合商标管理目标制定商标管理制度，明晰具体实施部门的商标管理职责，这个具体部门可以是一个或者多个，视企业规模来定。一来可以减少企业人员流动带来的工作停滞和衔接困难；二来将责任到人纳入业务考核范围，有效提高商标管理质量。

不可忽视的关键点是，虽然高层领导负责制的组织结构简单，但商标管理事务的实施部门应优先选聘熟悉商标事务并具有一定商标知识基础的人员入职，即引进商标专业人才，弥补总经理对商标认识的不足和偏差，以协助总经理完成商标管理事务，降低企业品牌发展中的风险。

职能管理制

职能管理制是指在企业统一领导、组织与协调下，商标管理的职责主要由企业各职能部门分别承担，各职能部门在各自的权责范围内行使权利、承担义务。也就是说，有关商标的决策与计划都由各职能管理部门的负责人或主管人员共同参与、研究制定、分别执行。这些职能部门通常包括营销、企划、广告、产品开发、财务和法务等部门，这些部门在其权责范围内行使权利、承担义务。

在职能管理制度下，政策和计划不是由一人而是由一群主管人员共同参与制定的。这一制度所强调的价值观念是主管人员之间的相互合作，旨在充分运用各种职能部门专业人员的知识和技巧，使商标管理由传统的经验管理转向以知识为基础的科学管理，通过明确分工和明确职能，可以极大地提高工作效率，这较之于高层领导负责制下的管理方式，确是一种进步。但职能管理制也存在一些问题：一是这些彼此平行的机构之间如何有效沟通与协调，如何避免各部门间的矛盾、冲突和相互推诿；二是当公司拥有多个商标，尤其是在同一业务内已发展出几个不同的商标时，应当由谁对每个商标的发展负主要责任。

职能管理制也是目前较为常见的管理方式，一些大中型公司都有使用。这种制度已经认识到商标管理涉及多个部门，将管理事务整体细分到各专业部门，由各部门负责人从专业的角度做出决策和计划。这种制度高效运行的前提是，各部门沟通顺畅，有着共同的目标和认识。因此，这种模式适合公司产品、商标相对不多，产品及商标间重合度不高的中等规模企业。

职能管理制通常覆盖法务、产品、市场、财务、行政、档案等多个职能部门，其中法务部通常负责商标申请、监测、打假侵权等事务，产品部则负责商标需求提出、商标名称拟定等事务，市场部负责产品宣传推广中的使用及相应使用物料证据留存工作，财务部负责商标相关的合同发票开具存档工作，行政部负责商标印制、企业内部商标使用工作，档案部则负责商标证书、官方来文、使用证据等文件资料的存档工作。在设置各部门权责内容时，应注意各部门人员配置数量及业务量情况，做到合理分配、高效运转，避免产生部门间矛盾和消极怠工的情形。

品牌经理制

在企业的经营管理中，品牌概念的外延往往大于商标，因此可以以品牌为主线设置总负责人，即企业为每一品牌的产品线配备一名具有高度组织能力的经理，他对该品牌的产品开发、产品销售额、产品利润全部负责，并由他统一协调产品开发部门、生产部门以及销售部门的工作，负责品牌管理的全过程。品牌经理制的实施，在很大程度上消除了部门之间的推诿，使公司的每一产品在追求商业机会的激烈竞争中都能得到全公司上下一致的有力支持，从而实现由各部门的局部最优达到公司整体的全局最优。

品牌经理制既弥补了高层领导负责制和职能管理制的不足，又融合了它们的优点，是一种较科学的商标管理组织形式。然而，品牌经理制度也存在不少缺陷，各品牌经理相互独立，他们会为保持各自产品的利益而发生摩擦，或者在品牌经理未必能获得足够的权威的情况下，无法获得广告部门、销售部门、生产部门和其他部门的配合与支持，又或是在权责划分不明晰的情况下，会出现多头领导的局面，如产品广告经理在制定广告战略时接受产品市场营销经理的指导，而在预算和媒体选择上则受制于品牌经理。此外，从公司长远利益看，要使品牌经理制在实现企业商标管理目标的过程中更具适应性和更好地发挥作用，还应解决如何约束品牌经理过多地考虑短期营销业绩而牺牲长远商标利益的问题。

一些产品线较多、商标数量庞大的大型企业通常采用品牌经理制。如可口可乐、高露洁、雀巢等公司都建立了企业范围内的品牌管理机构，通常由一名高级副总裁挂帅。IBM公司专门成立了一个小组，负责有关品牌的事宜；即使是品牌经理制的鼻祖——宝洁公司，其品牌管理体制这几年也发生了显著变化，其中最重要的变化就是设立产品类别管理层，即为减少企业内部各品牌之间的竞争，在公司所属的28个产品类别中，每个类别任命了一名总经理，并赋予其利润责任。由他们管理同类产品品牌，以使同类产品中各品牌所做的营销努力能够相互配合，这是有效解决内部协调问题、增进效益的较好方法。

在品牌经理制模式下，企业通常设立品牌管理部，下设战略决策部、法律事务部、内控部、情报资料部和外联部。其中，战略决策部负责制定企业中长期商标发展战略和管理目标，法律事务部主要负责商标申请、驳回、异议、转让、许可、侵权诉讼等法律事务，内控部则主要负责管理商标档案，情报资料部主要负责商标公告监测、驰名商标认定等事务，外联部则主要负责商标宣传、行政投诉等对外工作。

以上管理组织模式是企业商标管理组织常见的三种模式，各有利弊，企业应根据自身规模和商标实际情况，选取适合自己的管理组织模式，充分利用模式的优点，合理淡化或化解管理模式的缺点。无论采用上述哪种管理模式，企业都应优先选聘熟悉商标事务并具有一定商标基础的人员参与商标管理事务。

商标确权

商标确权，即我们常指的商标注册申请，是企业商标管理的基础，主要包括商标注册策略、商标国际注册、商标标志设计及风险评估、商标申请流程等主要内容。本书其他篇章已经就商标确权的基础理论做了详细阐述，在此不再赘述。

商标注册策略

商标注册策略主要解决商标注册时间、商标标志选择、商标注册类别及商标近似注册等问题，以下介绍几种常见的商标注册策略。

（1）商标先行策略

商标审查的法定期限是九个月，如果等到产品已经研制成功或已经开始销售才去申请商标，一旦审查未核准，更换已经使用中的商标势必会影响产品的销售。因此，企业成立之初，就要考虑商标注册，即"市场未动，商标先行"。此外，以实际使用为目的的商标先行注册可以提前防范他人抢注已使用的未注册商标，有力地打击"商标圈地行为"。

（2）商标组合策略

商标组合策略主要解决的是商标标志选取问题，以获取更有效、全面的保护以及区分等效果，商标注册可以采用多种商标组合形式。

首先，商号注册为商标。这既可以宣传商品的商标，又可以宣传企业，便于消费者识别。此外，还可以将商号作为母商标注册，其余商标作为子商标注册，将商标分级注册保护，不但可以分散子商标经营不当而殃及主商标的风险，还可以利用母子商标的关联性，提高子商标的知名度。

其次，文字商标可选择中英文组合注册。中英文一起出现在商标中，不但中国人可以看懂，外国人也可以看懂，有利于企业开拓国外市场，节约扩张成本。

最后，文字与图形组合注册。图形相比文字更易于被消费者识别，即使中英文商标都看不懂的人也能记住图形。

（3）商标防御策略

防御商标系指在主要类别以外类别选择注册与主商标相同的商标，主要解决商标延伸注册类别的选择问题。商标注册要适当选择注册的范围，即应选择适当的类别，除注册一个主要类别外，也应根据企业发展战略以及实际使用需求考虑注册其他相关类别，为企业多元化发展预留空间。可见，商标防御战略很好地体现了企业发展的战略眼光。

商标国际注册

互联网技术的迅猛发展为企业业务对外交流提供了更多的便利和发展空间，企业"走出去"的速度更快、难度更小，因此，企业在商标保护方面应及早布局海外市场，为开拓海外市场打好基础。商标国际注册的途径多样化，企业可以根据自身情况选择单一国家申请、马德里国际商标申请或者通过非洲知识产权组织途径申请，也可以采取组合途径申请的策略。

商标标志设计及风险评估

商标管理制度应明确商标标志设计部门及风险评估部门，企业商标标志设计工作通常由商标需求部门提出并自行设计或委托广告公司完成，这里的商标需求提出部门通常为企业的产品开发部、市场部或品牌管理部，商标在提交至商标局之前需要进行内部风险评估，该内部审核通常由企业法务部独自完成或委托中介代理机构协助完成。

企业商标标志除了考虑内在含义、外在美观外，还应考虑商标标志的元素是否满足显著性和合法性。

商标申请流程

商标管理流程是对企业商标管理活动过程的描述，强调的是逻辑性，先做什么、后做什么，输入什么、输出什么，如何转化。商标管理制度则是对某事项的规则进行说明，应该做什么、不应该做什么，应该怎么做、不应该怎么做，有什么后果。流程就像是河道，制度则像是堤坝，要使河流不会泛滥成灾，疏浚河道和加固堤坝都不可或缺，有了流程的指引，各部门商标管理工作起承转合更加有序，有了制度的规范，管理工作不会脱离企业可控范围。

商标管理流程是对管理制度内容的逻辑重演，也是管理制度落地实施的重要保障，是企业商标管理的重要内容。商标管理流程与管理制度均是企业商标管理的重要内容。

流程自企业建立开始就有了，只是在不同规模、不同阶段的表现形式不同而已。小企业或者起步阶段的企业也有流程，只是流程相对简单、快速，如"产品商标设计→代理机构协助申请→商标注册完成"，当企业达到一定规模之后，企业高层管理人员不能面面俱到，内控和标准化就显得尤为重要，这时候是进行流程管理的最佳时机，所以，流程是随着企业的变化而持续改进形成的。

流程通常以流程图的方式体现，并辅以流程说明、职责说明及注意事项。流程说明是对流程活动各个节点的文字描述，包括每个节点对应的执行人、执行事项、执行时限等内容，可以称其为流程图的"说明书"。职责说明是指各个流程节点的执行人在执行具体事项时应履行的职责。注意事项则在于重点强调某一流程活动中较为关键的事项。

商标确权流程是指在商标需求提出到向商标局提出申请的过程中，对多个部门、多个岗位的商标事务在不同环节的排序和衔接。

下图是某企业的商标申请流程图。

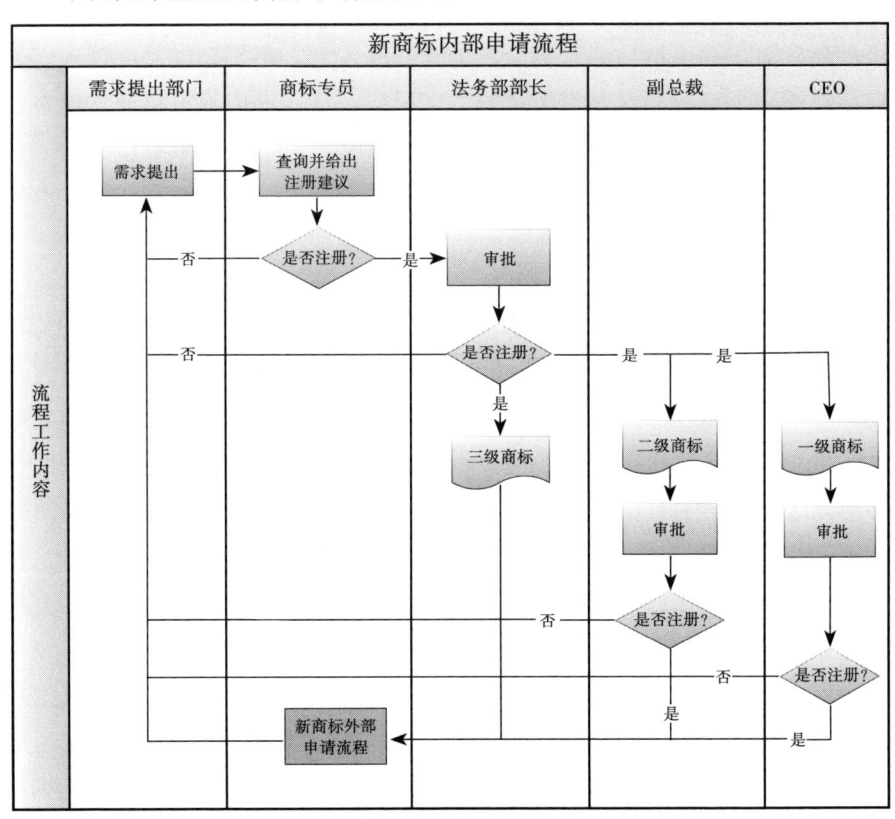

某企业商标申请流程图

商标使用

商标使用是指商标应用于商品、商品包装、商品交易文书、广告宣传、展览或其他商业活动中，规范的商标使用不但有助于稳定商标权利基础，还可以提高品牌知名度，增加品牌附加值。

企业商标使用制度主要包括企业商标使用规范要求、商标使用审查、商标使用证据归档、商标使用流程等主要内容。本书其他篇章已经就商标使用的基础理论做了详细阐述，在此不再赘述。

企业商标使用规范要求

企业商标使用规范要求主要涉及商标标志使用要求、商标标志使用范围等内容。

商标标志使用要求是指商标标志在使用过程中应严格与核准注册的商标标志保持一致，不得有任何改变，包括字体、各元素之间的位置和比例、背景、彩色商标不得改变颜色等要求。市场部门在做产品广告宣传时，出于艺术角度考虑，通常会自发地对商标进行局部调整，例如左右位置改为上下位置，甚至根据不同的宣传时点，直接替换商标的部分元素，这都是商标不规范使用的情形。商标就像企业的形象，如果频繁变换，不容易在公众心中建立起标准化的形象。实践中，很多企业为了向公众展示与树立统一化、差别化的良好企业形象，都会投入心血设计自己的视觉识别系统（即VI系统），这在一定程度上为各个部门规范使用企业主商标提供了保障。如果在实际经营过程中，各个使用部门认为确实有必要改变商标字体、位置、比例、背景、色彩等内容时，可以及时向商标申请部门提出新的商标注册需求。

商标标志使用范围需要考虑的因素包括商标标志使用的商品或服务、商标标志使用渠道。其中，商标标志使用的商品或服务是指企业商标使用应以商标核准注册的商品或服务范围为限，不能超过该范围，一旦有新的产品或服务使用需求，应及时告知负责商标申请的部门，由其及时补充注册新增类别或新增商品或服务，做到商标与使用商品或服务一一对应。商标标志使用渠道有多种，常见的有商品、商品外包装、办公用品、交易文书、广告宣传等商业活动。交易文书是指在商业活动中企业签订的有法律效力的单据，如报价单、合同、验收单、发票等。企业在商品、商品外包装、办公用品及广告宣传上使用商标的认知和自觉性较高，但在交易文书上使用意识较弱。相反，交易文书这一使用渠道很重要，尤其面对商标法律案件和诉讼案件时，交易文书通常是证据链的重要组成部分，对证明案件事实起着关键的作用。因此，企业应加强在交易文书上对使用商标的监管。

商标使用审查

商标使用审查是指对商标在不同渠道的使用情况进行审查，包括事前审查和事后监督。商标使用事前审查是指使用部门对外使用商标前应交由其他部门内部审核，防止出现不规范、不合法的使用行为。如果企业商标使用规范要求是确保商标规范使用的制度保障，那么商标使用事前审查则是确保商标规范使用的第二道屏障。

随着产品线增多和业务范围扩大，企业商标使用的情况越来越多，加之商标审查部门人力有限，能做到事无巨细地全部进行事前审查的少之又少，为此，有些企业设置了商标使用事后监督环节，即企业相关部门通过抽查商标使用证据的方式，监督其他部门商标使用情况。商标使用事后监督属于事后救济，发现使用方面存在的问题后反馈给相关使用部门，确保下次使用规范，通过事后监督的模式，商标使用部门可以形成良好的商标惯性。通常，企业承担商标使用审查的部门多为法务部或知识产权部。

商标使用证据归档

商标使用证据归档也是商标使用中的一项重要内容，企业在培育品牌的过程中难免会遇到一些商标纠纷、侵权打假，此时，能够支持企业商标权利主张的就是企业的商标使用证据，因此，企业应重视商标证据的归档工作。

商标使用证据归档涉及以下内容。

- 商标使用证据筛查。证据有效是归档的前提，否则失去了归档的意义。因此，证据存档前需审查其效力，筛除没有效力的证据，补强具有瑕疵的证据。
- 商标使用证据种类。存档的商标证据除了商标证书、商标局下发的官方文件外，还包括使用商标的商品外包装、交易文书、办公用品和广告宣传物料，可以是原件、复印件形式，也可以是记录商标使用现场的照片或视频等电子形式。
- 商标使用证据存档时间。证据存档讲究的是及时性，存档时间过于滞后不利于"过时"证据的补强工作。企业可以根据企业广告宣传频率、销售情况等工作规划确定商标证据的存档时间，如每个月底向相关部门提交商标证据，或每个季度向相关部门提交商标证据。

• 商标使用证据存档部门。如果企业施行的是商标使用事前审查，则存档部门只需要具备档案管理的技能即可。如果企业施行的是商标使用事后监督，商标证据存档时并未进行效力审查，这就要求档案部门还需掌握商标证据筛查的基本知识。商标使用证据通常由企业的法务部、档案部、行政部或综合办公室等部门负责存档。

商标使用流程

商标使用流程是指从商标使用需求部门提出商标使用需求到商标审查部门审核，并由商标留存部门定期提交存档的过程。下图是某企业的商标使用流程图。

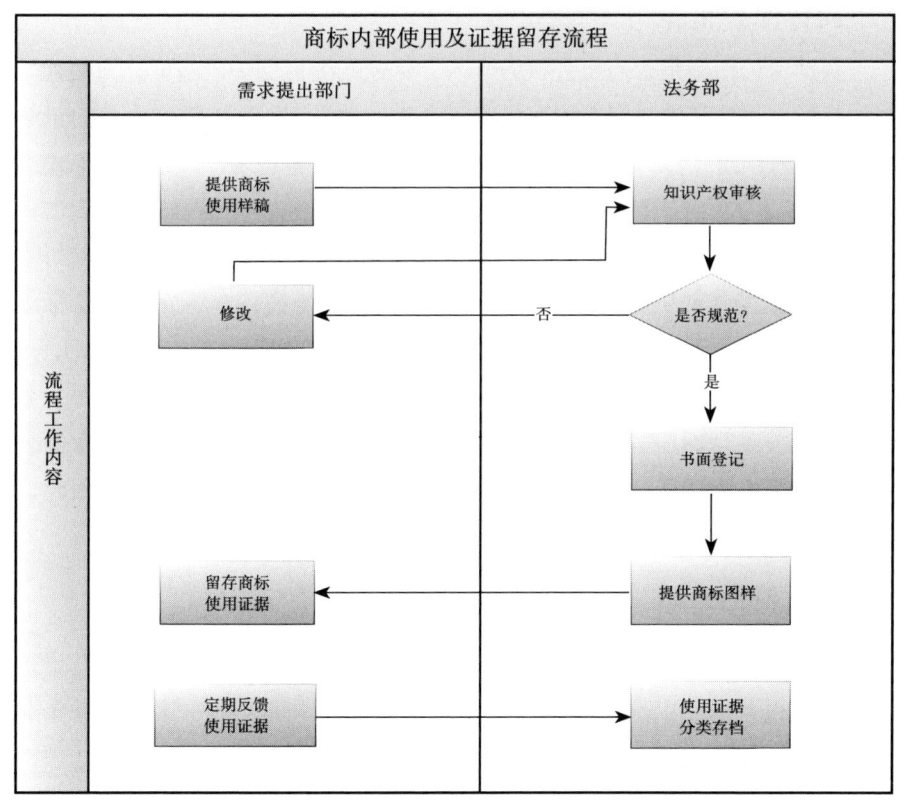

某企业商标使用流程图

商标保护

企业商标保护主要是指企业为应对商标侵权行为而采取的非诉案件、工商打假、海关保护、司法诉讼等保护救济措施。企业通过多年苦心经营逐渐在市场占有一席之地后，其商标通过使用获得的商誉也随之越来越高，这份商誉代表着强劲的市场竞争力和经济利益，商标侵权行为也可能纷至沓来。这些行为侵犯了企业的商标权利，损害了企业长期积累的良好商誉，扰乱社会市场秩序。因此，企业在日常商标管理中应及早布防，防止上述侵权行为发生。

企业商标保护制度主要包括商标保护措施、商标保护机制、商标保护流程等主要内容。本书其他章节已经就商标保护的基础理论做了详细阐述，在此不再赘述。

商标保护措施

根据保护措施是否需要公权力介入，企业的商标保护措施可分为两种。一种是私力救济措施，即在国家机关不介入的情况下，企业依靠自身力量解决商标侵权纠纷，私力救济措施通常包含发送侵权警告函、律师函等形式。另一种是公力救济措施，即当企业商标权利受到侵害时，向国家知识产权局、各级市场监督管理局、法院、海关等国家机关申请处理商标侵权纠纷的措施，根据受理机关的不同，公力救济措施分为商标非诉案件、商标维权打假、商标诉讼案件、商标海关保护等形式。

面对形形色色的商标侵权行为，企业不可能全部诉诸公力救济，一方面国家机关处理纠纷需遵循相关法定程序，耗费的时间较长；另一方面公力救济措施中有些工作需要由专业律师来完成，增加了救济成本，因此，企业可以通过区分商标侵权纠纷解决的难易程度选择救济方式。

商标保护机制

企业通过哪些渠道监控商标侵权行为呢？商标侵权行为一旦被发现是否需要上报，以及上报哪些部门，并由哪些部门跟进处理？这些都是企业应对商标侵权首先应解决的问题，从商标侵权行为监控到上报再到处理将形成一个完整的商标保护机制。有了商标保护机制才能及时应对突发侵权事件，不至于手忙脚乱而贻误事件处理。

商标保护机制主要包括以下几方面内容。

（1）商标侵权行为监控

商标侵权行为多发于商标确权过程和商业活动中，因此商标侵权行为的监控重点也应集中在这两方面。觊觎企业商标所承载的商誉和市场价值，竞争对手或"职业注标人"往往争分夺秒抢注企业正在使用的商标或在相同或相似类别注册与企业注册商标近似的商标，洞察该抢注行为的最佳方法便是时时监测商标公告，通过向商标局提出商标异议或无效宣告申请及时阻止侵权商标授权或撤销该商标权利。商标监测工作需要具备一定的商标近似判定知识，通常由企业的商标主管部门自行负责或委托商标代理机构完成。

与市场接触最多的莫过于企业的市场部，市场部的销售人员在宣传推广企业产品的过程中，最容易接触到竞争对手的产品，较容易发现同行是否存在商标侵权行为，因此，商业活动中商标侵权行为的监控部门通常是企业的市场部门。此外，还可以通过员工培训，增加员工的商标保护意识，通过奖励机制，充分调动全体员工商标保护的积极性，主动留意身边是否存在侵犯企业商标权利的行为，形成"全员监测，全员保护"。

（2）商标侵权行为上报

一旦发现侵权企业商标的行为，无论侵权事件大小，都建议上报企业商标主管部门。首先，商标侵权行为上报有助于企业商标主管部门了解企业商标侵权情况，通过汇总分析每年商标侵权的构成类型、数量及发生特点，为下一年的商标保护工作指明方向；其次，大部分商标主管部门都具备一定的商标专业知识和实务经验，在应对侵权行为时，思考的角度可能更加全面；最后，商标侵权上报制度为企业认定驰名商标提供了有益的侵权案件数据。

（3）商标侵权行为处理

商标侵权行为上报后，通常由企业商标主管部门根据侵权行为的严重程度决定如何处理。

商标主管部门决定处理方案前，通常考虑以下因素：是否给企业造成损失、是否损害商标所承载的商誉、维权成本、维权时间及维权预期效果。例如，企业的产品研发部门发现手机终端应用商店中存在与企业商标相同或近似的软件，该侵权软件上市不久，未对企业造成损失，由产品部门的技术人员通过应用商店投诉的方式即可达到侵权软件下架的目的，无须通过诉讼、工商打假等方式维权。但如果发现市场上出现大量假冒伪劣产品，分流忠实消费者，严重影响企业的正常销售和商誉，仅仅通过律师函、警告函的方式要求停止侵权行为根本无法弥补企业的损失，那么只有企业商标主管部门联合市场等多部门通力合作，通过诉讼或工商打假等方式才能对侵权行为形成有效威慑。

商标保护流程

商标保护流程是指企业从发现商标侵权行为到商标侵权处理，并由相关部门留存侵权案件材料的过程。下图是某企业的商标保护流程图。

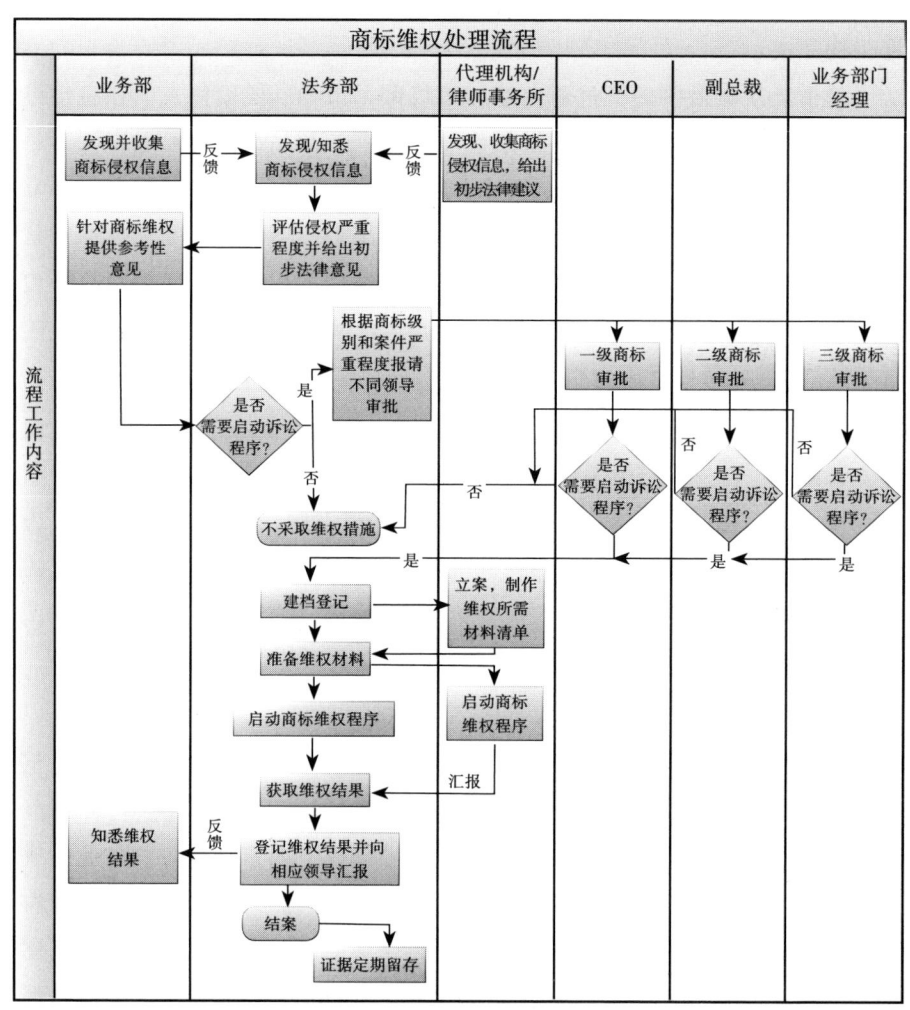

某企业的商标保护流程图

商标运营

《商标法》规定商标注册人享有商标专用权，商标专用权属于财产权范畴。商标注册人对注册商标享有占有、使用、收益、处分四项权能，这四项权能涵盖了商标专用权的保护范围。商标运营是企业充分运用注册商标的占有、使用、收益、处分四项权能，实现商标无形资产有形化。商标运营是知识产权运营的内容之一，是权利人充分运用商标的资产属性获得财产收益的专业化管理。商标运营相比于确权、管理和保护等内容，可能是企业在商标实务中普遍涉及较少的，但伴随着企业对于商标资产价值的认同，商标运营越来越受到企业的关注。

商标运营管理的目的在于激活商标这一无形资产，回馈品牌增值带来的收益，让企业切实看到实实在在的利益，坚定打造知名品牌的信念。商标运营的主要表现形式有商标使用许可、商标转让、商标专用权质押等。

商标使用许可

企业作为注册商标的专用权人，有权处分商标的部分权能。商标的许可使用即是将商标的使用权、收益权进行转让，受让人取得相应权利的法律行为。商标许可是现在最为常见的商标运营方式。

根据商标使用主体的不同，商标许可使用可分为独占使用许可、排他使用许可和普通使用许可三类。企业根据产品特点及行业特性选择适合自己的许可使用方式，具有一定知名度和美誉度的商标被许可的可能性较大，如餐饮类企业连锁加盟；对于那些长期闲置不使用的优势商标资源，在未来没有使用规划的情况下，企业可以考虑以独占方式对外许可他人使用，不仅能盘活商标资产，还能有效规避因三年不使用被撤销的风险。

为了保证被许可使用商标的声誉，企业应着重从以下四个方面把控法律风险：

- 审慎选择商标许可使用的方式及被许可使用人的综合条件，对被许可使用人进行必要的尽职调查。
- 监督被许可使用人在商标使用过程中的商品质量。如果被许可人一味追求利润最大化，牺牲了商品质量，一旦商品质量出现严重问题，通过多年经营积累的商誉可能一夜之间"灰飞烟灭"。

- 制定商品质量事故的应急预案。
- 当出现商品质量事故时，及时有效地处理好质量事故，做好相应的危机公关处理。

商标转让

商标转让是指将商标的占有、使用、收益、处分权进行转让，受让人取得整个商标专用权。由于通过商标转让获得商标权的时间快、程序简单和权利稳定等特点，越来越多的个人和企业倾向于以商标转让方式获得商标权。

在制度设计上，商标转让可以从两个方向考虑。如果是对外转让商标，制度设计上应涉及对拟转让商标的评估，包括负责评估的部门、方式、流程等，保证资产处置合法规范，免受损失；如果是对内受让商标，制度设计上应包括对目标商标的尽职调查，即审核该商标权利的稳定性，是否存在商标的诉讼或非诉案件，是否有许可使用、质押等记录，使用情况如何、知名度如何等。

商标专用权质押

商标专用权质押贷款是指为了企业生产经营的需要，企业或企业主以其拥有的注册商标专用权为质押，从银行业金融机构取得贷款，并按约定的利率和期限偿还贷款本息的一种贷款方式。

商标专用权质押贷款从申请到贷款发放主要包括申请、预审、提交资料、受理、贷款调查、综合审定、授信申报、银行审批、缴费、签订合同、质押登记、收押、放贷等环节。商标专用权质押贷款需要跨部门合作，企业在职责及流程方面应结合质押贷款实务注意事项安排设计。

商标分级

在实践中，对于商标数量较多的企业而言，为实现提高商标管理工作效率、节约管理成本的目标，有些企业可能通过对商标进行分级的方式对不同的商标进行管理，这便是商标分级管理策略。

商标分级其实与品牌架构分级相似。品牌架构分级是企业希望通过划分不同的品牌来达到区分不同定位、特性或层级的产品的效果。常见的品牌架构分级主要是"主品牌与副品牌"分级模式,企业通常会将一个较成熟、较知名的品牌作为主品牌,由此延伸出各个系列的产品,而各个系列产品的名字即成为副品牌。比如,珠海格力电器股份有限公司旗下除了拥有主品牌——₆GREE以外,还包括"晶弘""TOSOT"等副品牌。

企业采用商标分级管理策略的第一步就是要对于现有商标进行级别划分,不同企业的商标分级标准可能并不完全相同。一些主营业务较为多元的企业可能会按照业务集群进行商标分级,一些集团型企业可能通过区分"集团商标与业务商标"的方式进行商标分级,更多的企业则是依据商标的重要程度,将商标分为核心商标、重要商标、一般商标。

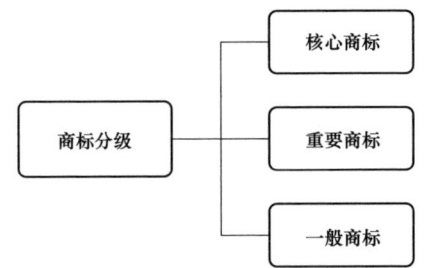

核心商标包括对企业而言最重要的商标、价值最高的商标、具有最高市场认同度的商标。重要商标包括企业正在使用的、具有较高价值和市场认同度或对于企业业务发展扩张具有重要意义的商标。一般商标指对于企业而言虽注册成功但暂未实际使用或出于防御、储备等原因注册的商标。

商标分级的目的对企业而言,在于对不同级别的商标给予不同程度的资源支持,特别体现在商标注册、保护、运营等方面。

在商标注册方面,核心商标从确定名称、法律检索到提交申请等环节受到的关注就与重要商标、一般商标不一样。核心商标在确定名称阶段可能就需要公司高管人员共同参与。在法律检索时,核心商标的风险判断标准也会比重要商标、一般商标更为严格。到了申请阶段,核心商标在企业内部的申报流程最终可能需要公司核心管理人员进行决策,重要商标的申报最终需要公司高级管理人员进行决策,而一般商标由法务部部长或知识产权部部长进行决策即可。

在商标初审公告监测方面,不同层级的商标,监测的类别也有所不同，如核心商标需要监测其注册的所有类别，而重要商标需要监测其核心类别和与核心类别相关的重点类别，一般商标仅需要监测其核心类别。在监测过程中，当遇到与核心商标近似程度较高的已初审商标时，企业应考虑在核心类别和重点类别对相关的商标积极提出异议，而对于重要商标与一般商标，则可选择仅针对核心类别的已初审商标提起异议。

在商标许可方面，企业可秉承"按需许可"原则。对于其他主体对核心商标提出的许可请求采取谨慎严判态度，如认为可以进行许可的，应与对方签订《商标许可协议》，对于许可期限、使用许可商标的要求、转许可限制等重要条款进行严格限制。对于重要商标和一般商标的许可请求，企业可依实际情况与对方约定许可相关要求。在商标转让方面，一般企业不会轻易将核心商标进行转让，对于核心商标的转让决策应由企业高管直接参与。

在商标维权方面，当相关人员发现企业的商标存在被侵权行为时，不同级别的商标上报的层级以及决策是否启动诉讼程序的人员也有所区别，涉及核心商标的需要上报至公司核心管理人员并由其决策，重要商标需要上报至公司高级管理人员并由其决策，一般商标可上报至业务部门经理并由其决策。

可见，商标分级有助于将企业资源合理配置在不同层级商标的管理和维护上，合理分配商标管理和保护资源，提高资源利用效率，从而提升商标保护的精细化水平。

精雕细琢

管控风险和提升效率是企业商标管理的两个目的，可以依靠企业商标管理制度实现；第三个目的更为重要，即培育商标。商标培育的过程其实就是品牌培育的过程，是企业实施品牌战略的必然要求。商标培育与公司的定位、战略息息相关，是一个长期积累、不断变迁的过程，就像拿到一块璞玉，要经过不断用心的雕琢才能成为一件美好的器物。

强化使用

培育商标的目的，是要在消费者心中不断加深企业商标的印象，影响和引导相关公众的消费选择，增加商品或服务的销售机会，最终实现企业盈利。要加深企业商标的印象，使用是最直接、有效的方法，且使用行为要不断地强化。

商标使用是企业经营中自主自发的行为，重要性无须过多强调。关于强化商标的使用行为，以下几点建议可供企业参考。

注册标记的使用

使用注册标记与否，是企业的权利。现实中有很多企业出于美观的考虑，并不使用注册标记。不使用注册标记，相关公众未必不能识别企业的标志，但使用注册标记，便是明确、清晰地昭示企业的商标权利，这是一种最基本的"强化"举动。

商标防淡化

说到"强化使用"，必然是与"反淡化"对应的。如前所述，商标淡化会削弱商标的显著性，严重的可能导致商标权利的灭失，使"私有财产"沦为"公共资源"。要做到商标防淡化，企业首先要严格把控自身商标使用的规范性，也要时刻关注竞争对手是否有不合理的可能导致商标淡化的使用行为，时刻宣示自己对于商标的"主权"。

【案例】金骏眉之殇

作为高端红茶的代表，金骏眉近些年风头颇盛。从刚问世每斤3000元到如今的上万元，已然成为茶叶市场上的稀缺产品。但是老百姓可能有点困惑，这"金骏眉"，到底是像铁观音、碧螺春、大红袍一样的茶叶通用名称，还是某个企业的茶叶商标呢？这就要从历经6年的"金骏眉商标异议复审案"说起。

武夷山被称为世界红茶的发源地，至今已有400余年的历史，金骏眉正是出自武夷山。虽然出自武夷山，但是金骏眉与传统红茶不同，它是福建武夷山国家级自然保护区正山茶业有限公司（简称"正山公司"）在2005年才创新的一款茶叶产品。这款产品一经面世，便成为炙手可热的天之骄子，俨然成为茶叶界的传奇。

2007年3月9日，正山公司向商标局提出"金骏眉"商标的注册申请，指定使用商品为第30类"茶、冰茶、茶饮料、茶叶代用品"。但自产品产生到商标注册之间的两年，市场已经风起云涌。人们慕名而来，从武夷山到整个福建，乃至全国，金骏眉遍地开花。但正山公司目睹这一变化，却并没有采取任何积极的反淡化行动。2009年6月，商标局驳回了正山公司的申请，理由是："金骏眉"是红茶品种名称，不得注册商品商标。

正山公司在2009年7月向商评委提出复审。正山公司认为，金骏眉不是一种红茶品种，在正山公司生产金骏眉之前，中国任何有关植物的书籍和武夷山的历史记载中，都没有金骏眉茶叶品种的存在。2010年2月，商标局对正山公司申请的金骏眉商标通过了初步审定，发出注册公告。公告引发了武夷山茶业界的恐慌，武夷山的茶商们认为武夷山金骏眉应当属于桐木关所有的正山小种经营者，不应由正山公司独占。

武夷山的桐木茶叶公司向商标局提出异议申请。商标局经审查，裁定被异议商标予以核准注册。后该案又历经异议复审、行政诉讼一审，均支持了正山公司的金骏眉商标予以核准。进入北京高院的二审阶段，正山公司始终强调，"金骏眉"系由其法定代表人江元勋首创研发并使用在第30类"茶"等相关产品上的商标，依法应当核准注册。但北京高院没有支持其主张。

北京高院审理之后认为，"金骏眉"在申请注册的时候，不是法定的通用名称，也不是约定俗成的通用名称，但是考虑到商评委做出本案被诉裁定的时候，基于一定证据证明，目前"金骏眉"已作为一种特定红茶的通用名称存在，基于这种事实，二审法院对商评委会做出的认定给予纠正，认定"金骏眉"是特定种类的红茶通用名称，故判令商评委重新做出复审裁定。

至此，正山公司辛苦独创的"金骏眉"正式被宣告成为所有茶企皆可使用的公共资源。可能正山公司并没有想到，短短两年时间，"金骏眉"会迅速通用化。但不得不说，正是因为知识产权意识的缺失，对他人滥用"金骏眉"商标的放任，才导致自己权利的

> 灭失。本案之外，更让人唏嘘的是，由于"金骏眉"名声赫赫，各路打着"金骏眉"之名的红茶滥遍天下，其中很多是劣质产品，高昂的价格，混乱的生产者，让消费者望而却步，给"金骏眉"的市场蒙上了一层阴影。
>
> "金骏眉"案用血淋淋的事实告诉企业，在推出新产品的同时，一定要强化包括商标权在内的知识产权保护意识，做好事前规划，避免品牌的通用化。

防止他人恶意攀附

企业培育一个品牌是极不容易的，需要年深日久不断地投入心血。但总有人想要不劳而获走个"捷径"，靠攀附他人商誉谋求利益。手段低劣一点的，就直接生产销售假冒伪劣商品，以假乱真、以次充好；手段高明一点的，会借着打"擦边球"的方式，要么"似是而非"地模仿他人商标，要么把他人商标注册在其他类别上，有时可能会引起消费者对两个商品之间的联想，有时仅仅是抓人眼球，但迂回地攀附他人商誉的目标依旧是达到了。企业应严防死守这种恶意攀附行为，决不姑息。否则，轻则降低品牌的纯净度，重则影响品牌声誉。

持续积累

品牌价值的实现不是一蹴而就的，商标培育的循序渐进决定了企业对于商标的使用应该是持续、不割裂的，相关公众对企业商标的认知可以从陌生到熟悉，从了解到认可，企业最终潜移默化地实现商标由籍籍无名到名扬天下的培育目标。这种培育可能一直专注在一个领域，也可能是在时代的变迁中不断调整和变化不同的业务领域形成的。无论是哪种方式，企业在发展过程中的每一步都要踏实做好品牌建设，累积良好声誉，品牌才能不断成长。

【案例】传奇的诺基亚

拥有百余年历史的诺基亚品牌发展的传奇经历是一个鲜活的品牌培育的案例。

有人说，不同时代的芬兰人，都可以跟诺基亚产生连接。60岁以上的，认为诺基亚是卖木材和电缆的公司；40岁以上的，认为诺基亚是卖雨鞋和手纸的公司；20岁以上的，认为诺基亚是卖手机的公司。没错，这些都是诺基亚，或曾经的诺基亚。

诺基亚的历史始于1865年，当时一个叫弗雷德里克·艾德斯坦（Fredich Idestam）的工程师在芬兰北部的一条河边建立了一家木浆工厂。随着工业化浪潮在欧洲兴起，纸板的消费量迅速增加。工程师定名为诺基亚的工厂不久便一炮打响。1868年，艾德斯坦在诺基亚河边建立了橡胶加工厂。1871年，艾德斯坦在好友利奥·米其林（Leo Mechelin）的帮助下将两家工厂合并，成为一家股份有限公司，该公司被命名为"诺基亚"。

诺基亚木材工业时期的商标（1865~1897年）

诺基亚橡胶制造时期的商标（1898~1911年）

芬兰橡胶加工厂始创于1898年，主要生产套靴。这家加工厂很快成了诺基亚的邻居。到了20世纪20年代，这家工厂开始以诺基亚作为其品牌。除了皮靴和轮胎外，该厂继续开发其他橡胶产品，如工业用橡胶制品、雨衣、地毯、球类及橡胶玩具等。

诺基亚电缆制造时期的商标（1912~1992年）

芬兰电缆厂始创于1912年，位于赫尔辛基市中心。随着人们对电力运输、电报、电话网络需求的日益增加，电缆需求量也随之激增。起初，工厂员工仅有几个人，但工厂发展迅速。第二次世界大战以后，芬兰电缆厂开始和苏联进行贸易，20世纪60年代对西方国家的出口也迅速增加。

1922年，芬兰橡胶加工厂购买了芬兰电缆厂的大部分股份，三个工厂的所有权逐渐转移到同一个业主手中，到了1967年，三大工厂合并为诺基亚集团。自那时以来，诺基亚发展成为一个包括造纸、化工、橡胶等几个领域的集团公司。

诺基亚电信部门的发展源于1960年电缆厂电子部，而电信系统方面的工作从1962年始于电缆厂，它的电子部当时已在研究无线电传输问题，从而奠定了诺基亚电信的基础。到1967年诺基亚集团成立时，电子部已发展成为雇用460人的大部门。

诺基亚通信制造时期的商标

1969年，诺基亚首先引进符合国家电报电话咨询委员会（CCITI）标准的PCM传输设备，通过提前迈入数字时代，诺基亚做出了自己历史上最重要的战略抉择。

20世纪70年代早期标志着诺基亚在相邻的瑞典、苏联及后来全世界的线缆和微波传输设备市场所占份额不断增长的开始。

20世纪70年代，诺基亚的目标逐渐转变为向完全数字化的电信网络提供设备。后来成为诺基亚移动和固定网络交换机和基站控制器基础的DX200产品就是在20世纪70年代开始开发的，并以此开始了诺基亚交换系统迅速成功的发展进程。随后，移动电话和更多的电信基础设施产品相继被开发出来，以满足国内和国际客户的要求。在20世纪80年代和90年代，诺基亚成为全球数字通信技术的先驱。

诺基亚的主营业务经过几次变化，不但没有对品牌造成消极影响，反而在之前品牌价值积累的基础上进一步升华和巩固，品牌价值不断提升。

顺势而变

品牌价值要持续积累，并不意味着品牌形象要一成不变。相反，很多历史悠久的企业反倒会根据时代的发展变迁不断做出调整，有时是微调，有时甚至会改得"面目全非"。这种变化不是盲目的，是顺势而为、与时俱进。毕竟时移世易，只要保证品牌内核和精神一脉相承，迎合不同时代消费者的消费需求和消费心理做出的改变，可以帮助企业品牌拥有持久的活力。

2011年3月，星巴克正式启用新商标。其设计是将老商标中原本环绕在圆形海妖图标以外的外圈拿掉，并去掉原本位于内圈和外圈之间的"Starbucks Coffee"（星巴克咖啡）字样。星巴克总裁兼首席执行官霍华德·舒尔茨(Howard Schultz）在公司网站上称："在过去40年时间里，海妖图标一直都存在于公司商标中。现在，我们对其做出了小而有意义的改动，目的是确保星巴克品牌继续将我们的传统遗产涵盖在内，同时也是为了确保我们能在未来实现增长。"

星巴克4次商标变化

苹果公司的商标历经多次变化，越发的简洁、纯粹。

苹果商标历史变化

积极维权

要培育一个商标茁壮成长，不但要给它充分的阳光雨露，也要避免狂风骤雨的肆虐侵害。商标侵权行为对企业商标的伤害正是"狂风骤雨"。

对于商标侵权行为的处理态度，企业各有不同。有严厉打击决不姑息的坚决维权派，有不急不缓按兵不动的消极旁观派，有意识到位但操作生疏的心有余而力不足派，甚至还有借势宣传反以为利的乐天派……很多事实证明，任何对于侵权行为的姑息放任，都会阻碍企业商标培育的进程，对品牌价值的影响是负面消极的。很多企业积极采取维权行动，不但保护了商标的声誉，更重要的是净化了市场，维护了企业直接的经济利益。

荣誉认定

企业培育商标，不能只闷头干活，也要知道"邀功请赏"，可以通过国家机关、行业组织、媒体评选等多种途径进行荣誉认定，为商标增加含金量。

知名商标、著名商标曾经是最为常见的认定荣誉的方式，但国家市场监督管理总局已于2019年取消政府评选知名商标、著名商标。目前官方的荣誉认定还有驰名商标，但采取的是因需认定、被动认定、个案认定和事实认定。

严格来讲，驰名商标并不是一种荣誉，修订后的《商标法》也禁止企业对"驰名商标"进行宣传。但是商标管理实务中，企业拥有驰名商标，客观上对品牌价值也是一种肯定。在无形资产评估方面，驰名商标的价值更是不可小觑。

除国家机关外，行业协会和媒体等也常常会评选优秀品牌，这都是对企业商标培育的一种肯定，企业可以积极参与。

闲置商标

企业的发展往往是变化的，因此，企业在不同的发展阶段对于同一件商标的使用情况也可能发生变化，如因业务调整等原因确定不再使用的注册商标就属于企业的闲置商标。

对于闲置商标，企业既应注意闲置商标背后隐藏的法律风险，也应意识到闲置商标存在的运营价值，因此，对于闲置商标的处置也应涵盖在企业商标管理工作中。

闲置商标从本质来说还是注册商标，因此，闲置商标当然受我国现行《商标法》第四十九条的限制，即注册商标没有正当理由连续三年不使用的，任何单位或者个人可以向商标局申请撤销该注册商标，这就意味着如果企业对于某一件闲置商标连续三年没有实际使用或难以提供实际使用的证据，那么当有第三人对这件商标提起"连续三年不使用撤销申请"时，这件商标将面临被撤销的风险。

企业对于闲置商标的处置策略可以分为积极处置策略和消极处置策略两种，因为商标本身具有财产属性，因此企业可以通过转让、授权许可等方式发挥商标的财产属性，变"废"为宝，为企业创造价值。如积极处置策略实现受阻，企业也可以采取相对消极的策略处置闲置商标，如对于保护期将至的闲置商标放弃续展从而控制企业的商标管理成本。

2011年,广州医药集团有限公司(简称"广药集团")与加多宝(中国)饮料有限公司(简称"加多宝公司")两大凉茶企业开启纠纷大战。2015年7月27日,两企业间的一系列纠纷案迎来首个终审判决。北京市高级人民法院,就有关广药集团、广州王老吉大健康产业有限公司诉加多宝公司、广东加多宝饮料食品有限公司"七连冠"等广告语虚假宣传案驳回加多宝方面上诉,终审维持原判,判决加多宝两公司停止侵权行为并赔偿广药集团一方300万元。此后四年间,广药集团和加多宝公司在广告语不正当竞争、知名商标特有包装装潢、"王老吉"商标方面纠纷不断。

而这一切纠纷的起因可以追溯到1995年"王老吉"商标的持有者广药集团将红罐"王老吉"的生产使用权许可给加多宝公司的母公司鸿道集团,而导火索却是加多宝公司在接下来的十几年间,将红罐"王老吉"凉茶经营得有声有色。

在这个案件里,我们看到了商标许可存在的巨大利益,也看到了不可预知的风险;看到了法律坚守的底线,也看到了法律背后商业的博弈。而这,正是商标运营的魅力所在。

第八章

从无到有——商标运营

从"无"到"有"

法律属性之外的资产属性

人们常常利用商标的法律属性，但容易忽略它的资产属性。商标运营正是权利人充分运用商标的资产属性获得财产收益的专业化管理，是"无形"资产的价值变"有形"的过程。商标运营相比于确权、管理和保护等内容，可能是企业在商标实务中普遍涉及较少的，但伴随着企业对于商标资产价值的认同，商标运营越来越受到企业的关注。但这种资产属性的实现可行吗？

利益的可期待

商标是一种智慧产权，是企业无形资产的重要内容之一。经济学界认为无形资产是能为企业带来长期收益而不具有实物形态的经济资源。商标的资产属性体现在其能够给消费者带来超越商品功能价值的附加价值，从而对消费者形成感召力，这种感召力越大，对于商标权利人而言，商标的资产价值就越高，反之则越低。

因为商标具有资产属性，它的价值能够被衡量，在市场活动中能够实现交易；且因管理的方式和内容有所差异，其价值也处于变化之中，具有利益的可期待性。因此，将商标进行专业化管理以期获得商业收益是具有可行性的。

企业本质的契合

企业的本质是谋求产出最大化或利益最大化的经济单元。简言之，所有可以实现利益的方式都符合企业的发展需求。有形资产是企业经济利益实现的基础要素，无论是商标、专利、著作权等知识产权，还是特许经营权、土地使用权等，都需要依附在有形资产上才能发挥作用。但是，作为企业经营的新思路，无形资产创造利益的能力正在被逐渐发掘并焕发出不可估量的能量。基于此，企业追逐利益的本质决定了商标运营会逐渐进入企业管理者的视野，通过激活静置的商标资源使无形资产变得"有形"，为实现企业的利益最大化另辟蹊径，无疑使商标在法律属性之外的经济属性得到充分的释放。

滞后企业需求的运营现状

企业商标事务的发展需求一般呈现这样的先后顺序：对于初创企业来说，商标确权可能是最为直接迫切的需求，即先解决"商标有无"的问题；待企业获得自有品牌的商标专用权后，需要通过大量的使用行为（主要是销售和宣传）来提升品牌的知名度和美誉度，即要解决"名声大小"的问题；待商标已经具有一定的知名度，可能伪劣假冒商品便"慕名而来"，此时，商标的保护迫在眉睫，维权行动又成为重头戏。

一般来讲，商标运营是企业的商标事务发展到相对稳定阶段之后才会被关注的内容（专门的品牌管理公司除外），即企业已经较好地管理了商标相关的风险问题，才会转向经济层面考虑商标的其他价值实现方式。

就目前我国企业整体的商标运营现状来讲，呈现出以下特点：

- 商标运营的意识已逐渐深入，但企业的整体运营水平较为有限。

自2008年《国家知识产权战略纲要》明确指出要提升我国知识产权的创造、运用、保护和管理能力，在政府积极的引导下，越来越多的企业开始关注知识产权的运用问题。此处的运用，不但包括商标的使用，也包括商标的运营。企业不但开始认可商标的资产价值，还积极地寻求实现商标资产价值的方式。商标运营问题已经成为企业经营者思索的重要问题之一。

2021年7月，国家知识产权局印发《关于促进和规范知识产权运营工作的通知》，要求企业结合实际条件与需求，加强自身运营机构建设，完善融入研发经营全过程的运营机制，实现知识产权市场利益最大化，有效推进知识产权向现实生产力转化。

但与意识上的先行相比，企业的整体行动还相对滞后，运营水平也比较有限。企业对于商标运营最大的困扰来自"怎么做"，对此中的风险也常常浑然不觉，以致商标运营工作开展有限，成效也并不显著。

- 商标运营呈现个体化差异，不具备规模性。

相比传统的商标基础申请业务或商标案件的成熟化和规模化，商标运营体现了明显的个体化特点。例如，经营连锁、加盟业务的公司在商标许可事务上运作得驾轻就熟，专门囤积商标出售的企业也深谙商标转让之道，但也有企业在商标许可合同中没有写明对被许可人使用商标的监督和管理要求，或因对转让的风险预估不足，转让人出尔反尔导致商标转让失败的情况。这充分说明，商标运营还没有成为一种普遍化、规模性的商标管理内容。

- 转让和许可普遍，质押方式逐渐完善，商标权利证券化方式经过谨慎探索已存在落地验证案例。

在商标运营的类型中，转让和许可是商标权进行市场流转最常见的两种方式，不但在基础数量上占据绝对优势，在操作实务上也非常成熟。商标质押近几年发展很快，在政府的大力推动和金融机构的积极参与下，一些企业已经成功地拿到了银行的质押贷款，尤其是对一些中小型企业而言，又开辟了一个新的融资渠道。

- 商标权利证券化、商标资产评估等虽然也有发生，但处在不断探索的阶段，企业对这些运营方式还比较谨慎。

变"闲"为宝

商标转让是商标权利人依法定程序将注册商标的专用权转让给他人的民事法律行为，是商标运营中最常见的方式之一。商标转让的实质是商标权利主体的变更，即商标的权利人由甲变为乙。

商标专用权的转让分为两种类型，一种是基于合同关系的转让，另一种是因自然人死亡、企业合并、分立、改制使得商标权利移转至继受人名下。商标权利人对于闲置的商标资源的处置可以通过商标转让实现，这种方式改变了闲置商标静止"无用"的状态，是社会资源的流动，重新激发了商标资源的价值，避免资源浪费，是商标权利人变"闲"为宝的过程。

第二种转让是一种权利继受，是避免因权利主体发生变化或灭失导致商标权利权属不明，影响商标的稳定性。这种转让并非转让的主流方式，故在此不做讨论，本书所说的商标转让仅指第一种情况。

商标转让的基本情况

转让原因

商标转让涉及转让人和受让人，商标出让是从转让人的角度而言的。企业出让商标，常见的有两种原因。

一种原因是基于储备商标闲置或该商标已经不符合企业发展需求，对于企业而言其价值有限，所以企业愿意将这种商标转让出去，既可以节省管理成本，又能够为企业创造收益，可谓一举两得。

另一种原因是出于经营策略的考量进行企业收购，商标作为企业的无形资产一并被转让，这种转让常常发生于外资企业和我国本土企业之间。外资企业进入中国之后，想要丰富其商品布局，打开更广阔的销售网络，收购具有一定知名度的本土品牌无疑是最为便利的做法。2003年，法国欧莱雅收购"小护士"，"小护士"和"欧莱雅"其中的一个下属品牌"卡尼尔"进行合作，"卡尼尔"借助"小护士"的销售网络，实现两者的资源互补。

值得指出的是，外资企业收购本土品牌可能还有竞争层面的深意。例如重庆的"天府可乐"，作为曾经的国宴饮品曾以高达75%的市场份额风靡全国。1994年，"天府可乐"以350万元人民币的价格转让给百事可乐。几年后，"天府可乐"品牌便被雪藏，现在早已在市场上消失。这种情况一般是外资企业的商品与本土企业的商品形成竞品关系，并购并雪藏竞争对手的品牌，可以使自己的商品迅速地占领更多的市场份额。

除了全资收购，外资企业淡化本土企业的商标与品牌的做法还有很多，例如，通过取得控股权，做出对中方品牌不利的决策；买断中方品牌的使用权，借以控制中方品牌等。[①]所以近些年，企业真正需要靠全资收购商标来实现竞争目的的情况也逐渐减少。

---

① 余大伟.并购中需谨慎保护品牌[J].法人，2010（3）.

转让流程

商标的转让起于购买方的意愿。一种情况是，有些企业查询到某注册商标，或出于实际使用的需求，或出于排除在先权利的考虑，希望能够购买目标商标。购买方可以与商标所有人直接联系洽谈，也可以单独成立一个小公司或委托代理机构代为出面洽谈，以期获得更合理的对价并避免使自己的商标处于风险之中。其意图是要隐藏购买方的真实身份，避免用真实身份购买商标导致商标所有人提出过高的转让价格，这种情况多数发生在具有一定知名度、经营情况良好的企业上。例如，美国苹果股份有限公司从唯冠国际控股有限公司在台湾的子公司唯冠电子股份有限公司手中收购"IPAD"全球商标时，使用的即是苹果公司在英国注册的境外公司IP申请发展有限公司的名义。

另一种情况是，商标所有人主动在公开渠道（如商标超市、代理机构网站等）售卖商标，一旦出现有意购买者，双方即可进行商谈，后续有可能达成转让协议。目前国内的商标交易市场尚未成熟，商标交易平台一般由企业搭建，但企业搭建商标交易平台的局限在于无法吸纳足够的用户，很难形成规模交易；交易的安全性仅能依靠双方的诚实信用，没有强制力予以保障。

地方政府在推动商标交易公共平台方面也进行了探索和尝试。2016年，上海市人民政府办公厅印发的《本市贯彻〈国务院办公厅关于发挥品牌引领作用推动供需结构升级的意见〉的实施办法》中提到，探索在市级层面试点设立"老商标池"，鼓励各类国有企业及国有控股企业，通过第三方公共服务平台推介、评估等，以商标转让、许可、入股等多种市场化方式，盘活一批低效的商标资源，重点激活老品牌、老字号。

无论是哪种情况，买卖双方达成转让合意后，均需共同向商标局提出申请，经商标局审查核准，下发《转让核准证明》，商标受让人即正式成为商标所有人。

重点关注

转让前的尽职调查

受让人在购买商标前，对目标商标进行尽职调查是非常必要的。这主要是为了对购入的无形资产进行充分的风险评估，包括调查商标是否确权、权属是否明晰、是否存在商标纠纷，是否有近似商标需要一并转让、是否存在许可质押以及商标的使用情况、商标的知名度和商誉等。只有在充分了解目标商标的基础上，拟购买企业才能充分预估风险，并依此做出最合适的决策。苹果公司与唯冠深圳公司的"IPAD"商标纠纷就是因为事前的尽职调查不充分引发的。

【案例】苹果公司与唯冠深圳公司的"IPAD"商标纠纷案

2000年，唯冠国际控股有限公司（简称"唯冠控股"）旗下的台湾"唯冠电子股份有限公司"（简称"唯冠台湾公司"）在多个国家和地区申请注册了"IPAD"商标。苹果股份有限公司（简称"苹果公司"）在2006年计划推出平板电脑时发现"IPAD"商标都在唯冠台湾公司手中。于是在英国对IPAD商标提出撤销，但最终失败。2009年，苹果公司以其在英国的境外公司IP申请发展有限公司的名义与唯冠台湾公司达成转让协议，以3.5万英镑的对价获得IPAD的全球商标权。此后，苹果公司发现无法办理IPAD在华商标权的转让手续，因为转让协议的签约方唯冠台湾公司并不是中国大陆地区IPAD商标的权利人，大陆地区IPAD商标在唯冠科技（深圳）有限公司（简称"唯冠深圳公司"）名下。

苹果公司在向唯冠深圳公司发出律师信要求过户IPAD商标遭到拒绝后，2010年5月，苹果将唯冠控股、唯冠台湾公司、唯冠深圳公司和杨荣山等一并告到香港高等法院；同月，又向深圳中级人民法院状告唯冠深圳公司，并同时申请查封IPAD商标。2010年9月17日，在未得到IPAD中国大陆地区商标权的前提下，苹果iPad强行登陆中国大陆市场。2011年3月，唯冠深圳公司向北京市西城区工商局提出商标侵权投诉。2011年11月，深圳中院做出一审判决，驳回了苹果将中国大陆两个"IPAD"商标判归其所有的诉讼请求。

唯冠深圳公司维权之势更猛，接连向深圳、惠州、上海三地法院提起侵权诉讼，要求国美、顺电、苹果贸易公司等停止销售iPad系列平板电脑，立即销毁侵权产品标志和包装。其后，全国多地工商部

> 门开始对iPad经销商进行查处，一些电子商务网站也将iPad下架，并暂停销售。唯冠深圳公司还向海关提出申请，请求查处新iPad的进入。2012年1月5日，苹果公司将案件上诉到广东省高级人民法院（简称"广东省高院"）。2月29日，二审开庭，广东省高院倾向于调解。最终，这场纠缠了两年多的商标权诉讼以6000万美元的金额达成和解。苹果公司在中国这一巨大市场的利益终得以维护。
>
> 在这个案件中引发燎原之势的星星之火，仅仅是苹果公司尽职调查的一个疏漏。其实苹果在收购商标前不仅聘用了职业调查人进行尽职调查，签署合同的过程也均有律师和公证人员。但所有这些人，都忘了到中国商标局的官网上查询一下IPAD商标的权利人，而这个查询其实只需要寥寥数秒。

转让方还有一个需要关注的风险是，购买商标时如果目标商标已连续三年未使用，那么该商标有可能因连续三年未使用被提出撤销。商标一旦转让，被撤销的风险就会转移到受让方。现实中确实也发生过这样的案例，甲企业刚刚从乙企业手中购买了一个商标，未及使用，该商标便被第三人以连续三年未使用提出了撤销申请；因该商标在乙手中已经闲置多年，乙也不能提供任何使用证据，该商标最终被撤销了。不得不说，这对刚刚购入商标的甲企业来说，是典型的"赔了夫人又折兵""竹篮打水一场空"。

转让中的公证

虽然签订转让合同可以约定双方的权利义务，但从受让方的角度来说，在转让过程中，如果能够再办理一个公证，说明转让行为系转让方的真实意思表示，安全系数会更高。在一般的商标交易中，买卖双方基于诚实信用，依法履行转让合同，不致出现权属纠纷，但现实中确有特殊情况发生。某企业购买商标后，商标转让申请已经在商标局的审查流程中，但是转让方改变主意不想再转让商标，便致信商标局，表示此次商标转让有重大误解，并非自己的真实意思表示。商标局出于审慎的态度，中止了对该转让申请的审理，要求双方出具经公证的《商标转让协议》才能核准商标转让申请。可是面对已经发生变化的转让方，受让方想办公证协议并非易事，可能需要进一步谈判妥协甚至追加费用才能最终获得商标。因此，公证是为了避免在商标转让过程中横生枝节的法律保障。

转让的官方核准

根据现行《商标法》第四十二条的规定可知，我国商标转让实行核准制，即必须经商标局核准后，商标权利才发生正式移转的效力。因此，一个完整的商标转让行为应该包括两部分，既包括签订《商标转让协议》这一民事法律行为，也包括商标局的审查这一行政法律行为。

但有的企业对商标转让的行政审批程序不熟悉，以为签署了《商标转让协议》就完成了商标权的移转，殊不知，商标权还一直存续于转让人名下。因此，在商标转让过程中，受让人需明确，唯有商标局的官方核准公告发布，该商标转让才算终结，商标权利才真正移转到受让人名下，受让人才能无忧地行使自己的商标权利。

双赢时代

商标许可是商标权利人依法定程序允许他人使用其注册商标的民事法律行为，也是商标运营中常见的方式之一。商标许可的实质是商标使用权的让渡，即拥有商标使用支配权的一方自愿将商标使用权让与或与别人共享的情形。

商标许可从市场的角度来讲即"品牌授权"，它可以带来双赢的局面。一方面，许可人不必投入人工、厂房、设备、资金等就可以为自己的品牌打开市场，如果同一商标在多类注册，还可以授权给不同商品的制造商，继而创造出种类丰富的系列商品，无疑在多领域延展了商标的生命。

华特迪士尼公司（简称"迪士尼"）是美国一家多元化跨国媒体集团，有报告称，迪士尼2021年度授权商品的全球零售总额达到562亿美元。[①]

为打开中国市场，迪士尼选择采用消费品推广的策略，消费品覆盖服装、鞋帽、玩具、家具、家居用品、饰品、文具等众多品类。2015

---

① https://mp.weixin.qq.com/s/x_pi0QOm7YwyUtTeNogf4A.

年前,迪士尼在中国大陆地区并未投建消费品自营门店,而是以授权方式寻找代理商生产文具、玩具、家居用品、服饰等延伸商品,再进入超市、商场等渠道销售。2015年,迪士尼中国区一年的消费品销售额约为20亿美元。[①]

随着迪士尼主题公园在上海的开设,由迪士尼直营的迪士尼商店也陆续开始建立。

另一方面,被许可人可以直接借助被许可商标的知名度迅速获得消费者的认知,能够以较低的成本、较快的速度、较低的风险进入市场并获得较高的收益。例如,在全美经济不景气时,一家已向法院申请破产的制造电动玩具火车的企业赖恩公司,由于一个非常偶然的机会,获得迪士尼公司授权后生产米老鼠造型的火车玩具,投入市场4个月就卖了25万部,这家公司也因此奇迹般地起死回生。除此之外,商标许可中一般都会有对于被许可商品的质量监管条款,如果是特许经营,商品或服务要实现标准化,商品、店铺、设备、服务都有严格的同一化标准,被许可方能够从许可方身上学到关于经营管理、质量控制、市场营销等诸多方面的有益经验,积累了一定的生产技术,有利于被许可方自身的发展壮大,为发展自主品牌增加产业积淀。

近年来,品牌之间通过授权许可进行联名的案例较为常见。"联名商品"成为消费者的心头好,常常占据各大线上商品推荐平台的榜首位置。

"联名"最早产生于品牌和艺术家之间,品牌方将自己的商品与知名艺术家的作品相结合,以期扩大品牌影响力的效果。而不同品牌之间的联名通常是指两个跨越商品所属领域的品牌之间在某一类商品上进行的合作。品牌联名对于品牌方而言,一般可以借助双方品牌的影响力从而实现双赢。例如,2017年奢侈品牌LOUIS VUITTION和潮牌Supreme推出的联名商品发售活动,联名商品一经推出,可谓一物难求。

---

① 夏冰.迪士尼公布消费品授权计划 成中国企业掘金机会[EB/OL].(2015-10-19)[2016-10-15]. http://www.nbd.com.cn/articles/2015-10-19/954567.html.

商标许可的基本情况

许可类型

许可分为三种类型,即独占许可、排他许可和普通许可。

独占许可是指被许可人在规定的范围内对授权的注册商标享有独占使用权利的许可类型。这种许可的排他性及于商标的权利人和任意第三人。正因为独占许可的被许可人对该注册商标享有"唯一"的使用权,因此,独占许可的费用一般较高。独占许可的被许可人一旦在规定区域内发现商标侵权行为,可以以"利害关系人"的身份直接提起商标侵权诉讼。

排他许可是指被许可人在规定范围内对授权的注册商标享有排斥第三人使用注册商标的许可类型。这种许可的排他性及于第三人,但是不及于商标权利人。也就是说,排他许可的许可人(商标权利人)和被许可人都有权利使用注册商标。如果排他许可的被许可人发现在许可区域内有商标侵权行为,可以与商标权利人共同起诉,也可以在商标权利人明确不起诉的情况下,自行提起诉讼,追究侵权人的侵权责任。

普通许可是指在规定范围内许可人授权被许可人使用注册商标,许可人保留自己使用注册商标及再授权第三人使用注册商标之权利的许可类型。这种许可类型不具有排他性,在同一地域内有多家使用注册商标的被许可人共存。一旦发现侵权行为,普通许可的被许可人除非有商标权利人的直接授权,否则无权直接提起侵权诉讼。

三种许可之间的权利义务明显不同,企业应根据实际经营需求决定许可的形式。"如果商标使用不具有竞争性,那么可以发放普通许可。当然,即使发放独占许可,也可以通过分割使用的范围或地域,来发放多个独占许可。"[①]

许可合同

许可合同在许可事务中是最重要的环节,规范了许可双方的权利义务,是许可顺利进行的基础。许可合同一般包括的内容如下:

- 许可方与被许可方的基本信息,包括企业名称、地址、联系方式、

[①] 袁真富,苏和秦.商标战略管理:公司品牌的法务支持[M].北京:知识产权出版社,2007:218-219.

联系人等。
- 许可商标的基本信息，包括商标的名称、注册号、图样、类别、核定使用商品等。
- 许可使用的商品或服务项目。一件商标一般会指定多个商品或服务项目，在许可的时候，可以根据经营策略的考量，仅许其中部分商品或服务项目。
- 许可使用的时间期限和地域范围。
- 许可类型。如前所述，许可类型决定了被许可人的权利界限，应在条款中明确列明。
- 再许可条款。如果许可人允许被许可人再许可第三方使用注册商标，应在合同条款中予以明确。一般合同中未提及再许可的，被许可人没有再许可的权利。
- 监督条款。许可人应当监督被许可人使用其注册商标的商品质量和商标的具体使用情况。
- 标志印制。应明确商标标志印制的承担方，如果是被许可人印制，许可人应对商标印制的规格做出明确要求，并积极监管。
- 费用条款。
- 商标的瑕疵担保条款。许可方应保证自己是注册商标的合法权利人，保证商标的有效性（及时续展）、稳定性（未被撤销）和完整性（无质押），保证该许可不存在第三方的法律冲突等。
- 保密条款。
- 合同的变更、解除和终止条款。
- 违约责任条款。
- 争议解决条款。
- 侵害救济条款，即一旦发生商标侵权行为，由谁来主张权利。
- 生效方式条款。
- 其他条款。

许可流程

商标许可首先是许可双方的接洽谈判，在此过程中，许可方要充分评估被许可方的资质和能力是否足以承担被许可商品的生产，被许可人也要仔细考量使用许可商标的市场前景，一旦双方达成合作意向即可签订许可合同。

根据现行《商标法》第四十三条的规定，许可他人使用其注册商标的，许可人应当将其商标使用许可报商标局备案，由商标局公告。但在实务中，确有企业不进行许可备案。未经备案的商标使用许可，许可合同仍旧有效，但是不得对抗善意第三人。

重点关注

许可人对被许可人的监管

商标许可他人使用之后，商标权利人便丧失了对商标的强控制。但被许可人如何使用商标，它提供的商品质量如何，对许可商标的知名度和美誉度将产生直接影响。所以，许可人应积极履行对被许可人的监管职能，一方面保证商标标志的使用合法合规，以利于不断积累品牌价值；另一方面通过严格管控商品质量，保证品质优秀和市场稳定。对于商品的监管可以通过具体的商品检验来完成，要明确检验商品质量的时间、方式、费用承担、质量不达标的处理方法等内容；同时，许可人还应监督被许可人在使用该注册商标的商品上是否标明被许可人的名称和商品产地。

被许可商标知名后运营问题的利益考量

在一般的商标许可中，被许可商标已具有一定的知名度，这样被许可方才容易借"势"发展自己。但也并不排除，在最初商标许可时，被许可商标声名未起，而是通过被许可方的积极使用和持续宣传不断地积累被许可商标的知名度。"王老吉"和"加多宝"商标纠纷案正是这种情况。

这种情况其实会让被许可方陷入一个两难的境地。如果被许可人希望被许可商标在市场上占有一席之地，市场销量不断提升，就需要进行大量的宣传推广；但如果考虑到付出大量的经济成本去经营被许可商标有可能"为他人作嫁衣"，被许可人也许就会迟疑了。

鉴于此，被许可人在最初接受商标许可时，应该认真考量如何实现投入与收益的利益平衡。首先，可以充分延长许可期限。培养市场是需要时间的，如果许可合同仅签订两三年，那么前期的市场投入还未来得及产生积极效果，被许可商标就被收回了，被许可人必然得不偿失；其次，尽量选择双赢的许可费用计算方式。交纳确定数额的许可费无疑对被许可人是有利的，但如果销售额已经超出双方签约时的预计，许可人可能会因为没有更多的利益而不愿继续维持许可关系，其结果必然对被许可人产生更大的消极影响。

再以"王老吉"和"加多宝"商标案举例，公开资料显示，2000~2010年，红罐"王老吉"已从2亿元的销售额增加到了160亿元，而同期加多宝给广药集团的年商标使用费仅从450万元增加到506万元，即便到2020年也只有537万元。广药集团认为"王老吉"商标被严重"贱租"了，所以2002~2003年间，担任广药集团总经理的李益民收受鸿道集团贿赂一案爆出后，李益民签署的两份延长"王老吉"商标许可期限的补充协议就成了双方争议的导火索。此案的借鉴意义在于，如果被许可人愿意将利益分一杯羹给许可人，例如按照营业额的固定百分比计算许可费，也许许可人也非常乐见被许可人的业务蒸蒸日上，自己可以坐收红利，这又何乐而不为呢？

"质"在"币"得

商标质押是指债务人或第三人将商标权作为标的物交付给债权人占有，作为其债权担保的民事法律行为，是企业融资的一种方式，即以商标为质押物从金融机构"借出钱"来。

我国的知识产权质押提出得比较早，1995年出台的《中华人民共和国担保法》便对知识产权质押做出了规定，但实际运作进展缓慢。2008年，《国家知识产权战略纲要》鼓励企业将知识产权市场化运作。2009年，科技部发布了《中共科学技术部党组关于推动自主创新促进科学发展的意见》指出将"推动知识产权质押贷款"作为今后工作的重点。2010年8月，财政部等六部委联合印发《财政部　工业和信息化部　银监会　国家知识产权局　国家工商行政管理总局　国家版权局　关于加强知识产权质押融资与评估管理支持中小企业发展的通知》(财企〔2010〕199号)，首次明确提出"鼓励和支持商业银行结合自身特点和业务需要，选择符合国家产业政策和信贷政策、可以用货币估价并依法流转的知识产权作为质押物，有效满足中小企业的融资需求……鼓励商业银行积极开展以拥有自主知识产权的中小企业为服务对象的信贷业务，对中小企业以自主知识产权质押的贷款项目予以优先支持。"2014年，中国人民银行等部委提出《中国人民银行　科技部　银监会　证监会　保监会　知识产权局　关于大力推进体制机制创新　扎实做好科技金融服务的意见》（银发〔2014〕9号），其中提出"大力发展知识产权质押融资"工作内容。2019年，中国银保监会、国家知识产权局、国家版权局为促进银行保险机构加大对知识产权运用的支持力度，扩大知识产权质押融资，下发《中国银保监会　国家知识产权局　国家版权局　关于进一步加强知识产权质押融资工作的通知》（银保监发〔2019〕34号），提出优化知识产权质押融资服务体系、加强知识产权质押融资服务创新、健全知识产权质押融资风险管理、完善知识产权质押融资保障工作方面的建议与要求。

2021年，我国专利商标质押融资登记金额首次突破3000亿元，以科技为主的创新型中小微企业融资需求日益旺盛，迫切希望以商标等"轻资产"获得融资支持，以期实现更好发展。

2022年，国家知识产权局与中国银行股份有限公司联合开展商标质押助力餐饮、文旅等重点行业纾困"知惠行"专项活动（简称"专项活动"），即重点面向餐饮、文旅行业的小微企业和个体工商户，希望通过商标质押融资形式资助企业缓解当前面临的资金方面的困难。充分利用中国银行"惠如愿·知惠贷"等普惠金融专属产品，加大服务模式创新和政策支持力度，迅速组织企业调查、银企对接、政策宣讲等系列活动，一体推进"快评、快审、快登、快贷"，为困难行业小微企业纾困，为稳就业、稳经济发挥积极作用。

无锡魅厨餐饮管理有限公司是无锡一家餐饮服务公司，阶段性资金紧缺问题对于企业而言可不是一个小问题。在美团公司的助力下，中国银行江苏分行迅速反应，通过商标质押方式为该企业核定一定数额的授信额度，在一定程度上帮助企业解了燃眉之急。①

---

① 张莫. 中国银行联手美团开展商标质押融资服务[N/OL].（2022-08-25）[2022-10-15]. http://www.jjckb.cn/2022-08/05/c_1310649729.htm.

可见，对于商标质押服务，不仅各地政府在积极探索和推进，金融机构也在积极参与，我国商标质押贷款逐渐呈现出愈发良好的势头。

北京市在全国率先推出了"知识产权质押贷款"相关政策，北京市科委于2006年10月促成了交通银行北京分行在全国率先推出"知识产权质押融资"这一全新的金融服务模式。此后，其他银行也陆续试水此业务。时至今日，中国银行、工商银行、建设银行、招商银行、中信银行、浦发银行、北京银行、嘉兴银行、温州银行、天津农商银行、浙江稠州商业银行等银行的部分分行、支行都成功办理过商标权质押业务。

这些银行主要对一些信誉度较高的企业发放质押贷款，但在政策支持及各地政府的积极推进下，已有多家银行开始试水中小企业的商标质押贷款业务，拓宽了科技型中小企业的融资渠道，为中小企业的持续发展注入活力。

商标质押的基本情况

质押要求

各金融机构对于商标质押的要求不尽相同，此处仅以中国银行北京市分行为例，旨在为企业了解商标质押事宜提供初步的借鉴。

中国银行北京市分行对商标权的质押有以下要求：

- 权属合法、清晰，拥有合法有效的权属证书或证明材料。
- 处于法定有效期限（或保护期）内，且知识产权的剩余法定有效期限（或保护期）长于授信期限。
- 权利完整。商标质押的，应将出质人在相同或者类似商品、服务上注册的相同或相近似商标一并质押。
- 具有经济价值。商标权具有知名度且处于使用阶段。

提交资料

每个金融机构对于商标质押业务的提交材料均有自己的规定，但是一般来讲，主要包括以下内容：

（1）技术资料

- 商标注册证书及相关变更注册法律文书。

- 商标质押、担保、权属纠纷及诉讼情况说明。
- 商标取得情况说明，如果是外购的商标，要提供商标购买合同和相关原始凭证。
- 商标的文字、图形、字母、数字、三维标志和颜色组合及其说明（含释义）。
- 与使用该商标的商品或者服务相关的著作权、专利、专有技术等其他无形资产权利的情况。
- 商标如存在许可使用情况，要说明具体许可使用人及具体许可使用形式，并提供商标许可使用合同及许可使用费原始凭证。
- 国家驰名商标的相关申报资料及认定证书。
- 新闻媒体、消费者对商标商品或服务的质量、售后服务的相关报道和评价等反馈信息。
- 商标商品获奖证书、企业荣誉证书、法定代表人荣誉证书。
- 商标历史评估情况说明，如评估过，要提供以前的评估报告。
- 如果是集体商标或证明商标，需要说明以下内容。

集体商标：使用集体商标的宗旨，使用该商标的集体成员，使用集体商标的商品或者服务质量。

证明商标：使用证明商标的宗旨，该商标证明的商品或者服务的特定品质和特点，使用该商标的条件。

（2）经济与市场资料

- 产权持有者近三年（含评估基准日）财务年度报表（最好是经过审计的）及财务年度分析报告。
- 相关各方对商标商品或服务历史年度投入的主要推广宣传活动情况介绍及推广宣传费用统计，广告发布媒体情况介绍（媒体类别、名称、等级、地域、发行量等）及广告费用统计。
- 商标权利维护方面的情况，包括权利维护方式、效果、成本费用等。
- 近三年商标商品或服务技术开发投入情况和商标商品或服务质量保障体系介绍。
- 近三年商标商品或服务（包括许可他人使用商标的商品或服务）的产量、销量、市场占有率、价格等数据。
- 同类竞争商品或服务市场概述，同类竞争商品或服务的产量、销量、市场占有率、价格等数据。

- 委托方及产权持有者现有的生产经营设施及供销网络概况，各分支机构的生产经营情况简介。
- 在类似商品或者服务上注册的相同或者近似的商标情况。
- 项目公司未来五年总体发展规划、商标商品或服务规划，追加投资计划，市场开发及销售计划，项目实施进度表。
- 填写未来五年商标商品或服务收益预测表（可自制表格，也可参考评估机构进场后提供的样表），并对收益预测进行文字说明（主要包括项目投资及融资计划说明、收入预测说明、成本费用比例说明、企业享受的税收优惠政策说明等）。
- 产权持有者认为能体现商标价值内涵的其他资料。

【案例】商标到底多值钱？

2011年5月后，顺德被国家知识产权局确定为国家知识产权投融资服务试点地区。三年试点工作期间，顺德区内美的集团、南兴果仁、名健电器、本邦电器、广东东方罐头有限公司5家企业，通过多项商标权质押融资，实现了多达19.5亿元的融资额度。其中，中国银行顺德分行对美的集团采取商标质押的方式，向美的集团提供可循环使用的商标质押贷款，质押金额为18.5亿元，在2013年可循环使用的商标质押贷款额度约8亿元。该笔商标质押主要为美的集团电器板块企业在中国银行顺德分行授信提供担保，美的集团也成为上述5家企业中获益最多的一家顺德企业。[①]

2015年5月，宁波东钱湖投资开发有限公司以"东钱湖"商标作为质押，与浙江稠州商业银行宁波分行签订了2亿元的贷款合同。东钱湖市场监管分局有关负责人赴北京帮助企业办理质押合同备案时，商标局有关人士表示，在全国以单个商标作为质押贷款达到2亿元的为数不多，可以说这笔贷款金额在全国名列前茅"。[②]

[①] 欧阳少伟.知识产权投融资服务试点3年 5企业商标质押融资近20亿[EB/OL].（2014-06-17）[2016-10-12]. http://paper.oeeee.com/nis/201406/17/230989.html.

[②] 周雁.无形资产变资本 知识产权更值钱 "东钱湖"商标作质押成功贷款2亿元[N].东南商报，2015-05-23.

（3）法律法规资料

行业政策文件（包括鼓励或限制政策）。

（4）产权持有者管理方面的资料

- 产权持有者营业执照及税务登记证、生产(经营)许可证等。
- 产权持有者简况、法定代表人简介、组织机构图、股权结构图。
- 产权持有者章程、涉及企业产权关系的法律文件。
- 产权持有者资产重组方案、企业购并、合资、合作协议书（意向书）等可能涉及企业产权（股权）关系变动的法律文件。
- 产权持有者提供的经济担保、债务抵押等涉及重大债权、债务关系的法律文件。

重点关注

商标质押有所发展，但存在不足

近年来，在政策支持下，我国商标质押业务取得了较快发展，但在发展的同时，商标质押这种方式也确实存在一些不足，主要体现在以下方面：

第一，商标专用权评估标准不一，价值难以客观评定。商标专用权价值评估是质押融资的关键环节，也是高度专业化的工作，评估过程中对细节问题的不同处理，都可能导致评估结果的巨大差异。而商标专用权无形资产涉及行业及种类繁多，盈利模式差别较大，现行会计制度尚不能全面准确地反映其价值。[1]

第二，商标的不稳定性导致银行回收贷款的风险较大。商标属于无形资产，其不稳定性可能来自法律层面，也可能来自经营层面。就法律层面而言，即便是注册商标，也有可能因权限到期未续展、连续三年未使用而沦为通用名称以及因自行改变注册商标且未按商标管理部门的要求进行改正等原因而导致权利灭失。一旦权利灭失，银行的债权可能面临无法实现的风险。而经营层面的变化就更加难测。一个商标的价值可能受企业经

---

[1] 丁坚，姜纪果.当前形势下商标专用权质押融资困境及对策[EB/OL].（2014-03-14）[2016-09-12]. http://legal.people.com.cn/n/2014/0314/c42510-24639390.html.

营情况而发生波动，存在较大的贬值风险。三鹿乳业的品牌估值曾经达到150亿元，但曝出三聚氰胺事件后，品牌形象一落千丈，企业破产，最终其"三鹿"品牌及保护性商标仅拍卖了730万元。

"组合标的"的贷款方式可能增大质押成功率

即便部分银行已经成功地为企业办理了商标质押贷款，但在实际操作中，银行常要求企业提供其他担保。例如，湖南长沙某知名家饰用品公司通过与担保公司合作，将企业股权和商标进行组合质押担保融资，获得了1000万元的流动资金贷款；石家庄市乐仁堂医药集团股份有限公司从中国建设银行石家庄市支行以商标专用权质押和抵押捆绑银行贷款融资1亿元等。

针对商标专用权价值的不确定性和不稳定性，为了降低银行对于风险的评估，企业可以适时寻求"组合标的"的质押融资方法，通过发展商标权和其他资产捆绑式质押融资的方式来增加商标资源融资的成功率。

商标资产证券化

从2015年《中共中央 国务院关于深化体制机制改革加快实施创新驱动发展战略的若干意见》中提到的"探索开展知识产权证券化业务"，到2018年《中共中央 国务院关于支持海南全面深化改革开放的指导意见》中的"鼓励探索知识产权证券化，完善知识产权信用担保机制"，在我国，以知识产权作为基础资产通过发行证券的方式帮助知识产权权利人进行融资的探索正在逐步完善。

商标因其固有的资产属性，理论上存在作为基础资产进行证券化的可能。商标资产证券化是实现商标运营的一种新兴的创新方式。

商标资产证券化是知识产权证券化的一种，截至目前，我国法律对于"知识产权证券化"暂未出具法律概念释义，学理上知识产权证券化是指发起人将其具有可能预期现金收入流量的知识产权作为基础资产，通过一定的结构安排对基础资产中风险与收益要素进行分离与重组，转移给一个特殊目的实体（Special Purpose Vehicle，SPV），由SPV发行一种基于该知识产权所产生的现金流的可以出售和流通的权利凭证，据以融资的过程。①顾名思义，商标资产证券化是指基础资产是商标权的证券化融资过程，是通过盘活商标权利人拥有的对商标的权利获得流动性收益的一种商标运营方式。

  2021年11月10日，我国首支商标资产证券化产品"长城嘉信-国君-广州开发区科学城知识产权商标许可资产支持专项计划"正式在广州亮相发行，总发行规模为2.89亿元，其中优先A档规模为1.88亿元，票面利率为4.3%；优先B档规模为0.87亿元，票面利率为4.9%。此次项目的底层资产包括12家企业的58个商标，商标总价值高达3.9亿元。②据悉，这款商标资产证券化产品通过固化商标许可权的归属，转移商标许可权价值，突出商标知识产权的融资价值。

  商标资产证券化这条路并不是只要有一件注册商标就符合作为证券化"基础资产"的条件，我国证券投资基金业协会对于可以进行证券化的"基础资产"提出了明确的认可条件，可以进行证券化的基础资产，须符合法律法规规定，权属明确，可以产生独立、可预测的现金流且可特定化的财产权利或者财产，且上述提到的财产权利或者财产，其交易基础应当真实，交易对价应当公允，现金流应当持续、稳定。商标资产证券化中的基础资产可以是商标所有权，也可以直接是商标许可协议。

  权属明确意味着商标权利人拥有的是符合我国法律要求的、完整的、稳定的，不存在权利负担且独立于商标权利人其他资产的商标权利。现金流持续稳定意味着作为基础资产的商标权利产生的或预期产生的现金流是长期的、稳定的、具有较强可预见性的。

---

① 李建伟.知识产权证券化：理论分析与应用研究[J].知识产权，2006（1）：33-29.
② 广州开发区发行全国首支纯商标知识产权证券化产品[EB/OL].（2021-11-10）[2022-10-15]. http://www.hp.gov.cn/gzhpzscq/gkmlpt/content/7/7901/post_7901691.html?jump=true#4834.

2016年7月15日,"2016中国好声音"节目暂时更名为"中国新歌声"如约播出,在该节目播出之前,节目的新老制作单位唐德影视与灿星公司、世纪丽亮公司之间的商标侵权纠纷,就吸引了观众的视线。

"The Voice of…"节目是荷兰Talpa公司独创开发的以歌唱比赛为内容的真人选秀节目。2012年,国内版权代理公司IPCN从Talpa获得了"The Voice of …"的独家发行权,并将制作权授予灿星公司。2016年年初,唐德影视以"黑马"身份杀入,随后以四年6000万美元的价格拿下了该节目的四年授权。纷争就此开始。

2016年6月7日,唐德影视公司向北京知识产权法院提出禁止他人使用"中国好声音"的诉前保全申请。6月20日,北京知识产权法院做出诉前保全禁令,责令灿星公司及其相关方停止使用"中国好声音"名称。随后,灿星公司提出复议申请,但被驳回(正是这个原因导致了节目更名);6月22日,香港国际仲裁中心仲裁庭驳回Talpa公司对其拥有"中国好声音"五个中文字节目名称的宣告要求,同时驳回Talpa对临时禁止星空传媒和梦响强音(以及通过其临时禁止灿星制作和浙江卫视)使用"中国好声音"五个中文字节目名称(以及制作新节目)的救济请求。6月23日,唐德影视直接向北京知识产权法院提起诉讼,请求法院判令两被告立即停止在歌唱比赛选秀节目的宣传、推广、海选、广告招商、节目制作或播出时使用包含"中国好声音""The Voice of China"或"好声音"的节目名称和相关商标标志,索赔各项损失共计5.1亿元。

随着时间的流逝,案件热度虽有减退,但企业积极维护商标权利的做法可圈可点。这也正是我们想和企业共同探讨的问题——如何进行商标维权。

第九章

百艺防身——商标保护

侵权源起

如果对侵犯商标权的情况进行粗略分类，大致有两种：一种是商标与商标之间的冲突导致的商标侵权行为，另一种是其他权利与商标之间的冲突导致的商标侵权行为。

商标与商标的冲突

商标与商标之间的冲突导致的侵权行为是最为常见的，也是企业在商标维权过程中主要应对的工作，侵权的具体情形在现行《商标法》第五十七条予以列示：

- 未经商标注册人的许可，在同一种商品上使用与其注册商标相同的商标的。
- 未经商标注册人的许可，在同一种商品上使用与其注册商标近似的商标，或者在类似商品上使用与其注册商标相同或者近似的商标，容易导致混淆的。
- 销售侵犯注册商标专用权的商品的。
- 伪造、擅自制造他人注册商标标识或者销售伪造、擅自制造的注册商标标识的。
- 未经商标注册人同意，更换其注册商标并将该更换商标的商品又投入市场的。
- 故意为侵犯他人商标专用权行为提供便利条件，帮助他人实施侵犯商标专用权行为的。
- 给他人的注册商标专用权造成其他损害的。

其他权利与商标的冲突

超出商标权的范畴，其他权利越界与商标发生权利冲突的情形越发常见。这里所说的"其他权利"中最为常见的就是企业名称和域名。

商标权与企业名称权的冲突

企业名称权是指企业依法对其登记注册的名称所享有的权利,用于区别不同的市场主体;商标权是指商标主管机关依法授予商标所有人对其注册商标享有的受国家法律保护的专有权,用于区别不同商品或服务的来源。

企业名称权与商标权的冲突主要有两种:一种是将与他人企业名称中的字号相同或者近似的文字注册为商标,引起相关公众对企业名称所有人与注册商标人的误认或者误解的;另一种是将与他人注册商标相同或者近似的文字登记为企业名称中的字号,引起相关公众对商标注册人与企业名称所有人的误认或者误解的。本书重点讨论第二种权利冲突。

对于第二类权利冲突,一般以保护在先注册商标权为处理原则。解决权利冲突一般有以下三种路径:

- 企业名称与在先已注册商标相同或类似,将企业名称进行商标性使用,属于商标侵权行为。
- 企业名称与在先注册商标或未注册的驰名商标相同,虽未突出使用,但足以产生混淆,属于反不正当竞争行为。
- 根据《最高人民法院关于当前经济形势下知识产权审判服务大局若干问题的意见》(法发〔2009〕23号),最高人民法院特别指明了以上两种方式之外的处理意见,即如果注册商标和企业名称的权利冲突是由历史原因造成的,而当事人不具有恶意,不能简单认定商标侵权或不正当竞争,要把历史因素和使用现状考虑在内,公平合理地解决冲突。

因此,企业名称与商标产生的权利冲突应如何进行保护,仍然需要结合个案的具体情况进行考量。

商标权与域名的冲突

域名是对应于互联网数字地址(IP地址)的层次结构式网络字符标志,是进行网络连接的基础和前提。简单讲,域名就是连接互联网的计算机地址,是企业在网络上的一个标志。关于域名是不是一种独立的知识产权,目前尚未形成统一观点,但其属于一种民事权益。域名与商标一样,都是一种商业标志,具有商业价值。

域名与商标的冲突包括域名侵犯商标权和商标反向侵夺域名。域名侵犯商标权也就是通常所说的域名抢注，在此仅讨论这种情况。

《最高人民法院关于审理涉及计算机网络域名民事纠纷案件适用法律若干问题的解释》第四条规定：人民法院审理域名纠纷案件，对符合以下各项条件的，应当认定被告注册、使用域名等行为构成侵权或者不正当竞争：

- 原告请求保护的民事权益合法有效。
- 被告域名或者主要部分构成对原告驰名商标的复制、模仿、翻译或音译；或者与原告的注册商标、域名等相同或近似，足以造成相关公众的误认。
- 被告对该域名或其主要部分不享有权益，也无注册、使用该域名的正当理由。
- 被告对该域名的注册、使用具有恶意。

维权之本

商标维权是让很多企业十分头疼的问题，因为商标侵权行为常常给企业经营带来难以预知的消极影响和经济损失。在企业施展出"十八般武艺"打击侵权人之前，有一项工作是必须预先做好的，那就是证据收集工作。无论采取哪种方式来维权，商标证据都是维权行动的基础所在，唯有商标证据这个"根基"稳固充分，商标维权行动才能"枝繁叶茂"，富有成效。

证据收集范围

证据收集的重要性已经明了，但企业更关注的是实际操作。究竟应该收集哪些商标证据呢？商标证据收集的范围主要集中在四个方面，即商标权属证据、商标侵权证据、损害赔偿证据和惩罚性赔偿证据。

商标权属证据

商标权利人在对他人的商标侵权行为主张权利之前，首先要证明其对涉案商标有合法权利，这才能使商标权利人的维权行为具有合理性和正当性。商标的合法权利需要相关的商标权属证据来证明。

商标权利人采取维权行动的，应提交有效的商标注册证；如果是独占许可的被许可人采取维权行动，除商标注册证外，还应当提供商标使用许可合同；如果是排他许可的被许可人采取维权行动，则提交商标注册证、商标使用许可合同和商标权利人放弃主张权利的声明；如果是普通许可的被许可人采取维权行动，需要提供商标注册证、商标使用许可合同和商标权利人的授权声明。

商标侵权证据

（1）侵权人情况

所谓"知己知彼，百战不殆"，只有充分了解侵权人的背景、经营现状、商品情况等信息，才能更有针对性地开展维权行动。例如，商标权利人在启动民事诉讼之前，需充分了解侵权人的营业地址、经营规模、资产状况、主营业务等基本信息后，才能制定有效的维权策略。

侵权人的情况主要包括侵权人确切的名称、地址、企业性质、关联公司、注册资金、股东构成、人员数量、经营范围、经营现状等，有时甚至股东的背景情况也要一并掌握。如果商标权利人启动的是民事诉讼，需要到侵权人所在行政区域的工商行政管理部门调取其工商档案，一并提交法院。

（2）侵权事实证据

侵权事实是指记载商标侵权人已经实施或正在实施的侵权商标专用权的行为的证据，这是维权过程中最为重要的证据。侵权事实证据主要包括侵权人生产、销售、宣传侵权商品过程中产生的证据，例如，侵权商品的样品或图片，侵权商品的销售合同及对应金额的发票，以及侵权商品的宣传册、广告等。此外，如果有侵权人曾经受到商标侵权的查处记录、处罚决定等，也会加大商标权利人维权的成功率，这可以证明商标侵权人的恶意。

损害赔偿证据

一般在商标民事诉讼中，商标权利人会要求商标侵权人给予一定数额的经济赔偿，这就要求商标权利人提供相应的损害赔偿证据来支持自己的诉求，以作为提出赔偿要求的事实依据。

损害赔偿证据包括商标权利人因商标侵权行为而遭受实际损失的证据、商标侵权人在侵权行为期间因侵权所获得的违法所得利益的证据。如果权利人的损失或侵权人获得的利益难以确定的，可以参照该商标许可使用费的倍数合理确定。权利人因被侵权所受到的实际损失、侵权人因侵权所获得的利益、注册商标许可使用费难以确定的，由人民法院根据侵权行为的情节判决给予五百万元以下的赔偿。

一般情况下，人民法院在确定赔偿数额时，主要考虑侵权行为的性质、期间、后果，商标的声誉，商标使用许可费的数额，商标使用许可的种类、时间、范围，以及制止侵权行为的合理开支等因素。

惩罚性赔偿证据

除损害赔偿外，现行《商标法》还对恶意侵犯商标专用权，情节严重的行为规定了惩罚性赔偿，即可以损害赔偿数额的一倍以上五倍以下确定为惩罚性赔偿数额。赔偿数额应当包括权利人为制止侵权行为所支付的合理开支。同时，人民法院为确定赔偿数额，在权利人已经尽力举证，而与侵权行为相关的账簿、资料主要由侵权人掌握的情况下，可以责令侵权人提供与侵权行为相关的账簿、资料；侵权人不提供或者提供虚假的账簿、资料的，人民法院可以参考权利人的主张和提供的证据判定赔偿数额。

2020年4月，北京市高级人民法院颁布了《北京市高级人民法院关于侵害知识产权及不正当竞争案件确定损害赔偿的指导意见及法定赔偿的裁判标准》，就惩罚性赔偿的适用条件、适用方法，对恶意以及情节严重的认定等方面做出具体的规定与标准。2021年3月，为正确实施惩罚性赔偿制度，依法惩处严重侵害知识产权的行为，最高人民法院公布《最高人民法院关于审理侵害知识产权民事案件适用惩罚性赔偿的解释》，对知识产权民事案件中惩罚性赔偿的适用范围、请求内容和时间、故意和情节严重的认定、计算基数和倍数的确定、生效时间等做出了具体规定，明确对于侵害知识产权情节严重认定的条件，即"人民法院应当综合考虑侵权手段、次数，侵权行为的持续时间、地域范围、规模、后果，侵权人在诉讼中的行为等因素"。

证据收集方法

在以上四种需要收集的商标证据中，最难获得的就是商标侵权证据，因为商标侵权证据要从侵权人处获得，且收集过程中又不能打草惊蛇，否则维权行动就可能功亏一篑。

实地调查

实地调查是收集侵权证据最常使用的方式，能够获得翔实的一手资料。实务中，很多商标权利人在前期获知商标侵权情况存在后，会委托调查公司或者律所等专业机构开展后续深入的调查取证工作。委托专业机构调查的优势在于他们的服务更为专业、安全，收集的证据也更为全面、准确。在进行实地调查前，专业机构往往会对权利人的商标进行风险排查，以确保其不会与其他客户构成冲突，同时，风险排查也是为了保证其调查不会介入到非法商业调查中。确定调查的合法性后，专业机构会将调查目标、调查事项逐一列项，确保调查时不会因为现场干扰因素有所遗漏。在调查过程中，调查公司或律所会收集侵权信息，如侵权商品的生产厂家、存储地、经销网点、销售数量等，也可以代为购买侵权商品。

当然，企业也可以自行完成调查工作。调查人员在进行调查时，应充分利用各种资源，采取灵活的调查方式，随机应变，尽可能多地获取与商标维权有关的信息和证据，为日后维权行动的成功增加砝码。

互联网调查

随着互联网的发展，线上销售成为很多企业新的销售渠道，其势凶猛，大有赶超线下销售的趋势。因此，商标的侵权行为也从线下扩展到线上。但由于互联网自身的特点，网页信息易被修改，网络侵权证据极易灭失，因此，商标权利人如果在网络上发现了侵权信息，可通过公证或利用区块链技术的存证方式留存商标侵权证据。

公力协助

有些时候，即便商标权利人已经尽最大努力去收集证据，但因侵权人侵权行为的隐蔽，也未必能够收集到足够充分的证据来维权。此时，可以适当借助公权力来协助获取有关证据。例如，商标权利人掌握了侵权商品的存储地点，虽然并不知道具体数量，但可以向商标侵权人所在地工商行政管理部门投诉举报。工商行政管理部门在查处过程中，可以查阅侵权人与案件相关的合同、账簿，还可以对侵权人的侵权样品进行提取、拍照及查封。工商行政管理部门的处罚决定可以直接作为证据在侵权之诉中使用。

警告威慑

最低成本的"威吓"

当权利人的商标专用权被侵害时，权利人可以选取多种维权手段进行维护，但有时出于时间及成本的考虑，民事诉讼、行政查处可能不是权利人的首选维权方案。若权利人又不愿意对侵权行为放任不管，此时企业可选择向侵权人发送警告函。

警告函是指以法律函件的形式向侵权人指出侵权事实，说明其侵权行为的法律后果，并依法向侵权人提出明确的停止侵权要求的维权方式。

警告函通常投入费用较小。这种维权手段主要适用于规模较小的侵权企业，且其侵权行为不是非常严重，对权利人危害不大。如果商标权利人希望侵权人只要停止侵权行为即可，主要目的并不在于获取侵权赔偿，权利人就可以选择发送警告函的方式来进行维权。

【案例】警告的威力

3DM游戏网运营商北京三鼎梦软件服务有限公司（简称"3DM"）接到日本光荣公司的警告函。日本光荣公司表示，该公司拥有《三国志》系列游戏的著作权以及"三国志"系列商标权，3DM游戏网近日未经授权发布《三国志13》游戏破解版，并提供免费下载。日本光荣公司认为，3DM的行为已侵犯了该公司的著作权及商标权，要求对方删除相关下载内容，并公开道歉。3DM随后回应称，已全部删除侵权内容。

操作指引

警告函的撰写

警告函的内容应该简洁、明确、清晰。在撰写警告函之前，应尽量区分侵权人是善意还是恶意。并非所有的商标侵权行为都是恶意的，对于那些已构成侵权但并不自知的侵权人，如果能够通过温和的协商方式来解决纠纷，通过法律规定的释明和对其行为的解释来制止侵权行为，其实对企业而言是最好的处理方式。但如果是恶意侵权，建议措辞严厉，重点强调侵权后果、后续维权方式等内容。当善意或恶意无从判断时，措辞客观，有理有据即可。具体来讲，警告函应包含以下四方面内容。

（1）主体权利信息

警告函第一部分通常要写明发出该警告函的主体及其拥有的合法商标权利。如果是以企业名义发送的，写明企业概况、商品概况、商标权属情况、商标知名度等。如果是委托律所发出警告函的，要写明委托人及被委托人。通常，商标权利人即为发出警告函的委托人，除了商标权利人外，商标利害关系人也可以作为发出警告函的委托人。撰写警告函的律师为商标警告函的被委托人。必要时，还应附上商标权属证明复印件及委托人给被委托人处理该商标侵权案件的委托书。

（2）侵权行为及法律后果

警告函第二部分可直接列举并分析侵权人的商标侵权行为并说明其法律后果。根据需要，可将对方的侵权证据作为附件附在警告函后面，并在说明将导致其行为的法律后果时附上相关法律条款。

（3）明确要求

陈述侵权行为和法律后果之后，商标权利人可明确提出自己的要求，例如要求对方停止侵权、进行赔偿、就侵权行为表明态度或提出解决方案等。此处的要求建议应具体可执行，并最好设定截止期限，以避免侵权人拖延处理时间。

（4）对方不接受警告函的法律风险

警告函的最后应当明确告知商标侵权人如果继续侵权行为，商标权利人后续将采取的维权方式或者表明"商标权利人保留追究商标侵权行为的权利"。

警告函的发送

撰写好警告函后，商标权利人或委托律师应当按照侵权人的确切地址将警告函的原件发出。在发警告函时，最好采用特快专递的方式，并保留好警告函复印件及快递单据，以证明主张权利的方式和时间。如果有侵权人的邮件地址和传真电话，可以优先发送邮件和传真，然后再以快递方式寄出警告函。确认警告函签收后，商标权利人或委托律师应及时跟进，与侵权人进行电话或邮件沟通，一方面可以对侵权人造成一定的压力，另一方面也可探询商标侵权人的处理意愿。

警告函的法律效力

警告函属于自力救济，主要是通过警告的方式告知侵权人其侵权行为，并敦促其停止侵权，因此，警告函属于权利行使行为，不具有强制执行效力。若侵权人收到警告函后继续实施侵权行为，商标权利人可以在民事诉讼时将此作为其恶意侵权的证据。

寄发侵权警告函的考虑

相比于诉讼、行政查处等其他维权手段，寄发警告函是成本最低、反应最快、执行最容易的方式之一。

（1）不严重的侵权活动

对于侵权行为不严重，甚至有些侵权行为并非侵权者本意，而是在不知情的情况下造成的，那么商标权利人可以考虑采取发送警告函来敦促侵权人停止侵权行为的维权方式。这种维权方式通过小额的资金即可在短时间内停止侵权行为，从而提高企业维权效率、降低维权成本，尽量减小侵权所带来的负面影响并降低损失。

（2）诉讼价值不大的侵权行为

对于诉讼价值不大的侵权者，如一些无名手工作坊或者没有赔偿实力的侵权者，商标权利人从经济成本及时间成本上考虑，可以尝试发送警告函。

（3）希望尽快停止的侵权行为

由于诉讼周期相对时间较长，花费较大，对于想尽快停止侵权行为的商标权利人，可以考虑采取发送警告函的方式。但如果是具有一定规模的企业，或者是多次侵权人，警告函未必可以起到商标权利人预期的效果。此时只能以警告函进行尝试，一旦未达到商标权利人的预期，商标权利人还需要采取其他维权手段。

（4）不希望以诉讼方式解决的侵权行为

有些商标权利人希望与侵权人达成许可的合作意向，因此不希望进行诉讼。此时，权利人可以考虑向侵权人发起侵权警告函，以此试探合作的可能性。如果权利人除了希望停止侵权外，还希望获得相应的赔偿，那么寄发警告函前务必要做好证据收集的工作。否则，寄发的警告函很有可能打草惊蛇，反而对权利人维权不利。警告函何时寄发，在什么情况下寄发，都要根据具体案件情况进行充分评估。

如何回应侵权警告函

首先，大家必须了解，并非全部警告函都是出于善意的警告，有些权利人出于某种策略考虑，以侵权相威胁，以达到其他目的。而事实上，侵权指控子虚乌有。那么，收到警告函后，要如何处理呢？

恶意警告函

对于恶意警告函，通常语言含糊，事实不清，因此，当企业收到这样的警告函时，应确认收到的警告函包含以下内容：

- 要求权利人提供权属证明，核实其权利人身份。
- 要求权利人明确其何种权利被侵害。
- 要求权利人明确被警告方的侵权行为。

善意警告函

（1）深入了解对方意图

通过网络检索，调查权利人身份背景，包括其过往的诉讼经历、新闻报道等，对商标权利人有初步了解，便于有针对性地采取维权措施。

（2）保持冷静

通常警告函上面会要求侵权人在一定期限内对警告函给予回复。此时，收到警告函一方不要急于回复对方，否则会在谈判中处于不利的地位，可以以程序上的回应为主，例如，负责人不在、需要时间了解事实等。

（3）征求专业意见

此时建议尽量征求专业律师的意见，在律师的建议下制定解决方案，并采取应对措施。

（4）评估是否侵权

根据警告函的内容，确认对方权利是否真实存在及侵权是否成立。如果对方权利已无效或被撤销，或者自己的商品或服务并不侵权，则可以不予理会或者反馈不侵权意见。

（5）停止明显的侵权活动

如果确认自己有可能涉嫌侵权，最好不要出具任何书面意见，以免给对方留下书面证据。此时，公司应该做好应对措施，并停止明显的侵权活动。

（6）调查侵权来源

调查涉嫌侵权的商品或服务是来源于自己的经营活动还是供应商，如果是自己的经营活动，应尽快停止侵权活动；如果是供应商，则应函告供应商共同处理侵权事宜，并且函告权利人，自己不是适格的被告。

（7）评估损失

尽快评估此次侵权所遭受的损失，其中包括停止侵权所带来的损失、认定侵权后给经营带来的影响以及诉讼可能导致的赔偿额。

（8）评估是否通过谈判解决争议

如果侵权不可避免，可以考虑与对方和解，从而最大限度地降低损失。

（9）做好诉讼准备

聘请律师并制订诉讼方案，同时还要处理好与侵权相关的信息，例如，在宣传册上对于侵权商品的宣传、公司营业信息以及有关侵权商品的介绍、销量、销售区域等，这些极有可能被对方进行公证作为诉讼的证据。

（10）发起确认不侵权之诉

收到警告函后，如果确定公司不涉及侵权，可书面催告权利人行使诉权，如权利人收到书面催告之日起一个月内或自书面催告发出之日起两个月内，既不撤回警告也不提请诉讼的，公司可以主动向法院提起确认不侵权之诉。

行政制裁

打击迅速的行政之"手"

商标行政执法具有网络健全、程序简便、快捷、高效的优势，也是企业最常借助的"手"。依据现行《商标法》，若遇到商标侵权纠纷，当事人可以到侵权行为发生地或者侵权人所在地的工商行政管理部门进行投诉。县级以上工商行政管理部门不仅可以根据当事人投诉进行执法，也可以依职权主动执法。[①]

商标侵权的行政查处指的是我国县级以上市场监督管理机关（简称"市场监督管理机关"）以行政执法手段调查和制裁侵犯他人注册商标专用权的行为，以保护商标权利人对其注册商标享有的专有权利。市场监督管理机关对商标侵权行为可以采取以下措施：责令立即停止侵权行为，没收、销毁侵权商品和主要用于制造侵权商品、伪造注册商标标识的工具，违法经营额五万元以上的，可以处违法经营额五倍以下的罚款，没有违法经营额或者违法经营额不足五万元的，可以处二十五万元以下的罚款。对五年内实施两次以上商标侵权行为或者有其他严重情节的，应当从重处罚。销售不知道是侵犯注册商标专用权的商品，能证明该商品是自己合法取得并说明提供者的，由市场监督管理机关责令停止销售。

行政查处的特点

主动性强

市场监督管理机关查处采取依职权查处与依照商标权利人投诉被动查处

[①] 依据《第十三届全国人民代表大会第一次会议关于国务院机构改革方案的决定》，将国家工商行政管理总局的职责、国家质量监督检验检疫总局的职责、国家食品药品监督管理总局的职责、国家发展和改革委员会的价格监督检查与反垄断执法职责、商务部的经营者集中反垄断执法以及国务院反垄断委员会办公室等职责整合，组建国家市场监督管理总局，作为国务院直属机构。不再保留国家工商行政管理总局。

相结合的原则。也就是说,市场监督管理机关既可以依照商标权利人或利害关系人的举报查处商标侵权假冒行为,也可以对商标使用人的商标使用行为主动进行监督检查,当发现侵权行为时,有权采取相应的行政执法措施。

【案例】费列罗的"保卫战"

2014年6月3日,上海市浦东新区市场监督管理局根据意大利费列罗有限公司投诉,对上海金丝猴食品股份有限公司未经其许可,擅自生产仿冒其"金色褶皱锡纸球状包装+顶部白色小标贴+咖啡色底托"造型巧克力的行为予以立案调查。经查,上海金丝猴食品股份有限公司自2013年11月起生产巧斐罗榛果威化巧克力,该款巧克力的造型为金色褶皱锡纸球状包装+顶部白底心形小标贴+咖啡色底托,与意大利费列罗有限公司所注册的第G783985号立体注册商标外形相近似,容易使相关公众产生混淆和误认。至案发,当事人共销售上述侵权巧克力22667箱,尚有库存23箱,非法经营额共计人民币4304166.34元,当事人上述行为构成了商标侵权。根据《商标法》的相关规定,浦东新区市场监督管理局对当事人做出责令立即停止侵权行为,没收侵权商品并罚款人民币1936874.85元的处罚。

效率高

通常投诉手续齐备后,市场监督管理机关执法人员即可安排行政查处。相对于司法程序来讲,这种效率是非常高的。行政处罚决定书一般自查处之日起三个月内即可出具,相比民事诉讼判决书的取得时间,行政查处也是非常快的。

适用

一般来说,对侵权性质明确、侵权商品容易匿藏转移、对侵权人提起诉讼价值不大的侵权案件,可适用行政查处程序。这种方法的主要优势在于查处力度大,查处行动快,对制假者和售假者打击迅速。但弊端是行政查处并不能解决权利人的损害赔偿请求,而且行政执法机关对商标侵权行为的行政处理决定不具有普适性,受个案性、地域性所局限。因此,即使造假者被行政查处,其侵权行为死灰复燃的可能性也极大。

有时候,行政查处还可以作为商业竞争的重要手段。例如,在苹果公司与唯冠深圳公司的商标之争中,唯冠深圳公司就以侵犯商标权为由向多地的工商行政管理部门投诉,部分工商部门也确实查封下架了iPad产品。

操作指引

提请行政查处,权利人一般需要准备申请书(投诉书)、权属证明、侵权证据等。如果权利人委托律师或代理公司向市场监督管理机关进行投诉,还需要提供商标权利人出具给律师或代理公司的委托书。

注意事项

行政查处金额相对较低

根据现行《商标法》及《商标法实施条例》,对商标侵权行为往往采取以下三种形式进行处罚:一是责令立即停止侵权行为;二是没收、销毁侵权商品和主要用于制造侵权商品、伪造注册商标标识的工具;三是罚款,即强制侵权人在一定期限内缴纳一定罚款。违法经营额五万元以上的,可以处违法经营额五倍以下的罚款,没有违法经营额或者违法经营额不足五万元的,可以处二十五万元以下的罚款。

从上述三种处罚形式来看,尽管处罚金额有所提高,但就其规定的确定的最高罚款额度而言,最高处罚金额为二十五万元,处罚力度相对较小。

调查取证困难

由于商标侵权违法行为一般具有隐蔽性、专业性、复杂性等特点,因此,市场监督管理机关在调查取证时,时常会遇到麻烦,从而影响行政查处的最终效果。

难以彻查

侵权人非常狡猾,为了避免行政查处,销售假冒商品的侵权人往往只在销售摊位摆放几件侵权物品,当顾客决定购买时,侵权人再电话订货或者亲自前往仓库取货。这就使得市场监督管理机关在对售假摊位进行查处时,仅查到有限数量的侵权商品。即便查处了这些侵权商品,但对侵权人来讲,其损失之小难以对其发挥震慑作用,且由于存放假冒商品的仓库未被查出,侵权人通常会二次售假。

此外,还有些侵权人售假摊位与假冒商品的生产地不属于同一个地方市场监督管理部门管辖,由于管辖所限,各地市场监督管理机关打击商标侵权行为难以形成合力,案发地市场监督管理机关只能查封侵权产品,难以跟踪彻查,而真正制造、生产违法者却难以受到法律制裁,致使侵权分子有空可钻。

贸易钳制

扼住贸易的"咽喉"

知识产权海关保护,也称为海关边境保护,是指海关为禁止侵犯知识产权的货物进出口,对与进出口货物有关并受中华人民共和国法律、行政法规保护的商标专用权、著作权和与著作权有关的权利、专利权依照国家有关规定实施的保护。采用海关保护,可以在对外贸易上直接扼住对方"咽喉",也是非常有效的维权方式。

中国海关对知识产权的保护可以划分为依权利人申请保护和依职权保护两种模式。

依权利人申请保护

依权利人申请保护是指知识产权权利人发现侵权嫌疑货物即将进出口时,根据《中华人民共和国知识产权海关保护条例》(简称"《知识产权海关保护条例》")第十二条①、第十三条②和第十四条③的规定向海关提出采取保护措施的申请,由海关对侵权嫌疑货物实施扣留的措施。由于海关对依申请扣留的侵权嫌疑货物不进行调查,知识产权权利人需要就有关侵权纠纷向人民法院起诉,所以依申请保护也被称为海关对知识产权的"被动保护"模式。

这种保护模式完全依赖于权利人的投诉,也就是说,如果权利人不向海关进行投诉,海关是无权对侵权货物进行查扣的。但事实是权利人无法每时每刻关注货物的进出口情况,因此,大量侵权物品会由于权利人关注不到而顺利通关,从而侵犯权利人的合法权利。

依职权保护

依职权保护是指海关在监管过程中发现进出口货物有侵犯在海关总署备案的知识产权的嫌疑时,根据《知识产权海关保护条例》第十六条的规定,海关可主动中止货物的通关程序并通知有关知识产权权利人,并根据知识产权权利人的申请对侵权嫌疑货物实施扣留的措施("依职权"一词源于TRIPS协定中的ex officio)。由于海关依职权扣留侵权嫌疑货物属于主动采取措施制止侵权货物进出口,而且海关还有权对货物的侵权状况进行调查和对有关当事人进行处罚,所以,依职权保护也被称为海关对知识产权的"主动保护"模式。

"主动保护"模式完全解决了"被动保护"所存在的问题,只要权利人向海关进行权利备案,海关就有权在进出口环节主动对涉嫌侵权的进出

---

① 《知识产权海关保护条例》第十二条:知识产权权利人发现侵权嫌疑货物即将进出口的,可以向货物进出境地海关提出扣留侵权嫌疑货物的申请。

② 《知识产权海关保护条例》第十三条:知识产权权利人请求海关扣留侵权嫌疑货物的,应当提交申请书及相关证明文件,并提供足以证明侵权事实明显存在的证据。
申请书应当包括下列主要内容:
(一)知识产权权利人的名称或者姓名、注册地或者国籍等;
(二)知识产权的名称、内容及其相关信息;
(三)侵权嫌疑货物收货人和发货人的名称;
(四)侵权嫌疑货物名称、规格等;
(五)侵权嫌疑货物可能进出境的口岸、时间、运输工具等。
侵权嫌疑货物涉嫌侵犯备案知识产权的,申请书还应当包括海关备案号。

③ 《知识产权海关保护条例》第十四条:知识产权权利人请求海关扣留侵权嫌疑货物的,应当向海关提供不超过货物等值的担保,用于赔偿可能因申请不当给收货人、发货人造成的损失,以及支付货物由海关扣留后的仓储、保管和处置等费用;知识产权权利人直接向仓储商支付仓储、保管费用的,从担保中扣除。具体办法由海关总署制定。

口货物进行查扣。这种保护模式大大减轻了权利人的维权负担，节省了权利人的时间，从而提高权利人查扣侵权物品的效率。

海关备案的重要性

知识产权海关备案的重要性主要体现在如下几方面。

（1）海关依职权保护的前提条件

虽然知识产权海关备案不是海关侵权查扣的必要条件，但却是海关依职权查扣的前提条件。如果商标权利人不进行海关备案，即使海关一线查验人员发现了假冒商品，也无权以商标侵权为由阻止其出口。

（2）有利于海关及时发现侵权货物

商标权利人在进行知识产权海关备案时，按照要求需要提供权利人的联系方式、商品及商标图样、商品侵权信息、合法使用情况等信息，因此权利人在进行知识产权海关备案后，若海关发现侵权物品可及时联络商标权利人，并对侵权物品进行查扣。

【案例】假"鹅"阻击战

"鹅牌"是上海三强集团的主打针织内衣外销品牌。"鹅牌"商标注册于1928年，由于历史悠久，质量稳定，"鹅牌"产品在东南亚地区享有很高的知名度，在国内，特别是江浙地区，几乎无人不知、无人不晓。然而，由于不法分子疯狂造假，严重冲击了真"鹅牌"产品的正常出口，给企业声誉造成了极大损害，各项经济指标明显滑坡。在企业一筹莫展之时，通过上海海关的宣传，上海三强集团了解到海关在进出口环节上对知识产权实施边境保护的有关知识后，立即向海关申请了知识产权保护备案，要求阻止假冒产品的出口。自2002年起，上海海关先后在出口环节上查获多起假冒"鹅牌"产品，涉案金额达上百万元。[①]

由此可见，海关备案及海关边境保护的重要性。"鹅牌"出口的变化，也彰显了海关边境保护的威力。

---

① 中国海关综合信息资讯网.出口商标勿忘海关备案[EB/OL].http://www.china-customs.com/big5/customs/data/3374.htm.

(3) 有助于企业减轻经济负担

根据《知识产权海关保护条例》的相关规定，在海关依职权保护模式下，海关扣留涉嫌侵权的商品后，知识产权权利人须向海关提供不超过人民币10万元的担保金。而如果权利人未进行知识产权海关备案，则需要提供与扣留的货物等值的担保。

(4) 可对侵权人产生震慑作用

由于海关有权对进出口侵权货物予以扣押并进行调查、出具行政处罚决定，因此，企业应尽早进行知识产权海关备案，对肆无忌惮的侵权企业予以警告和震慑作用，促使其自觉地遵守知识产权相关法律法规。

海关保护执法流程

我国知识产权海关保护的执法流程包括备案、启动、调查、处理四个阶段。

备案是指知识产权权利人将其知识产权相关权利向海关总署进行备案，目前海关备案不是强制性的。

启动是海关保护执法的实施方式。在我国，海关对边境侵权所采用的执法方式为依申请保护和依职权保护。依职权保护需要以知识产权海关备案为前提，并书面通知知识产权权利人，由权利人确认后再向海关申请扣留。

调查是认定货物是否侵权的程序。海关在依申请保护过程中，仅对侵权嫌疑货物进行扣留。由知识产权人向人民法院提请诉讼，或提请知识产权主管部门处理。海关在依职权保护过程中，则进行实质的调查认定，并在30个工作日内对侵权货物进行认定。

处理可根据依职权保护和依申请保护两种情况进行处理。在依申请保护情况下，海关在货物扣留20个工作日后，未收到协助执行的裁定，则会放行扣留货物，若收到法院的协助执行裁定，则会协助执行。在依职权保护情况下，根据认定结果又分为三种具体的处理方式：①认定货物侵权的应予以没收并处以罚款；②认定不侵权的由海关放行扣留货物；③不能认定是否侵权的则等待法院的协助执行通知，等待期限为扣留之日起50个工作日内。

注意事项

权利人滥用权力

有些商标权利人进行海关备案后，当遇到侵权问题时，不是第一时间配合海关进行案件侵权与否的认定，而是急于与侵权人进行讨价还价。在谈妥价钱后，就答复海关不侵权或者是放弃海关保护，这极大地浪费了海关的人力、物力和财力，并影响了海关工作人员的积极性。还有些商标权利人在进行海关备案时，隐瞒必要信息，导致海关在进行依职权查扣时执法困难。

权利人缺乏维权意识

目前主动申请海关知识产权备案的权利人只占少数。此外，在这些备案的权利人中，有些侵权案件发生后，海关进行了主动查扣，当海关依职权通知权利人时，有些权利人甚至还不知道自己是否有该批次的货物，或者对自己产品出口的事情并不知晓。这就反映出商标权利人维权意识仍有不足。

司法惩戒

正义的司法之"剑"

商标维权的司法保护是指商标权利人向人民法院提起商标侵权诉讼，以司法方式保护自己合法的商标权利免受侵害。采取司法途径进行商标维权的好处在于不但可以制止商标侵权行为，还可以对侵权行为造成的损失提出赔偿要求，对商标侵权行为有积极的威慑作用。可以说，商标的司法保护是商标维权最锋利的"剑"。但是，因诉讼有其程序法的要求，起诉、证据交换、开庭审理、两审终审、执行……所以维权周期较长；一般商标民事案件需要聘请专门的知识产权律师来承办，维权成本也较高。

操作指引

管辖

根据《最高人民法院关于审理商标案件有关管辖和法律适用范围问题的解释》，对于商标民事纠纷的级别管辖已经做了明确规定。这一规定主要有两个特点：

第一，目前中级人民法院分布全国各地，其审判能力较强，因此中级以上人民法院可以受理商标民事纠纷的一审案件。

第二，考虑到大城市的少数基层人民法院近年来也处理了不少商标民事纠纷案件，积累了一定审判经验，因此经最高人民法院批准，各高级人民法院可以根据本辖区的实际情况，在较大城市确定1~2个基层人民法院受理第一审商标民事纠纷案件。

根据法律有关规定，侵权行为的实施地、侵权商品的储藏地或者查封扣押地、被告住所地的人民法院均有商标侵权案件的管辖权。侵权商品的储藏地主要指侵权商品经常性、大量性的存储地，查封扣押主要是指市场监督管理机关、海关依法查封侵权商品的所在地。如果不同侵权行为实施地的多个被告提起共同诉讼，原告可以选择其中一个被告的侵权行为实施地人民法院管辖；仅对其中之一被告提起的诉讼，该被告侵权行为实施地的人民法院有管辖权。

时效

诉讼时效一般是从权利人知道或者应当知道权利被侵害之日起推算三年，权利人应当在这三年内向法院起诉，超过三年起诉的，原告的诉讼请求就很难得到法院的支持。但权利人超过三年起诉的，如果侵权行为在起诉时仍在持续，在该注册商标专用权有效期限内，人民法院应当判决被告停止侵权行为，侵权损害赔偿额应当自权利人向人民法院起诉之日起向前推算三年计算。

民事责任

根据《最高人民法院关于审理商标民事纠纷案件适用法律若干问题的解释》的相关规定，人民法院可根据案件情况判决侵权人承担停止侵权、排除妨碍、消除危险、赔偿损失、消除影响等民事责任，还可以做出罚款，收缴侵权商品、伪造的商标标志和专门用于生产侵权商品的材料、工具、设备等财物的民事制裁决定。这几种方式可以单独使用，也可以合并使用。

其中赔偿损失是最重要的责任方式，其计算赔偿额的具体方法如下：

● 按照侵权人在侵权期间因侵权所获得的利益确定赔偿数额。所获得的利益，可以根据侵权商品销售量与该商品单位利润乘积计算；该商品单位利润无法查明的，按照注册商标商品的单位利润计算。

● 按照被侵权人在被侵权期间因被侵权所受到的实际损失确定赔偿数额。所受到的损失，可以根据权利人因被侵权所造成的商品销售减少量或者侵权商品销售量与该注册商标商品的单位利润乘积计算。所受到的损失还包括制止侵权行为所支付的合理开支，如权利人聘请律师的律师费，对侵权行为展开的调查费、取证费等。

● 参照商标许可使用费。权利人的损失或者侵权人获得的利益难以确定的，参照该商标许可使用费的倍数合理确定。对恶意侵犯商标专用权，情节严重的，可以在按照以上三种方法确定数额的一倍以上五倍以下确定赔偿数额。也就是说，对于恶意侵犯商标权的行为，可以在已确定的赔偿额度上设置一至五倍的惩罚性赔偿，作为最终的赔偿数额。

● 酌定赔偿。权利人因被侵权所受到的实际损失、侵权人因侵权所获得的利益、注册商标许可使用费难以确定的，由人民法院根据侵权行为的情节判决给予五百万元以下的赔偿。人民法院在确定赔偿数额时，应当考虑侵权行为的性质、后果、商标声誉及制止侵权行为的合理开支等因素综合决定。

● 惩罚性赔偿。对恶意侵犯商标专用权，情节严重的，可以在按照上述方法确定数额的一倍以上五倍以下确定赔偿数额。关于惩罚性赔偿，主要强调侵权行为人具有主观上的恶意，以及其所实施的侵权行为较为严重。其中，主观上的恶意包括关于侵权人知悉其侵权后仍旧实施侵权行为，而侵权行为较为严重则主要体现在侵权数额高、侵权范围广等方面。

注意事项

诉讼策略的选择

如果企业发现多个侵权主体在多个地区实施商标侵权行为，不能盲目地启动侵权诉讼，而应该先制定最优的诉讼策略。例如，在打击对象的选择上，优先选择经营规模较大、经济效益较好的侵权企业，既可以引起较大的社会影响，对其他侵权人造成压力，又可以通过诉讼从侵权人处获得可期待的赔偿，规模较小的家庭作坊和百人规模的成熟企业，其赔偿能力不可同日而语。如果同一侵权企业在多地都销售侵权商品，那么选择管辖法院又是一项"技术活儿"。这就需要了解不同地区的法院在审判商标侵权案件时的一贯思路和标准，这些既可以从既往的典型案例中获知，也可以直接寻求专业的律师的意见和帮助。除了管辖地域的确定，有时候管辖的级别也要考虑在内。之所以要选择管辖法院，是为了获得对商标权利人有利的生效判决，以便日后以此判决为证据去启动其他的侵权诉讼。虽然我国并不是判例法国家，但是类似案件的判决对其他法院的审判仍可能产生积极的影响。

商标侵权的复杂化

时代发展迅猛，商标侵权的样态不断发生变化，已经不是简单的"假冒伪劣"可以概括得了。从假冒他人注册商标生产伪劣商品到生产的侵权商品质量优良，如我们所熟知的大牌A货，从无商标的侵权人对注册商标的仿冒到侵权人持有注册商标对另一注册商标的仿冒，商标侵权的发展日趋复杂化。这对于商标权利人的商标保护无疑是更为严峻的考验，商标权利人要以更积极的态度去发现侵权、打击侵权。

【案例】注册商标也侵权？

老诚一（北京）酒店管理有限公司（简称"老诚一公司"）是"老诚一"商标专用权人，该商标注册在第43类，核定服务项目为餐厅、饭店等，在经营中，老诚一公司对外签订《老诚一锅加盟协议》，许可加盟商使用"老诚一"商标经营羊蝎子火锅。老诚一公司及其加盟店门头、订餐卡、餐具包装上均使用了羊蝎子图标和"老诚一"标志。

2014年1月，老诚一公司发现北京聚品缘老城一锅餐饮管理有限公司（简称"聚品缘公司"）在经营的羊蝎子火锅餐厅的招牌、餐具及宣传品上使用与"老诚一"注册商标近似的文字"老城一锅"，并突出使用。因此老诚一公司以商标侵权为由，将聚品缘公司诉至法院。

这个案件的特别之处在于，聚品缘公司声称，其使用"老城一锅"商标是基于注册商标的使用，即来自程树旺在第43类餐厅、餐馆、饭店等服务上核准注册的"城一锅"商标的有偿许可。这是一场注册商标与注册商标之战。

法官经审理认为，虽然聚品缘公司使用的"城一锅"商标经由权利人合法授权，且"城一锅"商标注册在先，"老诚一"商标注册在后，但聚品缘公司在餐厅实际经营中使用的是"老城一锅"标志，这也正是老诚一公司所指控的侵权行为，在进行侵权比对时应将"老城一锅"标志与"老诚一"商标进行比对。

将"老城一锅"标志与"老诚一"注册商标进行比较，虽然"诚"与"城"二者存在细微差别，前者比后者多了一个"锅"字，但通过整体观察、综合判断，二者在字体、读音上均十分近似，属于近似的标志。在从事餐厅经营过程中，聚品缘公司对"老城一锅"标志的使用，足以使相关公众对"老诚一"注册商标产生混淆。因此，聚品缘公司使用了与老诚一公司涉案注册商标近似的商标，侵犯了老诚一公司的注册商标专用权。

因此，聚品缘公司关于其"城一锅"商标经由合法授权且注册在先故此没有侵权的理由，法院不予支持。法院最终判决聚品缘公司构成侵权，并应赔偿老诚一公司。

这个案件展示了商标侵权的新的可能，即通过对注册商标的变形使用侵犯他人商标专用权。但万变不离其宗，商标侵权的本质是无法回避的。对注册商标的使用应严格按照核准的标志及核准的商品服务类别使用。如果对注册商标进行拆分、组合或者变形，即使在核准类别范围内，也可能因实际使用的商标形态与他人注册商标相同或近似而构成侵权。

不同企业的知识产权管理各有其特点,但是优秀企业的知识产权管理却有很多相似之处。

飞利浦公司知识产权及标准部在全球10个国家设立了17个办事机构,拥有400多名员工,管理约7.6万项专利、4.7万个商标、9.1万项专有权和5000个域名。中兴通讯在关键技术、基础科学等方面连续多年研发投入超过100亿元,2020年研发投入达148亿元。过去几年,中兴通讯知识产权收入稳步增长,预计2021~2025年五年期间知识产权将给公司带来45亿~60亿元的收入。截至2021年3月,中兴通讯拥有8万余件全球专利申请,历年全球累计授权专利3.8万余件。

华为的知识产权管理更加典型。每年的研发经费支出不低于营业额的10%;在2005年从事知识产权方面工作的人员已经超过100人;在专利方面,两次自主研发知识产权管理系统,其后又购买商用软件,2012年开始实施知识管理系统;在信息化方面,具有非常完备的电子流程系统;从1997起即与世界一流的管理咨询公司合作,借助外部专家加快管理体系建设。

以上事例说明,知识产权管理离不开充分的资源保障。

第十章

运筹帷幄——资源管理

巧借东风

外部资源

商标外部资源主要是指为企业商标管理者提供专业服务的机构（包括知识产权代理机构、律师事务所）、行业组织、工具网站等。

专业服务机构

专业服务机构是企业在商标管理中最大的外部助力。有的企业在商标专业知识方面略有欠缺，有的企业人员配置有限不能所有工作亲力亲为，有的企业需要实务经验的指引和借鉴……专业服务机构充分体现了他们的优势。

（1）专业水平强

由于知识产权服务机构具备相当数量的专业人员，这些从业人员一般具备较高的专业素养，接受过系统的学习和培训，熟知商标相关的法律知识，能够熟练应对商标确权、运用、维护、维权过程中的问题，具备较强的专业性，能够准确高效地实现企业商标管理的诉求。

（2）实务经验丰富

有些优秀企业有专门的商标管理团队，在知识水平和业务能力上都有较高水平，这种企业与知识产权代理服务机构合作的诉求在于专业服务机构服务了大量客户，其处理的商标案件数量众多，类型多样，经验丰富，解决具体问题时可以整合更为丰富的社会资源，可以更准确地切中问题要害，可以为客户找到最为合适的解决方案。

（3）利于企业管理优化

服务机构不但能够为企业"解决事儿"，还能为企业"省事儿"。对于部分商标管理人员配置有限的企业，抓大放小，将繁杂的商标工作中较为基础和琐碎的部分交由服务机构处理，可以提升管理效率，在更核心的工作中发挥商标管理人员的作用，实现管理效果的最优化。

行业组织

商标的行业组织一般为商标协会，是指由商标权利人（含企业）、商标代理人（商标律师）以及与商标有关的行政、司法、教研人员等为交流等目的而组成协会。

国际商标协会（International Trademark Association，INTA）于1878年创建，是一个由全球品牌所有人和商标专业机构组成的非营利性国际组织，致力于支持商标和有关知识产权的发展，保护消费者利益，促进公平有效的商业贸易秩序。如今，国际商标协会有近6000个会员组织，超过33500名专业人士，他们包括来自大型企业、中小企业、律师事务所和非营利组织的品牌所有者，还包括政府机构成员、教授和法律专业学生。

我国的全国性商标协会是中华商标协会，各地也多有自己地方的商标协会。其他诸如行业领域的商标交流组织、跨地区商标文化交流组织等较少。

中华商标协会成立于1994年，是由国内一些知名企业发起，并经中华人民共和国民政部批准的全国性社团组织，现业务指导单位为国家知识产权局。承担着宣传商标政策法律、提升社会商标品牌意识、加强商标代理行业自律、服务商标品牌建设、促进商标品牌国际交流等职能，在《国务院关于新形势下加快知识产权强国建设的若干意见》《"十三五"国家知识产权保护和运用规划》《"十三五"市场监管规划》等一系列重要文件的任务分工中承担职责。

中华商标协会的会员分为单位会员和个人会员。单位会员由商标代理机构、拥有注册商标的企业以及相关团体等单位组成，涉及各个行业；个人会员主要为专家和学者。

企业在商标工作中可以积极借助各级商标协会为企业提供的指导、培训、咨询、交流等服务，提升自己的商标管理水平。

工具网站

商标具体工作的开展常常要借助工具网站,如查询商标数据信息的查询网站,提供在线注册申请服务的网站、进行商标转让的网站等。现简单举几例列示如下,仅供企业参考。

开展商标工作常用网站

类 型	常用网站
商标信息查询	国家知识产权局商标局 中国商标网、路标网、标库网等
网上注册申请	中细软、知果果、权大师、标天下等
商标转让	麦知网、尚标网、标博士等
裁判文书查询	中国裁判文书网、最高人民法院网等

服务机构选聘

资质优良

企业应选择正规合法的商标服务机构。一般情况下,成立时间较早、商标注册申请量较大或承办案件数量较多、获得荣誉或评优资质较多的服务机构资质较好,服务的质量比较容易得到保障。

人员专业

具有良好的法律道德素养、扎实的商标知识、丰富的商标经验的工作人员,能够更好地帮助企业处理复杂的商标事务。

收费合理

企业在选择商标代理机构的时候,不应仅从经济角度考虑,以价低为选择的优先标准。商标法律服务有其专业性,如果价格低于合理水平,服务质量可能难以保证。

服务便捷

企业能够便捷、及时地获得商标服务也是评价商标服务的标准之一,因此服务机构的沟通能力、反馈速度等也是重要考量因素。

政府机构、协会团体、杂志常常进行知识产权服务机构的评选,例如国家知识产权局已经公布了三批全国知识产权服务品牌培育机构名单,中华商标协会自2011年开始连续多年评选优秀商标代理机构会员,全球权威知识产权杂志《知识产权管理》(MIP)每年都会发布世界各国的知识产权代理机构的排名等,都可以为企业选聘服务机构提供参考。

2022年12月,中华商标协会授予87家商标代理机构会员"2021—2022年度优秀商标代理机构"荣誉称号(排名不分先后),如下表所示。

2021—2022年度优秀商标代理机构

序 号	单 位
1	北京集佳知识产权代理有限公司
2	中国国际贸易促进委员会专利商标事务所有限公司
3	北京万慧达知识产权代理有限公司
4	永新专利商标代理有限公司
5	北京正理商标事务所有限公司
6	北京金杜知识产权代理有限公司
7	北京英特普罗知识产权代理有限公司
8	中国商标专利事务所有限公司
9	上海专利商标事务所有限公司
10	中国专利代理(香港)有限公司
11	华进联合专利商标代理有限公司
12	山东千慧知识产权集团有限公司
13	超凡知识产权服务股份有限公司
14	江苏省宁海商标事务所有限公司

续表

序 号	单 位
15	隆天知识产权代理有限公司
16	北京东灵通知识产权服务有限公司
17	北京中北知识产权代理有限公司
18	浙江裕阳知识产权代理有限公司
19	深圳市精英商标事务所
20	北京铸成联合知识产权代理有限公司
21	厦门合道联合知识产权事务有限公司
22	北京黄金智慧知识产权代理有限公司
23	广东哲力知识产权事务所有限公司
24	北京律盟知识产权代理有限责任公司
25	北京康信知识产权代理有限责任公司
26	福建中珍知识产权服务有限公司
27	杭州德龙知识产权代理有限公司
28	杭州五洲商标服务有限公司
29	北京安度知识产权代理有限公司
30	长沙齐翔知识产权代理有限公司
31	罗思（上海）咨询有限公司
32	重庆顾迪知识产权服务有限公司
33	西安市商标事务所有限公司
34	北京东方天健知识产权代理有限公司
35	上海百一知识产权代理有限公司
36	北京市柳沈律师事务所
37	四川省成都市天策商标专利事务所（有限合伙）

续表

序号	单 位
38	北京三友知识产权代理有限公司
39	和协知识产权代理有限公司
40	扬州文苑商标事务所有限公司
41	北京磐华捷成知识产权代理有限公司
42	陕西华林商标事务有限公司
43	福州华夏商标事务所有限公司
44	武汉捷诚智权知识产权服务集团有限公司
45	四川成都商标事务所有限公司
46	山东方宇商标事务所有限公司
47	上海华诚知识产权代理有限公司
48	天津福星商标专利代理有限公司
49	天津正能量知识产权代理有限公司
50	广东永华知识产权管理有限公司
51	华冠知识产权代理有限公司
52	浙江金牌商标代理有限公司
53	南京天一商标事务所有限公司
54	上海弼兴律师事务所
55	福建致群财富知识产权管理有限公司
56	北京东正知识产权代理有限公司
57	浙江广宇商标事务所有限公司
58	智信禾（北京）知识产权代理有限公司
59	北京古今来知识产权代理事务所有限公司
60	浙江龙华知识产权服务有限公司
61	联为知识产权服务事务所（北京）有限公司

续表

序 号	单 位
62	东岩众智（北京）知识产权代理有限公司
63	北京科亮知识产权代理有限公司
64	上海舒滨知识产权代理有限公司
65	甘肃华科润知识产权代理有限公司
66	鼎宏知识产权服务集团有限公司
67	北京天诚联合知识产权代理有限公司
68	北京市君合律师事务所
69	北京天驰知识产权代理有限公司
70	北京品源知识产权代理有限公司
71	北京市隆安律师事务所
72	南京中盟知识产权事务所有限公司
73	中佳知识产权服务集团有限公司
74	重庆西南知识产权运营集团有限公司
75	澳门凯旋知识产权代理有限公司
76	北京知无忧知识产权服务有限公司
77	北京德赛知识产权代理有限公司
78	橙庆天和（北京）知识产权代理有限公司
79	广州市捷成知识产权代理有限公司
80	北京安杰律师事务所
81	北京国爱律师事务所
82	北京林达刘知识产权代理事务所（普通合伙）
83	河南知一知识产权代理有限公司
84	云南东南亚知识产权服务有限公司
85	苏州市新苏商标事务所有限公司
86	北京玺泽知识产权代理有限公司
87	中炬知识产权代理（成都）有限公司

服务机构管理

对服务机构的管理是企业商标管理的重要内容之一，企业需对服务机构的人员配置、工作质量、工作效率、工作成效等进行多方面考核。这将有利于督促服务机构提供优质的服务，不断提高服务机构的服务质量。商标代理机构的服务考核可参考附录三。

知人善任

人力资源

众所周知，人是生产力要素中最重要的因素，是知识、信息、技术的载体，因此，商标管理必须依靠优秀的人才来实施。做好对优秀商标人才的引进、管理、考核是商标人力资源管理的重要内容。

大多数企业可能存在的商标人力资源的问题可能集中在以下两点。

人员配置不足

知识产权工作在很多企业中的管理中都处于边缘，即便是重视知识产权的科技型企业，也大多专注于专利。商标管理在企业管理中常常受到冷落。企业整体的不重视也使得企业在商标管理方面人员配置不足，很难实现专人专岗。商标事务处于"被兼管"的状态，这必然会影响商标管理的效果。

专业知识不足

专业知识的不足是商标管理中的常见问题。法律有细分，术业有专攻。即便是非常优秀的企业法务人员，如果没有接触过商标事务，没有商标专业知识和经验，处理商标工作的时候仍然会感觉吃力。如果说人员配置是商标人力资源管理在"量"上的要求，那么，专业知识则是商标人力资源管理在"质"上的要求。

改进建议

商标人力资源管理既要保证"量",又要保证"质"。保证"量",即要设置与商标管理工作量相匹配的管理人员,能够专人专岗,权责分明,确保商标管理井然有序;保证"质",即确保商标管理者的专业知识扎实,能够清晰处理各种商标事务,可以有效管控风险,积极提升品牌价值,还能与时俱进地提升自己的专业水平。

多钱善贾

财政资源

充足的财政资源是商标工作开展的前提,财政预算具体包括以下三方面。

- 商标确权预算:主要包括商标在确权过程中所发生的全部费用的预算,如商标注册申请费、非诉案件的费用、诉讼案件的费用、代理费、律师费等。
- 商标管理预算:针对企业商标管理工作发生的费用预算,包括商标事务的顾问费、咨询费、驰名商标认定费用、内部员工奖励费用、管理软件采购费等。
- 商标维权预算:企业在商标维权过程中发生的费用预算,包括调查费、海关备案费用、侵权诉讼费用等。

做好企业商标的确权、维护、运用、维权工作,不仅只有费用支出,它还可能为企业带来收益,其中主要包括以下几方面。

- 运营收益:主要指企业在商标许可、转让时产生的收入。
- 维权收益:企业在诉讼时产生的收入,如侵权的赔偿金、和解金等。
- 政府资助:官方机构的资助政策或资助项目对企业都有一定的资金

支持，意在引导企业充分重视知识产权工作，例如企业申请驰名商标可能获得一定额度的政府财政资助。

既存问题

财政支持有限

不少企业经营者认为商标管理仅仅是成本投入，不能带来明显的经济效益，因此在财政上的支持非常有限，导致企业的商标工作开展起来捉襟见肘，长此以往会给企业带来潜移默化的消极影响。究其原因仍在于对商标的认识不足。

首先，商标管理是一个风险管理，主要作用是帮助企业控制经营中的商标风险，为企业经营保驾护航。它的核心作用并不是为企业实现盈利。犹如一支军队，既要有冲锋陷阵的将士，也要有盔甲武器来抵御进攻做好防护。

其次，随着商标的资产属性被逐渐关注，商标的转让、许可、质押等都成为商标盈利的方式。无论是苹果公司与唯冠公司的"IPAD"商标转让，还是"王老吉"和"加多宝"之间的商标许可，都充分证明了高知名度商标的巨大价值。

因此，企业对于商标的判断和评估不应该仅限于财务报表上的数字，而是应通过商标对企业整体经营的贡献来考量。

费用分配偏重明显

即便是有一定预算的企业，在预算的使用上也有明显的偏重。大多数企业，重确权和维权，轻管理和运营。商标确权和维权确实是企业商标事务的重点内容，但是商标的管理和运营近些年已逐渐成为企业商标管理新的关注点，同样不可偏废。对于商标管理的投入，可以帮助企业提升管理效率、保障管理安全；对商标运营的探索，有助于企业将无形资产有形化，提升品牌价值。

首利其器

工具资源

为商标管理工作者提供必要的办公工具有利于提高管理效率和准确度。例如,为商标管理人员配备软硬件设施,包括电脑、打印机、电子日常工作制图软件、查询软件、管理软件等。

目前,越来越多的企业已经不局限于通过一张Excel表来管理企业商标了,而是更多地利用现代化工具进行商标管理。

查询软件

查询软件是指以商标查询为主的查询、检索软件。这种软件具有商标检索分析功能。利用这种软件,企业不仅可以检索自己的商标,还可以检索其他企业的商标,企业通过了解竞争对手的商标情况,可以推断竞争对手可能的市场策略并及时做出应对。

管理软件

管理软件是指以商标管理为主的管理软件,这种管理软件主要针对企业的确权、维权、证据、费用等方面进行日常管理。很多企业由于商标保有量大、品牌众多,档案柜里存放了大量的商标管理文件。当遇到法律案件时,商标管理者通常要翻箱倒柜找出某一个商标的相关档案材料,有时也会因人员调动导致商标档案遗失。当发生商标案件时,商标管理者要向商标使用部门调取证据,常发生因商标证据数量有限或有效性不足而导致案件证据无法支撑企业诉求的情况,因此证据管理也成为困扰企业的管理问题之一。

鉴于以上情况,一些知识产权服务机构研发了商标管理软件。企业使用这些管理软件,可以极大地推进企业商标规范化、科学化的管理,实现公司对知识产权的创造、保护、运用、管理的集中管控,并有效提高商标管理者的工作效率。

管理软件

优势

由于目前市场上的检索软件功能差异不大，在此不再赘述，这里主要谈及商标管理软件。优秀的商标管理软件应为企业量身定制，可以匹配企业的管理习惯和工作流程。具体来说，优秀的商标管理软件应尽量达到以下目标：

- 通过信息化手段规范公司商标管理工作流程，提高工作效率。
- 在充分研究企业商标管理体系和方式方法的基础上，推动企业商标集中管理，形成长期的、规范的管理机制。
- 建立商标信息文档、数据文档管理体系，对商标进行有效监控、预警和风险防范。
- 帮助企业建立商标管理部门与其他部门、代理机构、其他外部服务机构之间的高效、留痕、可追溯的交互联系。

原则

- 坚持统一管理、统一标准的一体化思想。企业在选择商标管理软件时，需要从软件的系统结构、数据模块结构、数据存储结构以及系统扩展规划等内容进行考虑，需从全局出发、从长远发展角度考虑。
- 先进性和实用性、标准化相结合。企业在选择商标管理软件时，应选择使用时间较长、富有生命力的商标管理软件，同时还要选择具有较强稳定性和适用性的软件。
- 可扩展原则。企业在选择商标管理软件时，应选择支持多种格式数据存储的软件，且可根据需要提供开放式的数据接口、组织机构登录接口。
- 安全性原则。企业在选择商标管理软件时，应选择不含恶意代码的商标管理软件，以保证软件的安全可靠。

功能

（1）数据管理

数据管理是商标确权阶段化管理，信息、附件统一归口，实现对商标整体情况的全面掌握，以及立体化、多角度管理。解决因商标数据量庞大导致的数据录入烦琐、数据丢失遗漏、数据复制传递过程复杂、文件整理不规范、文件搜索效率低等问题。

（2）费用管理

费用管理可使商标专员实现在线记录各个商标或案件的相关费用明细；同时，也可以让代理机构在线发送账单给商标专员，解决不同的商标服务机构发给企业法务专员的账单格式不统一的问题，并应可直接实现费用数据的相关统计。

（3）风险管理

风险管理能更好地确保商标管理人员及时、有效的处理商标事务。实现商标续展、案件绝限、使用备案、合同到期、海关备案等事先提醒，帮助企业避免重要事务在关键时间节点的遗漏。

（4）证据文档管理

商标数据和证据材料应实现对应管理，通过有效标引区分商标证据类型，进行有效证据的筛查和保存，方便应对各类商标案件，从而提高案件胜诉率，实现商标使用部门与商标管理部门在商标资料或证据收集整理方面的有效沟通。

（5）知识分享

企业可以上传、查看和下载商标资讯并提供规章制度的分享。例如，发布公司知识产权管理制度规范，以及对各子公司、分公司、关联公司等相关人员的商标管理工作实施指导和监督等。可发布多种格式的知识文件，如PPT、Word、Excel、PDF等，也可依据自己所享有的权限实现信息共享。

（6）数据统计

实现对商标申请、法律案件、费用等各种参数的多维度、多形式统计，为企业决策提供有效的数据支持。

综上所述，资源管理在商标管理中占据着重要地位。人力资源、财务资源、外部资源、工具资源互相关联、缺一不可，只有确保企业拥有专业化的管理团队、具备充足的财务预算、聘请专业的商标代理机构、以先进的信息化管理系统进行商标辅助管理，才有可能打造企业高端化的商标管理体系，从而提升企业的商标管理核心竞争力。若缺少任何一方面保证，都有可能使企业遭受经济及商誉的损失。因此，企业经营者及商标管理人员应充分重视商标人力资源、商标财务资源、商标外部资源及商标工具管理资源在商标管理方面的重要作用。

附录一

2017—2022年与商标有关的主要法律及政策性文件

一、现行法律

1.《中华人民共和国民法典》

2.《中华人民共和国商标法》

3.《中华人民共和国刑法修正案（十一）》

4.《中华人民共和国国徽法》

5.《中华人民共和国国旗法》

6.《中华人民共和国国歌法》

7.《中华人民共和国英雄烈士保护法》

8.《中华人民共和国药品管理法》

二、有关法律问题和重大问题的决定

《第十三届全国人民代表大会第一次会议关于国务院机构改革方案的决定》

三、行政法规

1.《奥林匹克标志保护条例》

2.《中华人民共和国知识产权海关保护条例》

3.《放射性药品管理办法》

4.《中华人民共和国烟草专卖法实施条例》

四、司法解释

1.《最高人民法院关于第一审知识产权民事、行政案件管辖的若干规定》

2.《最高人民法院关于适用〈中华人民共和国反不正当竞争法〉若干问题的解释》

3.《最高人民法院关于审理侵害知识产权民事案件适用惩罚性赔偿的解释》

4.《最高人民法院关于审理商标案件有关管辖和法律适用范围问题的解释》（2020修正）

5.《最高人民法院关于审理商标授权确权行政案件若干问题的规定》（2020修正）

6.《最高人民法院关于审理涉及驰名商标保护的民事纠纷案件应用法律若干问题的解释》（2020修正）

7.《最高人民法院关于审理商标民事纠纷案件适用法律若干问题的解释》（2020修正）

8.《最高人民法院关于审理注册商标、企业名称与在先权利冲突的民事纠纷案件若干问题的规定》（2020修正）

9.《最高人民法院关于产品侵权案件的受害人能否以产品的商标所有人为被告提起民事诉讼的批复》（2020修正）

10.《最高人民法院　最高人民检察院关于办理侵犯知识产权刑事案件具体应用法律若干问题的解释（三）》

五、部门规章

1.《规范商标申请注册行为若干规定》
2.《商标印制管理办法》（2020修订）
3.《中华人民共和国海关关于〈中华人民共和国知识产权海关保护条例〉的实施办法》（2018修正）
4.《首次公开发行股票并上市管理办法》（2022修正）
5.《科创板首次公开发行股票注册管理办法（试行）》（2020修正）
6.《绿色食品标志管理办法》（2022修订）
7.《保健食品注册与备案管理办法》（2020修订）
8.《保险集团公司监督管理办法》
9.《化妆品生产经营监督管理办法》
10.《汽车产业投资管理规定》
11.《道路机动车辆生产企业及产品准入管理办法》
12.《农药标签和说明书管理办法》（2017）
13.《体育赛事活动管理办法》
14.《市场监督管理严重违法失信名单管理办法》
15.《事业单位国有资产管理暂行办法》（2019修正）

六、部门规范及政策性文件

1.《商标审查审理指南》（2021）
2.《关于商标电子申请的规定》
3.《规范商标申请注册行为若干规定》
4.《商标侵权判断标准》
5.《国家知识产权局关于持续严厉打击商标恶意注册行为的通知》
6.《关于发布〈商标注册申请快速审查办法（试行）〉的公告》（第467号）
7.《〈商标审查审理指南〉重点问题一问一答——不以使用为目的的恶意商标注册申请的审查审理》
8.《〈商标审查审理指南〉重点问题一问一答——不得作为商标标志的审查审理》
9.《〈商标审查审理指南〉重点问题一问一答——商标显著特征的审查审理》
10.《〈商标审查审理指南〉重点问题一问一答——驰名商标的审查审理》
11.《关于印发〈商标一般违法判断标准〉的通知》
12.《〈知识产权质押融资入园惠企行动方案（2021—2023年）〉解读》
13.《国家知识产权局 中国银保监会 国家发展改革委关于印发〈知识产权质押融资入园惠企行动方案（2021—2023年）〉的通知》
14.《最高人民法院关于审理商标授权确权行政案件若干问题的规定》
15.《工商总局关于深化商标注册便利化改革切实提高商标注册效率的意见》
16.《工商总局关于深入实施商标品牌战略 推进中国品牌建设的意见》
17.《关于商标申请注册与使用如何避免与在先权利冲突的指引》
18.《关于第35类服务商标申请注册与使用的指引》
19.《商标一般违法判断标准》
20.《餐饮行业商标注册申请与使用指引（试行）》
21.《地理标志保护和运用"十四五"规划》
22.《北京2022年冬奥会和冬残奥会奥林匹克标志知识产权保护专项行动方案》
23.《关于组织开展地理标志助力乡村振兴行动的通知》

24.《关于进一步加强地理标志保护的指导意见》

25.《国家知识产权局关于加强查处商标违法案件中驰名商标保护相关工作的通知》

26.《严格地理标志保护　深化地理标志管理改革》

27.《商标注册档案管理办法》

28.《规范专用标志管理　推进地理标志统一认定》

29.《商标电子申请常见问题解答》

附录二

商标管理制度的参考示例

第一章 总则

第一条 为了加强商标管理，保护商标专用权，保证商品、服务质量，维护商标信誉，促进企业经营可持续发展，根据《中华人民共和国商标法》等有关法律、法规和规范性文件，及企业品牌及商标管理相关文件，特制定本制度。

第二条 本制度适用于企业商标的注册、使用、续展、转让、许可、管理、保护等方面。

第三条 本制度所称商标是指企业名下的所有注册商标及受企业控制和管理的非注册商标。

第四条 商标管理的目标：

（一）建立健全商标管理制度；

（二）确保商标国内国际注册的及时性；

（三）确保商标依法正确使用；

（四）确保商标专用权的不可侵犯；

（五）确保商标信誉的不断提升；

（六）确保商标价值的不断增值。

第二章 商标管理组织

第五条 法务部是商标管理的主要部门，其职责包括：

（一）负责制定企业商标管理的规章制度；

（二）负责企业商标的国内及涉外申请、续展、转让、许可、评估的审核及办理；

（三）负责对印制前的标注商标标志的商品或物料样板进行审批；

（四）指导和监督企业各部门商标使用及档案留存工作；

（五）负责企业商标档案管理工作；

（六）参与解决企业商标纠纷案件及其他法律事件；

（七）负责企业内部商标知识培训与专业培训；

（八）参与企业新商品、新业务启动工作；

（九）定期向全体员工通报公司注册商标情况；

（十）其他有关商标的事项。

第六条　其他相关部门职责：

（一）对商标管理工作提出建议的权利义务；

（二）履行商标许可合同中双方约定的权利义务；

（三）商标需求部门启动新商品、新业务及新制订推广计划前应告知法务部；

（四）协助法务部实施商标图样设计工作；

（五）所有线上、线下活动中规范使用商标；

（六）协助法务部做好本部门商标使用证据留存工作。

第三章　商标确权

第七条　申请注册的商标，应符合现行《中华人民共和国商标法》相关规定。

第八条　商标的具体设计和制作方案由法务部会同商标需求部门共同确定。

新商标的设计必须同时考虑合法性和显著性：

（一）不得同中华人民共和国的国家名称、国旗、国徽、国歌、军旗、军徽、军歌、勋章相同或者近似，不得同中央国家机关的名称、标志和所在地特定地点的名称或者标志性建筑物的名称、图形相同；

（二）不得同外国的国家名称、国旗、国徽、军旗相同或者近似，但该国政府同意的除外；

（三）不得同政府间国际组织的名称、旗帜、徽记相同或者近似，但经该组织同意或者不易误导公众的除外；

（四）不得与表明实施控制、予以保证的官方标志、检验印记相同或者近似，但经授权的除外；

（五）不得同"红十字""红新月"的名称、标志相同或者近似；

（六）不得带有民族歧视性；

（七）不得带有欺骗性，使公众对商品的质量等特点，或者产地误认的；

（八）不得有害于社会主义道德风尚或者有其他不良影响的；

（九）不得仅有本商品的通用名称、图形、型号；

（十）不得仅仅直接表示商品的质量、主要原料、功能、用途、重量、数量及其他特点；

（十一）必须具有可被识别的显著特征。

第九条　在委托外部机构设计商标时，应在合同中对设计成果的所有权、著作权等权利归属，以及被第三方指控侵权时的应诉责任和赔偿责任进行明确约定，做到规范合法，避免发生侵权纠纷和其他损失。

第十条　企业提前在服务出口目标市场所在国家和地区注册商标。

第十一条　商标注册申请的程序：

（一）新商品、新业务筹备阶段，需求部门向法务部报送新商品、新业务拟使用的商标，由法务部进行查询，评估商标注册申请的风险；

（二）法务部将检索结果反馈给需求部门，对可以进行注册申请的商标，需求部门可以进行商标图样设计工作；对不宜进行注册申请的商标，需求部门需对拟注册商标进行修改。

第十二条　为避免注册商标在相关商品类别被他人抢注，各需求部门有义务配合法务部做好联合商标、防御商标的设计与注册。

第十三条　企业努力培育商标价值，创造驰名商标。

第四章　商标使用

第十四条　企业商标的使用范围包括具备商标标志使用条件的线上商品展示、广告、线下活动等。

第十五条　商标的使用要求：

（一）使用企业注册商标，应在商标右上角标注"®"或者"㊟"；使用未注册的商标，应标注"TM"；

（二）在使用注册商标前，应确认其使用是在核定的商品、服务范围内。如需在未注册类商品、服务上使用，则应另行提出注册申请；

（三）使用公司注册商标时，应以核准注册的文字、拼音、图形及其组合元素为标准规范使用，未经法务部同意，不得自行改变。

第十六条　使用商标的手续，主要包括：

（一）使用商标申请交由法务部审核；

（二）具体商标的使用方式依核定商品或服务实施，严格依照注册商标的图样规范使用；

（三）商标使用中的重大问题报法务部，经讨论决定处理办法；

（四）使用过程中发现问题应及时纠正，若出现违反商标使用要求的现象，经提出又不改正者，将取消其使用商标的资格；未经核定批准擅自使用商标者，由此发生的一切问题将按照企业相关处理办法处理，必要时将追究其法律责任。

第十七条　商标使用过程中生成的使用证据应及时留存，并定期提供给法务部存档。

第十八条　商标档案管理原则：及时、准确、真实、全面、统一。

第十九条　本制度所指商标档案包括商标注册档案、商标使用档案、商标管理档案。

第二十条　商标注册档案是指商标主管部门对申请人的注册商标申请文件进行审核及注册过程中形成的档案。

商标使用档案、商标管理档案是指在对已注册商标、未注册商标、商标专用权保护及商品、服务质量监督等管理活动中形成的档案。

第二十一条　所有商标档案统一归法务部管理，其他部门要求查询或调用商标档案的，须向法务部提出商标档案查询或调用申请，经核准方可执行。

第五章 商标运营

第二十二条 商标的使用许可：

（一）本公司为注册商标的所有人，各部门、非法人资格的分支机构在履行职务时，具有商标使用权；

（二）公司下属具有法人资格的各子公司，各关联企业、加盟商需使用企业注册商标的，应与商标所有人签订使用许可合同；

（三）公司法务部负责处理商标使用许可工作，应经常对使用许可商标的加盟商进行监督和审查，并向会员或店员了解其服务质量状况；

（四）对质量不稳定、信誉低、售后服务差的加盟商，应责令其在限期时间内改正，如拒不改正将终止其商标使用资格。

第二十三条 对拟使用企业注册商标的企业，应由该企业提出书面申请，并经法务部审核，同时提供企业营业执照等材料。

第二十四条 法务部对提交材料进行综合考察，对经审核和考察合格的企业，上报公司分管领导，批准后可与其签订商标使用合同，并提供许可使用商标的文字或图形标准。

第二十五条 使用合同文本可采用国家知识产权局商标局规定的范本，也可使用法务部制定的合同范本，主要内容应包括：合同双方名称、地址、使用许可的商标名称、注册号，使用许可商标的商品范围和期限，使用许可商标标志的提供方式，被许可人保证商品质量的措施及相应的生产规模，使用许可的报酬、数额和支付方式，双方争议的处理方式及违约责任等，以及其他双方可另行商议的内容。

第二十六条 企业因经营需要受让他人注册商标的，须对受让商标进行充分调查，并确认该注册商标权利人没有就受让商标与第三方发生商标权利纠纷，该商标专用权完整、稳定的情况下，方可受让商标。

第二十七条 对受让商标的调查，由法务部负责，可与第三方中介或调查机构共同完成，提出受让需求的部门须积极配合。

第六章　商标保护

第二十八条　企业有义务保护商标专用权依法不受侵犯,企业员工发现侵犯商标专用权的行为或现象时,有义务及时向法务部报告。

第二十九条　法务部负责处理商标侵权和其他商标纠纷。法务部在收到侵权行为报告后,应及时做出风险评估和处理建议。

第三十条　法务部对商标侵权案件应及时进行调查取证,其他各相关部门应予以配合。对经初步审核涉嫌侵权的案件,可采取报请负责商标执法的部门查处、与侵权方协商赔偿、对侵权方提起诉讼等方式处理。

第七章　附则

第三十一条　本制度在执行过程中如有与国家法律法规相抵触的,以国家法律法规为准。

第三十二条　本制度由法务部负责解释。

第三十三条　本制度自颁布之日起执行。

附录三

商标代理机构服务评估考核评分表

商标代理机构服务评估考核评分表

序号	考核指标	指标描述	打分标准	分值	实际得分	完成情况说明
1	支撑团队	主要评估乙方支撑团队的稳定性、人员支撑能力和工作态度	本项总分30分，扣完为止： （1）团队人员应维持3人以上（具体以向甲方备案的名单为准），如出现服务支撑人员少于3人的，扣2分 （2）团队人员稳定性较差，因乙方原因出现该年人员变化率或相比上一年人员变化率大于35%的，扣2分 （3）团队人员有项目或代理经验不足5年的，每人扣1分 （4）甲方提出团队人员能力无法满足项目需求，要求更换，乙方无故未更换的，扣3分 （5）团队人员对甲方的邮件、电话或其他通知指示未能在24小时内确认、回应的，每发生一次扣1分			
2	支撑效率	主要评估乙方支撑工作的及时性和进度控制情况	本项总分30分，扣完为止： （1）提供商标代理服务，未能在收到商标主管部门有关通知或回复后3个工作日内向甲方传达有关内容及代理事件进展情况的，每发生一次扣1分 （2）提供商标代理服务，在收到甲方指示后，未能按照指示时间提交有关申请的，每发生一次扣1分 （3）因乙方原因导致甲方商标注册、异议及争议等申请未能按官方时限提交导致不能提交的，每发生一次扣5分 （4）提供咨询服务，不能较好控制进度，未按照双方约定时间交付成果，且经甲方书面催办后仍未及时交付的，每发生一次扣2分			
3	支撑效果	主要评估乙方支撑工作的质量和成效	本项总分30分，扣完为止： （1）提供商标代理服务，未能充分提示风险，未提前预判到商标局驳回通知中引证的主要商标的，每发生一次扣2分 （2）提供商标代理服务，出现因乙方原因引发补正通知事项的，每发生一次扣1分 （3）根据乙方建议申请裁判且裁判结果已出的上一年度商标争议类案件胜诉率低于30%的，扣3分 （4）提供咨询服务，对甲方需求理解不够充分，提出的解决方案未满足甲方预设要求，且在甲方2次要求修改后提交方案仍未满足甲方要求的，扣3分			

续表

序号	考核指标	指标描述	打分标准	分值	实际得分	完成情况说明
4	管理规范	主要评估乙方服务管理的规范性	本项总分10分，扣完为止： （1）每年年初未按甲方要求提供支撑团队人员备案表的，扣1分 （2）因乙方原因致使甲方商标资料（包括注册证、续展证明、变更证明、转让证明、受理通知书等重要资料）原件丢失的，每发生一次扣5分 （3）未按甲方要求及时提供甲方商标档案材料的，扣2分			
总计						

评估考核说明：

1.对商标代理机构在每合同年度末执行评估考核，考核结果与下一合同年度结算金额挂钩：

下一合同年度款项实际结算金额=当期应付金额×50%+当期应付金额×50%×上一合同年度考核评级系数

其中，考核评级等级为A，考核评级系数为1；考核评级等级为B，考核评级系数为0.9；考核评级等级为C，考核评级系数为0.8。

2.每年考核评估得分值将对应商标代理机构的年度考核评级等级：

A级，90分（含）~100分；B级，80分（含）~90分（不含）；C级，80分（不含）以下。

商标代理机构如连续出现两次（含）以上考核为C级，企业有权终止合作。